Norman Braun **Illegale Märkte für Heroin und Kokain**
Bruno Nydegger Lory
Roger Berger
Claudia Zahner

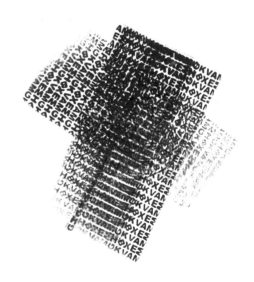

: Haupt

Norman Braun
Bruno Nydegger Lory
Roger Berger
Claudia Zahner

Illegale Märkte für Heroin und Kokain

Verlag Paul Haupt
Bern · Stuttgart · Wien

**Gewalt im Alltag und organisierte Kriminalität
Violence au quotidien et crime organisé
Violence in Daily Life and Organized Crime**

Die Deutsche Bibliothek – CIP-Einheitsaufnahme

Illegale Märkte für Heroin und Kokain /
Norman Braun .... – /
Bern ; Stuttgart ; Wien : Haupt, 2001
ISBN 3-258-06278-1

Alle Rechte vorbehalten
Copyright © 2001 by Paul Haupt Berne
Jede Art der Vervielfältigung ohne Genehmigung des Verlages ist unzulässig
Umschlaggestaltung: Renata Hubschmied, Bern
Dieses Papier ist umweltverträglich, weil chlorfrei hergestellt;
es stammt aus Schweizer Produktion mit entsprechend kurzen Transportwegen
Printed in Switzerland

www.haupt.ch

Inhaltsverzeichnis

Vorwort	15
1 Einleitung und Übersicht	**17**
2 Erhebungen und Befragtenmerkmale	**25**
2.1 Methodische Aspekte	25
2.1.1 Zielpopulation	26
2.1.2 Befragungen	27
2.1.3 Validitätsprüfungen	29
2.2 Soziodemographie	37
2.2.1 Geschlecht, Alter, Nationalität	37
2.2.2 Wohnort und Aufenthaltsdauer	41
2.3 Aktuelle Lebensumstände	43
2.3.1 Wohnsituation	43
2.3.2 Einnahmequellen	44
2.3.3 Soziale Beziehungen	48
3 Konsummuster und Repressionserfahrung	**51**
3.1 Konsumgeschichte	52
3.1.1 Beginn des Konsums	52
3.1.2 Bisherige Konsumdauer	53
3.2 Aktuelles Konsumverhalten	55
3.2.1 Konsumhäufigkeiten	56
3.2.2 Applikation und Menge	61
3.3 Repressionserfahrung	63
3.3.1 Festnahmen und Verurteilungen	64
3.3.2 Polizeikontrollen und Anzeigen	66

4 Drogengeschäfte und Netzwerkeinbindung — 73
- 4.1 Theoretische Überlegungen und Konzepte 74
  - 4.1.1 Netzwerkeinbindung und Sozialkapital 75
  - 4.1.2 Kooperationsproblem und Lösungen 78
- 4.2 Empirische Befunde zu Transaktionen 79
  - 4.2.1 Vernetzung von Marktteilnehmern 80
  - 4.2.2 Sozialkapital und Geschäftsmerkmale 83
  - 4.2.3 Weitere Transaktionskennzeichen 87
- 4.3 Drogengeschäfte im städtischen Vergleich........... 91
  - 4.3.1 Vernetzung und Hintergründe 91
  - 4.3.2 Vernetzung und Geschäftsvorteile 95

5 Nachfragemenge und Drogenpreis — 101
- 5.1 Theorien, Resultate und Fragen 103
  - 5.1.1 Datenbasis als Beschränkung 104
  - 5.1.2 Befunde und Fragestellungen 106
- 5.2 Mengen-Preis-Beziehungen im Vergleich 108
  - 5.2.1 Spezifikationen der Drogennachfrage 109
  - 5.2.2 Anpassungsgüte und Folgerungen 110
- 5.3 Empirische Evidenz und Implikationen 115
  - 5.3.1 Schätzresultate für Heroin und Kokain 115
  - 5.3.2 Schätzergebnisse und Vorhersagegehalt 123

6 Sozioökonomische Nachfrageeinflüsse — 127
- 6.1 Hypothesen und Operationalisierung 128
  - 6.1.1 Theoretische Grundlagen 128
  - 6.1.2 Messung der Variablen 130
- 6.2 Multivariate Nachfrageschätzungen 132
  - 6.2.1 Nachfrage nach Kokain 132
  - 6.2.2 Nachfrage nach Heroin 136
- 6.3 Effektstärken bei Kokain und Heroin 139
  - 6.3.1 Gemittelte Zusammenhänge 140
  - 6.3.2 Mittlere Elastizitätswerte 143

Inhaltsverzeichnis

7 Drogenmarkt und Verbotsdurchsetzung   **149**
   7.1 Wirkungen der Repressionspolitik 150
      7.1.1 Markt- und Gewalttendenzen 151
      7.1.2 Anpassungen der Anbieter 153
      7.1.3 Anpassungen der Nachfrager 155
      7.1.4 Wohlfahrtseffekte des Verbots 159
   7.2 Handelsrepression und Marktgeschehen 162
      7.2.1 Preise und Drogenmengen 163
      7.2.2 Qualitätsschwankungen 165
      7.2.3 Transparenz des Marktes 167
      7.2.4 Dealerzahl und Gewalt 169

8 Rückschau und Ergebnisüberblick   **171**
   8.1 Erhebungen und Befragtenmerkmale 171
   8.2 Konsummuster und Repressionserfahrung 174
   8.3 Drogengeschäfte und Netzwerkeinbindung 177
   8.4 Nachfragemenge und Drogenpreis 181
   8.5 Sozioökonomische Nachfrageeinflüsse 186
   8.6 Drogenmarkt und Verbotsdurchsetzung 191

Literatur   **195**

Anhang A: Fragebogen 1997   **205**

Anhang B: Fragebogen 1998   **221**

Tabellenverzeichnis

2.1	Zusammensetzung der Stichproben nach Erhebungsstädten	30
2.2	Geschätzte Grösse der sichtbaren Drogenszene in der Stadt Bern	35
2.3	Altersverteilung nach Geschlecht	39
2.4	Wohnort im Sommer 1997	42
2.5	Wohnsituation im Monat vor der Befragung 1997	44
2.6	Partnerschaft nach Geschlecht	49
3.1	Durchschnittliches Einstiegsalter in den regelmässigen Konsum illegaler Drogen	53
3.2	Durchschnittliche Konsum- und Injektionskarrieren	54
3.3	Jemals regelmässig intravenös Drogen konsumiert	55
3.4	Konsum ausgewählter Drogen in Prozent	57
3.5	Konsum ausgewählter Drogen nach Geschlecht in Prozent	58
3.6	Hauptsächlich konsumierte Droge	59
3.7	Täglicher Konsum ausgewählter Drogen	59
3.8	Art des hauptsächlichen Konsums von Heroin und Kokain	61
3.9	Statistische Kennzahlen zur Injektionshäufigkeit	63
3.10	Statistische Kennzahlen zur Konsummenge von Heroin und Kokain pro Tag	64
3.11	Statistische Kennzahlen zu Festnahmen	65
3.12	Statistische Kennzahlen zu polizeilichen Kontrollen und Anzeigen in den letzten vier Wochen vor der Befragung	68
4.1	Häufigkeit des Kaufs bei unterschiedlich bekannten Personen in den letzten vier Wochen	80
4.2	Häufigkeit des Verkaufs an unterschiedlich bekannte Personen in den letzten vier Wochen	81

4.3	Gründe für den Kauf bei besser bekannten Personen in den letzten vier Wochen	81
4.4	Logit-Modell für den zumindest einmaligen Erhalt besonderer Rabatte (keine Mengenrabatte)	85
4.5	Logit-Modell für den zumindest einmaligen Erhalt von Stoffproben	86
4.6	Logit-Modell der jeweils sofortigen Barzahlung beim Kauf von bis zu zwei Gramm Heroin oder Kokain	89
4.7	Häufigkeit des Kaufs und Verkaufs in Privaträumen während der letzten vier Wochen	90
4.8	Logit-Modell für den zumindest einmaligen Einkauf in Privaträumen im letzten Monat	90
4.9	Häufigkeit des Kaufs bei unterschiedlich bekannten Personen im letzten Monat in den Städten	92
4.10	Häufigkeit des Verkaufs an unterschiedlich bekannte Personen im letzten Monat in den Städten	93
4.11	Gründe für den Kauf bei bekannten Personen in den Städten	94
4.12	Logit-Modell für den zumindest einmaligen Erhalt besonderer Rabatte (keine Mengenrabatte) in den Städten	96
4.13	Logit-Modell für den zumindest einmaligen Erhalt von Stoffproben in den Städten	97
4.14	Häufigkeit des Kaufs und Verkaufs in Privaträumen während der letzten vier Wochen in den Städten	98
5.1	Beziehungen zwischen Menge q und Preis p, Schätzformen und Parameterrestriktionen	110
5.2	Preisabhängigkeit des absoluten Betrags der Preiselastizität $\varepsilon = \varepsilon(p)$ der Nachfrage für verschiedene Spezifikationen der Mengen-Preis-Beziehung	111
5.3	Anpassungsgüte R^2 von OLS-Regressionen der monatlichen Konsum- und Kaufmengen von Heroin oder Kokain in Gramm auf den Heroin- oder Kokainpreis pro Gramm	112
5.4	OLS-Regressionen der monatlich konsumierten und üblicherweise gekauften Kokain- oder Heroinmenge in Gramm auf den jeweiligen Grammpreis in CHF	116

Tabellenverzeichnis

5.5 Elastizitätsschätzwerte und Konfidenzintervalle bei verschiedenen Beziehungen zwischen der monatlich konsumierten oder üblicherweise gekauften Menge an Kokain und Heroin in Gramm und dem jeweiligen Grammpreis in CHF 118

5.6 Potenzielle Mengeneffekte von Preisänderungen bei verschiedenen Beziehungen zwischen dem monatlichen Heroinkonsum in Gramm (q) und dem Grammpreis (p) 122

6.1 Multivariate OLS-Regressionen der monatlichen Konsum- und Kaufmengen von Kokain bei logarithmischer Schätzform der Mengen-Preis-Beziehung 134

6.2 Multivariate OLS-Regressionen der monatlichen Konsum- und Kaufmengen von Kokain bei log-linearer Schätzform der Mengen-Preis-Beziehung 135

6.3 Multivariate OLS-Regressionen der monatlichen Konsum- und Kaufmengen von Heroin bei logarithmischer Schätzform der Mengen-Preis-Beziehung 137

6.4 Multivariate OLS-Regressionen der monatlichen Konsum- und Kaufmengen von Heroin bei log-reziproker Schätzform der Mengen-Preis-Beziehung 138

6.5 Mittlere prozentuale Effekte verschiedener binärer Variablen auf die monatlich konsumierte oder üblicherweise gekaufte Menge an Kokain 141

6.6 Mittlere prozentuale Effekte verschiedener binärer Variablen auf die monatlich konsumierte oder üblicherweise gekaufte Menge an Heroin 142

6.7 Elastizitätsschätzwerte am Preismittelwert bei bivariater und multivariater Nachfrageschätzung für verschiedene Beziehungen zwischen der monatlich konsumierten oder üblicherweise gekauften Menge an Kokain und Heroin und dem jeweiligen Preis .. 144

6.8 Mittlere Preis-, Einkommens- und Repressionselastizitäten der monatlich konsumierten oder üblicherweise gekauften Menge an Heroin und Kokain in Gramm bei der multivariaten Schätzung 146

Abbildungsverzeichnis

2.1	Einnahmequellen	45
2.2	Gruppierte Einnahmequellen	46
2.3	Erwerbstätigkeit	47
2.4	Zusammensetzung des Freundeskreises ($n = 956$)	48
3.1	Konsumhäufigkeit "harter Drogen"	57

Vorwort

Die vorliegende Arbeit berichtet über quantitative Befragungen von Verbrauchern und Kleinhändlern in den Heroin- und Kokainmärkten der Städte Basel, Bern und Zürich aus den Jahren 1997 und 1998. Diese Erhebungen wurden im Rahmen des Nationalen Forschungsprogramms 40 ("Gewalt im Alltag und Organisierte Kriminalität") durchgeführt. Sie dienten insbesondere der empirischen Prüfung von theoretischen Hypothesen zum Suchtverhalten und Marktgeschehen.

Neben einer Einleitung und einer Zusammenfassung umfasst die Studie insgesamt sechs Kapitel, die von verschiedenen Personen verfasst wurden. Es wurde hierbei darauf geachtet, dass die einzelnen Kapitel jeweils in sich geschlossene Beiträge darstellen. Obwohl Querverbindungen durch entsprechende Verweise verdeutlicht werden, können die Kapitel prinzipiell isoliert gelesen werden.

Vor ihrer Abfassung unterstützten uns verschiedene Personen und Organisationen, denen wir Dank schulden. Hervorzuheben ist hierbei der Beitrag von Jachen Nett. Seine Kooperation erschöpfte sich nicht in der gemeinsamen Entwicklung des Fragebogens für die 97er Erhebung und der gemeinsamen Durchführung eines Vortests. Vielmehr hat er uns freundlicherweise seine Basler Daten zur Verfügung gestellt und dadurch aussagekräftigere Antworten auf einige Fragen ermöglicht.

Florence Vuichard übersetzte die Fragebögen in die französische Sprache und Ben Jann fertigte die Grafiken an. Er half uns überdies bei der drucktechnischen Gestaltung des Manuskripts mit Hilfe des Zeichensatzprogramms LaTeX 2_ε. Daneben erhielten wir vom Institut für Soziologie der Universität Bern und dem Institut für Suchtforschung in Zürich logistische

Unterstützung bei der Vorbereitung, Durchführung und Auswertung der Befragungen. Das Bundesamt für Gesundheit finanzierte die 97er Zürcher Erhebung, der Schweizerische Nationalfonds die übrigen Untersuchungen.

Durchwegs positiv waren die polizeilichen Reaktionen auf unsere Befragungen auf der Gasse und Anfragen zur Polizeistatistik. Besonders erwähnenswert ist überdies die Kooperationsbereitschaft der Institutionen der Drogenhilfe in den drei Städten sowie die Geduld und/oder Mithilfe des dort tätigen Personals. Ähnlich bemerkenswert war auch das Engagement unseres Erhebungspersonals. Unser ganz besonderer Dank gebührt zudem den Drogenkonsumierenden, die trotz ihrer schwierigen Situation an unseren Befragungen teilnahmen und durch ihr ausgesprochen kooperatives Verhalten zum Gelingen der Studie wesentlich beigetragen haben.

Abschliessend ist noch zu bemerken, dass in der vorliegenden Studie keine geschlechtsneutrale Ausdrucksweise gewählt wurde, weil sonst Formulierungen unvermeidbar gewesen wären, die vom Inhalt eines Satzes abgelenkt hätten. Wenn also z.B. von "Konsumenten" gesprochen wird, so bezieht sich dieser Begriff auf Frauen und Männer. Ähnliches gilt für die inzwischen umstrittene Klassifikation von "weichen" und "harten" Drogen. Diese Begriffe werden hier gebraucht, weil sie umgangssprachlich geläufig sind und dadurch zur Verständlichkeit der Arbeit beitragen.

Kapitel 1

Einleitung und Übersicht

Norman Braun

Heroin und Kokain sind seit Jahrzehnten illegale Rauschmittel. Die Bekämpfung ihres Gebrauchs und Vertriebs steht im Mittelpunkt der Drogenpolitik der meisten Länder. Seit den 80er Jahren hat sich die Ausgestaltung der Verbotspolitik und ihre Umsetzung in einigen Ländern tendenziell sogar verschärft. Ein extremes Beispiel ist der in den USA während der Regierungszeiten von Reagan und Bush erneut ausgerufene "war on drugs", welcher seitdem durch die amerikanischen Bundesbehörden mit bemerkenswerter Vehemenz gefochten wird. So berichtet Lee (1993), dass in den Vereinigten Staaten inzwischen bereits der Besitz einer Substanz mit "Kokainbase" zu einer Gefängnisstrafe von fünf bis zwanzig Jahren führen kann, wenn die beschlagnahmte Menge mehr als fünf (drei) Gramm bei der ersten (zweiten) Festnahme beträgt. Während sich in verschiedenen US-Bundesstaaten durchaus liberalere Regelungen finden (z.B. Entkriminalisierung des Cannabisgebrauchs in verschiedenen Bundesstaaten), hat auch die Clinton-Administration die bereits bestehenden Bundesgesetze keineswegs wesentlich abgemildert und weiterhin enorme Mittel für den Kampf gegen Drogen aufgewendet.

Die mit dem "war on drugs" einhergehenden Massnahmen sollen den Konsum illegaler Substanzen senken. Ausgangspunkt der hierfür einschlägigen Logik ist, dass Drogen private Marktgüter sind. Die Grundüberlegungen der Verbotspolitik korrespondieren daher mit dem ökonomischen Verhaltenskalkül, wonach Individuen (also potenzielle Händler und Konsumenten) systematisch auf Anreize reagieren. Die Prohibitionspolitik und ihre Durchsetzung zielt mithin darauf ab, die Angebots- und Nachfragepläne zu beeinflussen.

Betrachtet man zunächst nur die Verkäuferseite, so wirkt ein Verbot von Import, Produktion und Verkauf ähnlich wie eine Angebotssteuer. Im Vergleich mit der Situation ohne Prohibitionsbemühungen existieren nach der Verbotseinführung Risiken der Erfassung und Bestrafung für Schmuggler und Händler (z.B. Gefängnisstrafen). Daneben sind eventuell zusätzliche Ausgaben für die Vermeidung von Bestrafungen (z.B. Anwaltskosten) und die Abwicklung von Transaktionen (z.B. wegen fehlender Rechtssicherheit) zu tragen. Als Folge der Verbotspolitik werden daher die Kosten eines Drogenanbieters pro Mengeneinheit steigen. Jede Dosis einer verbotenen Substanz wird daher zu einem höheren Preis angeboten werden. Bei einer gegebenen Nachfrage erhöht das Angebotsverbot und seine Durchsetzung somit den Drogenpreis, während es die insgesamt abgesetzte Drogenmenge vermindert.

Wenn nun auch die Drogennachfrage durch Verbotsgesetze und repressive Massnahmen bekämpft wird, so bestehen im Vergleich zur Situation ohne Nachfrageverbot auch für Drogenkonsumenten jeweils Risiken der Festnahme und Bestrafung (z.B. Geldstrafen). Daneben liegen für sie gleichfalls Unsicherheiten vor, welche mit politikinduzierten Unvollkommenheiten des Schwarzmarktes (z.B. fehlende Rechtssicherheit) zu tun haben. Fraglich ist z.B. die Produktqualität bei Schwarzmarktgeschäften. Daneben können u.U. beträchtliche Transaktionskosten (d.h. Aufwendungen für die Etablierung, Überwachung und Durchsetzung von Geschäften) auftreten. Insgesamt führen diese Faktoren dazu, dass die Zahlungsbereitschaft eines Drogenkäufers pro Mengeneinheit sinkt. Daher wird jede Drogendosis zu einem geringeren

Preis nachgefragt als in einer Situation ohne Nachfragerepression. Falls das Drogenangebot also bereits durch Verbotsbemühungen beschränkt ist, wird das zusätzliche Nachfrageverbot zwar die absetzbare Drogenmenge vermindern, jedoch auch den Drogenpreis wieder reduzieren.

Um sicherzustellen, dass der Drogenpreis in einer Situation mit Repression gegen beide Marktseiten höher liegt als in einer Situation ohne Verbotsbemühungen, müssen die Strafen für Handelsaktivitäten die Strafen für Drogengebrauch klar übersteigen. Letzteres gilt in den meisten Staaten. Es ist daher zu erwarten, dass durchgesetzte Verbotsgesetze (im Vergleich zu einem freien Markt) die Drogenpreise erhöhen und den Drogenverbrauch einschränken. Tatsächlich gibt es empirische Evidenz für diese Hypothesen (siehe hierzu und zum folgenden Braun 1999): In praktisch allen europäischen Ländern haben verbotene Substanzen bemerkenswert hohe Preise pro Einheit, wenn man sie mit den jeweiligen Produktionskosten vergleicht. Zudem sind die Prävalenzraten des regelmässigen Gebrauchs verbotener Drogen nahezu überall erheblich kleiner als die des Gewohnheitskonsums legaler Vergleichsprodukte wie z.B. alkoholischen Getränken oder Zigaretten.

Auf den ersten Blick scheint die Prohibitionspolitik somit zu funktionieren. Allerdings sollte man nicht übersehen, dass sich bei genauerem Hinsehen durchaus Zweifel an der langfristigen Wirksamkeit der Verbotspolitik und ihrer Umsetzung ergeben. So sind entgegen den drogenpolitischen Intentionen und Durchsetzungsbemühungen in praktisch allen westlichen Staaten die Einzelhandelspreise für Heroin und Kokain seit den 80er Jahren ständig gefallen (Caulkins und Reuter 1998; Farell, Mansur und Tullis 1996). Die Preisentwicklung bei Kokain verläuft dabei etwas zeitverzögert, aber weitgehend parallel zur Preisbewegung bei Heroin.

Daneben ist der globale Umsatz der Rauschgiftbranche in den letzten 15 Jahren enorm gestiegen. Mitte der 80er Jahre wurde der weltweite Drogenumsatz pro Jahr auf mindestens 100 Milliarden US-Dollar beziffert (z.B. Wichmann 1992). Gemäss dem aktuellen "Welt-Drogenreport" der Vereinten Nationen liegt der gesamte jährliche Rauschgiftumsatz inzwischen bei rund 400 Milliarden US-Dollar (siehe z.B. *Der Spiegel*, Nr. 47, 17.11.97, S. 142).

Zwar existieren Unterschiede der Drogenpreise zwischen einzelnen Ländern selbst dann, wenn man für die verschiedenen Wohlstandsniveaus korrigiert (Braun 1999). Bedenkt man aber die Entwicklung der Drogenpreise und die gleichzeitig enorm gestiegenen Umsätze im Rauschgiftgeschäft, so dürfte die weltweite Prävalenzrate des regelmässigen Konsums harter Drogen (d.h. Heroin, Kokain) seit den 80er Jahren zumindest nicht gesunken sein.

Ähnliche Folgerungen ergeben sich, wenn man die Entwicklung der Prävalenzraten des regelmässigen Gebrauchs illegaler Drogen in einem einzelnen Land betrachtet. Trotz aller Repressionsbemühungen lässt sich nach Hartwig und Pies (1995) z.B. für die Bundesrepublik Deutschland jeweils eine gestiegene oder zumindest stagnierende Benutzerpopulation von Heroin, Kokain und Cannabis diagnostizieren. Obwohl die Grösse der Verbrauchergruppen stark mit der jeweiligen Schätzmethode variieren kann, scheinen ähnliche Befunde auch die Situation in der Schweiz zu charakterisieren (u.a. Estermann 1997b; Knolle 1997a, 1997b; Rehm 1995; Zwahlen und Neuenschwander 1997).

Solche Resultate lassen Zweifel an der Wirksamkeit des Drogenverbots aufkommen. Dies gilt insbesondere auch angesichts der immensen Kosten der Prohibitionspolitik. Nach einer Mindestschätzung der Ökonomen Hartwig und Pies (1995) beliefen sich z.B. die staatlichen Ausgaben zur Umsetzung des Heroinverbots im Jahr 1992 in der Bundesrepublik Deutschland auf 13,7 Milliarden DM – einer Summe, die etwa dem Jahresetat des Deutschen Familienministeriums entspricht. Allein die staatliche Bekämpfung des Heroinproblems kostete damit mehr als doppelt soviel wie der von Fachleuten geschätzte Jahresumsatz, der in Deutschland mit sämtlichen illegalen Substanzen erzielt wird (rund 6 Milliarden DM).

Zweifel an der Ausgabeneffektivität der Prohibitionspolitik ergeben sich auch, wenn man einer Nutzen-Kosten Analyse der Repression vertraut, die anhand der National Household Surveys on Drug Abuse (1990 und 1991) von den US-Ökonomen Saffer und Chaloupka (1999) durchgeführt wurde. Danach kostet die Abschreckung eines zusätzlichen Drogenkonsumenten mehr als das Vierfache der staatlichen Aufwendungen, die bei dessen Konsum anfallen würden (jährliche Ausgaben für Abschreckung: 4'170 US-Dollar, soziale Kosten pro Jahr durch Drogenkonsum: 897 US-Dollar). Selbst wenn man berücksichtigt, dass in dieser Analyse von Daten aus US-

Bevölkerungsumfragen insbesondere die (für die Gesellschaft weniger teuren) Marihuana-Gebraucher eine gewichtige Rolle spielen, ist das Verhältnis zwischen Aufwand und Ertrag der Verbotspolitik doch eher ungünstig. Während der letzten zehn Jahre mehrten sich denn auch ökonomisch geprägte Beiträge, die überwiegend von einem Misserfolg der bisherigen Drogenpolitik ausgehen und häufig alternative Politikoptionen diskutieren.[1] Bemerkenswert ist, dass selbst in der neueren ökonomisch geprägten Literatur nur in Ausnahmefällen (z.B. Bernasconi 1993; Braun und Diekmann 1993) eigene empirische Befunde angeführt werden. Vielmehr handelt es sich zumeist um Arbeiten, welche die Erfolgsaussichten der Prohibitionspolitik aus theoretischer Sicht analysieren. Daneben gibt es inzwischen einige formale Modelle zur theoretischen Erklärung individuellen Gewohnheits- und Suchtverhaltens (z.B. Becker und Murphy 1988; Becker, Grossman und Murphy 1991; Braun und Vanini 1998; Dockner und Feichtinger 1993; Iannaccone 1986; Koboldt 1995), die zumindest teilweise Implikationen für die Gestaltung der Drogenpolitik haben.

Allerdings beruhen Arbeiten zum Nachfrageverhalten in und zur Funktionsweise von Drogenschwarzmärkten dabei oft auf empirisch wenig begründeten Voraussetzungen (z.B. Irrelevanz sozialer Netzwerke, Unterstellung wohldefinierter Eigentumsrechte, Annahme des anonymisierten Markttausches, Präsenz vollkommener und symmetrischer Informationen). Schlussfolgerungen aus derartigen Theorien sowie die damit einhergehenden Politikempfehlungen können daher nicht völlig überzeugen, wenn gleichzeitig keine empirischen Belege für ihre Relevanz erbracht werden.

Letzteres reflektiert u.a., dass sich empirische Studien zur Drogenthematik kaum mit formalen Modellen zum Suchtverhalten und ökonomischen Theorien zur Funktionsweise von illegalen Märkten befassen. Empirische

---

[1]Neuere Beiträge sind z.B. Boaz (1990); Caulkins (1993); Egli (1998); Erlei (1992, 1995); Frey (1997); Gersemann (1996); Kleiman (1989, 1992); Lee (1993); Miron und Zwiebel (1995); Mishan (1990); Nadelmann (1989, 1992); Pommerehne und Hart (1991); Prinz (1994, 1997); Reuter (1988); Thornton (1991); Wichmann (1992). Ältere ökonomisch orientierte Beiträge zum Drogenproblem und seiner Bekämpfung stammen u.a. von Becker (1987), Bernard (1983), Clague (1973), Eatherly (1974), Michaels (1987), Moore (1973, 1977), Pommerehne und Hartmann (1980), Reuter (1983, 1985), Rottenberg (1968), Soref (1981), Votey und Phillips (1976) sowie White und Luksetich (1983).

Arbeiten zur Drogenthematik sind dennoch bemerkenswert vielschichtig. Im deutschsprachigen Raum existieren beispielsweise Beschreibungen typischer "Drogenkarrieren" (z.B. Berger, Reuband und Widlitzek 1980), Vergleiche von Drogenabhängigen mit ihren "normalen" Altersgenossen (z.B. Uchtenhagen und Zimmer-Höfler 1986), komparative Analysen der Drogenpolitik und ihrer Auswirkungen in verschiedenen Ländern (z.B. Reuband 1992) sowie Dokumentationen verschiedener Aspekte der Drogenproblematik auf nationaler und regionaler Ebene zu verschiedenen Zeitpunkten (z.B. Fahrenkrug et al. 1995). Daneben liegen differenzierte Studien zu einzelnen Drogenszenen vor. Konzentriert man sich nur auf die deutschsprachige Schweiz, so existieren einschlägige Untersuchungen für Basel (z.B. Manz 1989; Ronco et al. 1994), Bern (Braun und Diekmann 1993; Braun et al. 1995; Zahner 1995) und Zürich (z.B. Künzler 1990; Lanz 1991; Müller und Grob 1992; Meier Kressig et al. 1996; Arnold 1996).

Den Arbeiten zu lokalen Schweizer Drogenszenen ist allerdings gemeinsam, dass sie sich nahezu ausschliesslich auf die Beschreibung der Merkmale und Lebensumstände der Drogenkonsumenten konzentrieren. Weder die ökonomisch relevanten Aspekte des Gewohnheitsverhaltens noch die Funktionsweise illegaler Drogenmärkte werden in diesen empirischen Studien untersucht. Im Regelfall werden Erhebungen von Informationen über das Suchtverhalten (z.B. Mengen-Preis-Kombinationen, Einkommen und Konsummengen), Drogengeschäfte (z.B. Anzahl der Transaktionspartner, langfristige persönliche oder kurzfristige weitgehend anonymisierte Tauschbeziehungen, simultaner oder zeitlich asymmetrischer Tausch, Preissetzung versus Preisverhandlung, Mengen-Preis-Kombinationen) und Schwarzmarktstrukturen (z.B. Grad der Monopolisierung, Existenz sozialer Schliessung in Anbietergruppen, Drogenmarkt als Naturaltauschwirtschaft) von vornherein vernachlässigt.

Die skizzierten Lücken in der empirischen und theoretischen Drogenliteratur begründen die vorliegende Studie. Ihr Ausgangspunkt ist die allgemeine Fragestellung, inwieweit theoretische Überlegungen zum Suchtverhalten und Drogenmarktgeschehen empirische Relevanz besitzen. Zu ihrer Beantwortung wurde im Sommer 1997 eine koordinierte standardisierte Befragung der Angehörigen der "sichtbaren Drogenszenen" in den Städten Ba-

1 Einleitung und Übersicht

sel, Bern und Zürich durchgeführt. Zur "sichtbaren Drogenszene" zählten dabei alle Konsumenten "harter Drogen", die Einrichtungen der Drogenhilfe aufsuchten und/oder sich an öffentlichen Szenetreffpunkten aufhielten.[2] Nicht erfasst wurden dagegen Personen, die harte Drogen nur im privaten Rahmen konsumierten und Einrichtungen der Drogenhilfe nicht in Anspruch nahmen. Ebenfalls weitgehend unerfasst blieben Grossanbieter und Zwischenhändler, so dass sich die empirischen Resultate zumeist auf den Drogeneinzelhandel beziehen.

Diese Beschränkungen gelten auch für die Wiederholungsbefragung, die (wiederum zeitgleich) im Sommer 1998 in Bern und Zürich stattfand. Zum einen war dadurch eine Robustheitsprüfung der schon beschafften Informationen sowie deren Fortschreibung möglich. Zum anderen erwies sich die Zweitbefragung deshalb als sinnvoll, weil im Januar 1998 mit der sogenannten Aktion "Citro" eine aufsehenerregende Änderung der polizeilichen Umsetzung der Berner Drogenpolitik begonnen wurde. Zielsetzung dieser Aktion war insbesondere die rigorosere Verfolgung des Zwischen- und Grosshandels mit harten Drogen. Aus der Sicht der Drogenforschung erwies sich diese (im Vergleich zum Vorjahr) verstärkte polizeiliche Repressionstätigkeit gegenüber den Anbietern von illegalen Substanzen in Bern als eine günstige Gelegenheit zur Erhebung von Daten, die eine vergleichende Analyse von Marktwirkungen der Repression erlauben. Voraussetzung für den Vergleich waren allerdings brauchbare Bezugsdaten – als Referenzfall erwies sich Zürich als besonders geeignet, weil dort ja bereits 1997 erhoben wurde und gleichzeitig keine dramatische Änderung der polizeilichen Repression in 1998 erfolgte.

Die vorliegende Studie berichtet über diese Erhebungen und deren Ergebnisse. Kapitel 2 beschreibt die methodischen Hintergründe der Befragungen und die Untersuchungspopulation bezüglich ihrer soziodemographischen Merkmale und Lebensumstände. Kapitel 3 dokumentiert die Drogengebrauchsmuster der Befragten und vergleicht deren persönlich erfahrene Repression (z.B. Anzeigen) auf der Grundlage der Daten aus den Berner und Zürcher Erhebungen.

---

[2] Der Begriff "harte Drogen" bezeichnet im Folgenden Kokainprodukte und Opiate wie z.B. Heroin. Er wird gebraucht, weil er umgangssprachlich geläufig ist.

Nach der Charakterisierung der Befragtenpopulation stehen Untersuchungen des Marktgeschehens im Mittelpunkt. Kapitel 4 prüft, ob und inwieweit illegale Drogengeschäfte mit der Vernetzung der Marktteilnehmer in den Städten Basel, Bern und Zürich variieren. Kapitel 5 beschäftigt sich eingehend mit dem Zusammenhang zwischen der Nachfrage nach harten Drogen und dem Drogenpreis. Kapitel 6 vertieft diese Analyse des Suchtverhaltens durch die Berücksichtigung weiterer potenzieller Einflussgrössen (z.B. Einkommen, Repression) auf die Heroin- und Kokainnachfrage. Kapitel 7 untersucht schliesslich die Effekte der verschärften Repression (Aktion "Citro" in Bern) auf zentrale Marktvariablen, wobei hierfür wiederum die Berner und Zürcher Erhebungen von 1997 und 1998 herangezogen werden.

Die zentralen Resultate der Einzeluntersuchungen werden in Kapitel 8 zusammengeführt. Beschlossen wird die Studie durch zwei Anhänge, welche die verwendeten Fragebögen enthalten.

Kapitel 2

Erhebungen und Befragtenmerkmale

Bruno Nydegger Lory, Claudia Zahner und Norman Braun

Im Zusammenhang mit Erhebungen im Drogenmilieu stellen sich verschiedene methodische Probleme. Es empfiehlt sich daher zunächst, genauer auf methodische Aspekte der Studie und ihrer Durchführung einzugehen. Danach erscheint es sinnvoll, zentrale soziodemographische Merkmale der städtischen Untersuchungspopulationen zu beschreiben. Im Anschluss an die Soziodemographie wird auf wichtige Lebensumstände der in Basel, Bern und Zürich befragten Drogenverbraucher eingegangen.

2.1 Methodische Aspekte

Bei Befragungen in Drogenmärkten ist einerseits der Zugang zur Zielgruppe erschwert und andererseits soll delinquentes Verhalten selbst berichtet werden. Vor einer Untersuchung der Validität der erhobenen Befragungsdaten ist deswegen zum einen die zugrundeliegende Teilpopulation einzugrenzen, zum anderen sind die Erhebungen zu diskutieren.

2.1.1 Zielpopulation

Die vorliegende Studie beschäftigt sich überwiegend mit der Einzelhandelsebene der Heroin- und Kokainmärkte in Basel, Bern und Zürich.[1] Aufgrund des erfahrungsgemäss beschränkten Zugangs zum Drogenmilieu konzentrierten sich unsere Erhebungen auf die sichtbaren Drogenszenen in diesen Städten. Zur sichtbaren Drogenszene werden in erster Linie Konsumenten von Heroin und/oder Kokain gezählt, die im Erhebungszeitraum niedrigschwellige Einrichtungen der in der Drogenhilfe tätigen Organisationen aufsuchten. Weiter rechnen wir hierzu Konsumierende harter Drogen, die sich zur Zeit der Erhebung an bekannten Treffpunkten in der jeweiligen Innenstadt aufhielten.

Nicht erfasst wurden somit konsumierende oder verkaufende Personen, die niedrigschwellige Angebote der Drogenhilfe nicht nutzten und sich nicht an bekannten Szenetreffpunkten einfanden. Es muss also u.a. davon ausgegangen werden, dass in unserer Stichprobe jene Konsumenten untervertreten sind, die selbst nicht als Käufer im Markt erscheinen (weil sie z.B. durch ihren Partner oder ihre Partnerin mit Drogen versorgt werden). Heroin und/oder Kokain haben denn auch 98,9% der Befragten im Vormonat mindestens einmal gekauft.

Schliesslich resultiert aus unserer Festlegung der Erhebungsorte (Konzentration auf konsumentenspezifische Örtlichkeiten) in Basel, Bern und Zürich, dass der Gegentypus des nichtkonsumierenden Verkäufers in der Stichprobe praktisch nicht vorkommt. Sehr wohl erfasst wurden jedoch konsumierende Verkäufer, so dass neben der Beschreibung von Einzelhandelsaktivitäten auch einige Einsichten über den Zwischenhandel gewonnen werden können. Zuvor empfiehlt sich aber ein genauerer Blick auf die Erhebungen und ihre praktische Durchführung.

---

[1]Die referierten Befunde in diesem Kapitel beziehen sich vorwiegend auf die 97er Befragung in Basel, Bern und Zürich; auf die Zweitbefragung in Bern und Zürich wird lediglich dann Bezug genommen, wenn sie markante Abweichungen zur 97er Befragung aufweist oder "unerwartete" Ergebnisse aus letzterer zu prüfen sind. Eine umfassende Analyse der in Zürich erhobenen Daten findet sich in Nydegger Lory (1999).

2.1.2 Befragungen

In der Schweiz hat die Befragung von Drogenkonsumierenden bereits eine gewisse Tradition. Dabei zeigt sich immer wieder, dass die Antwortbereitschaft der Befragten zu Fragen zur Person, zu den eigenen Lebensbedingungen, aber auch zum Konsum illegaler Substanzen befriedigend ist. Mit der Ausweitung der interessierenden Thematik auf die Marktaktivitäten der Befragten verlässt man jedoch den Boden bisheriger Erfahrungen.

Um ein optimales Vorgehen beim Erheben dieses "neuen" Fragenkomplexes zu bestimmen, wurde deshalb ein Vortest zwischen dem 2. und 11. Juni 1997 in einer gassennahen Anlaufstelle in der Stadt Solothurn durchgeführt. Neben der Verständlichkeit der Fragen und der Eignung der vorgegebenen Antwortkategorien wurden hierbei insbesondere drei Befragungsweisen getestet, die sich hauptsächlich durch die Aufteilung der Fragen sowie das Ausmass der Face-to-face-Befragung und der eigenen schriftlichen Beantwortung unterschieden.

Nach den Befunden des Vortests erwies sich ein zweiteiliges Verfahren als besonders geeignet für die Hauptbefragungen, die in Einrichtungen der Drogenhilfe und an Szenetreffpunkten in Bern, Basel und Zürich während der Sommermonate 1997 durchgeführt wurden:[2] Ein erster Teil des jeweils standardisierten Fragebogens (siehe Anhänge) wurde im Rahmen eines persönlichen Interviews durch die befragende Person[3] ausgefüllt; der zweite Teil war eine schriftliche Befragung (Ausfüllung durch die befragte Person), die im Beisein von Befragungspersonal (zur Beantwortung etwaiger Rückfragen) stattfand. Nach Abschluss dieses zweiten Teils konnte der Fragebogen selbst in einen Briefumschlag gesteckt und dieser verschlossen werden, so dass stets eine Geheimhaltung von delinquenten Handlungen und unerfreulichen Erfahrungen gesichert war.

---

[2] Die Zweiterhebung fand im Juli, August und September 1998 ausschliesslich in den Anlaufstellen der Städte Bern und Zürich statt.

[3] Neben den Projektleitern waren Mitarbeiter von Einrichtungen der Drogenhilfe (Basel), Studierende in Forschungspraktika zu den Methoden der empirischen Sozialforschung (Bern) sowie mit diesem Feld vertraute Interviewer (Zürich) mit den Befragungen betraut.

Zu Beginn jeder Befragung wurde absolute Anonymität garantiert und jeweils auf die Möglichkeit hingewiesen, Antworten zu verweigern. Danach trug die befragende Person die Antworten zu 42 Hauptfragen ein, welche Grundinformationen zu den meisten intessierenden Aspekten erfassten (Drogenkonsum, Drogenkauf und -verkauf, Marktgrössen, Transaktionsmuster, Repression, Alter und Geschlecht). Anschliessend wurde der Fragebogen der befragten Person übergeben. Der zweite, selbst auszufüllende Teil bestand aus 22 Hauptfragen. Neben ergänzenden Informationen zur aktuellen Lebenssituation (Wohnen, Arbeit, soziale Vernetzung) betrafen diese sensibleren Fragen die gleichen Aspekte wie im ersten Teil (insbesondere zu den Verkaufsstrategien, den Beziehungen zu Stammdealern und den Repressionserfahrungen).

Schliesslich zeigte der Pretest auch, dass von einer durchschnittlichen Befragungszeit von etwa 40 Minuten auszugehen war. Da auch für Drogenkonsumenten Zeit knapp ist, wurden die Befragten für ihre Zeitaufwendungen in der Grössenordnung niedrigschwelliger Arbeitsangebote entschädigt. Jede auskunftsbereite Person erhielt deshalb 5 CHF in bar plus Konsum- und Gebrauchsartikel (Süssigkeiten, Früchte, Zigaretten, Feuerzeug etc.) im Wert von maximal weiteren 5 CHF nach der jeweiligen Befragung. Der so geschaffene Anreiz zur Befragungsteilnahme erforderte gleichzeitig Strategien zur Vermeidung von Doppel- und Mehrfachbefragungen. Folgende Vorkehrungen wurden hierfür getroffen:

- Jedes Interviewerteam umfasste maximal drei Personen.
- Die Zahl der Interviewerteams blieb möglichst begrenzt.
- Pro Befragungsort und Erhebungsphase wurden nahezu immer die gleichen Teams eingesetzt.
- Die Teams wurden für jede Stadt so zusammengestellt, dass die Kenntnis über bereits befragte Personen möglichst breit diffundieren konnte.

Trotz der vorgenommenen Massnahmen konnten Doppel- oder Mehrfachbefragungen nicht völlig ausgeschlossen werden. Aufgrund der Anonymitätsgewährung konnten sie nicht direkt identifiziert werden. Daher wurden die Fragebogen mit fünf unterschiedlichen Algorithmen (zusammengesetzt aus verschiedenen Merkmalsverbindungen) systematisch auf Mehrfachausfüllung geprüft. Die hieraus resultierenden Verdachtsmomente auf Mehrfachteilnahme sind einerseits aufgrund weiterer Variablenvergleiche, andererseits durch Schriftvergleiche im zweiten, von der befragten Person selbst ausgefüllten Teil erhärtet oder verworfen worden. Von den schliesslich als Doppel- oder Mehrfachausfüllungen klassifizierten Fragebögen ist jeweils der zuerst beantwortete für die Analyse beibehalten worden. Im Prozess der Elimination von Mehrfachausfüllungen mussten von den über 1000 beantworteten Fragebögen aus der Erhebung vom Sommer 1997 in Basel 18, in Bern 21 und in Zürich 28 ausgeschlossen werden.[4] Daneben wurde eine genaue Validitätsprüfung der Befragungsdaten vorgenommen, um u.a. sehr unzuverlässig ausgefüllte Fragebögen zu identifizieren.

2.1.3 Validitätsprüfungen

Das Erfragen sensibler Daten kann deren Qualität beeinträchtigen. Es ist daher sinnvoll, die Daten mittels Plausibilitätstests auf ihre interne Konsistenz hin zu prüfen. Zudem sollten – soweit vorhanden – andere Untersuchungen zur externen Validierung der Befunde herangezogen werden.

Interne Validierung

Das Überprüfen der internen Validität verweist auf die logische Beziehung zwischen den in einem Fragebogen enthaltenen Antworten und somit auf deren Glaubwürdigkeit und Interpretierbarkeit (z.B. Bortz 1993: 29ff.). Einen ersten Hinweis hierzu gibt die subjektive Beurteilung der Glaubwürdigkeit, die unmittelbar nach der Face-to-face-Befragung von der befragenden Person festgehalten wurde.[5] Diese subjektiven Beurteilungen erfolgten vorwiegend aufgrund der Einschätzungen von Aufnahmefähigkeit und Offenheit

---

[4]1998 waren sowohl in Bern als auch in Zürich je 24 Fragebogen mit hoher Wahrscheinlichkeit doppelt ausgefüllt und mussten daher ausgeschlossen werden.

[5]Nach Abschluss des gemeinsam auszufüllenden Teils wurden verschiedene Angaben zur Befragung selbst festgehalten (vgl. Seite 8 des 97er Fragebogens in Anhang A). Da der Fragebogen anschliessend der befragten Person übergeben wurde, ist die Beurteilung

TABELLE 2.1: ZUSAMMENSETZUNG DER STICHPROBEN NACH ERHEBUNGSSTÄDTEN

	Basel		Bern		Zürich		Gesamt	
	%	n	%	n	%	n	%	n
1997	35,8	348	29,6	288	34,6	336	100,0	972
1998	—	—	47,3	198	52,7	221	100,0	419

der Befragten. Über 17 Befragte liegen keine Beurteilungen vor. Von den restlichen 1042 Befragungen wurde die grosse Mehrheit (80,9%) als zuverlässig, 14,0% mit mittlerer Zuverlässigkeit und 4,0% als eher unzuverlässig eingestuft. 11 Befragte gaben gemäss dem Urteil der Interviewer sehr unzuverlässige Antworten, was sich bei der anschliessenden Durchsicht der Fragebogen klar bestätigte und somit zu deren Ausschluss führte.

Nach der Identifizierung von Doppel- und Mehrfachbefragungen und dem Ausschluss der eindeutig unzuverlässig beantworteten Fragebogen ist ein Stichprobenumfang von insgesamt $n = 972$ für das Jahr 1997 in die weitere Analyse einbezogen worden. TABELLE 2.1 informiert über die Grösse der Stichproben aus den 97er und 98er Erhebungen jeweils getrennt nach den Erhebungsstädten, die den Auswertungen in dieser Studie zugrunde liegen.

Zur weiteren Feststellung der internen Validität wurden verschiedene Plausibilitätsprüfungen bezüglich soziodemographischer sowie konsumspezifischer Angaben durchgeführt:

- Das Alter bei Beginn des (ersten) regelmässigen Konsums von Heroin, Kokain oder "Cocktail" A_k darf das aktuelle Alter A_a nicht übersteigen $(A_k \leq A_a)$.[6]

---

der Zuverlässigkeit verschlüsselt codiert (Frage B7 "Befragungstempo"), um einen Effekt auf den selbstausgefüllten Teil zu vermeiden.

[6] Vorauszuschicken ist, dass "Cocktail" (ein Gemisch aus Heroin und Kokain) hier als eine Droge betrachtet wird. Obwohl keine einzelne Substanz, rechtfertigt sich diese Differenzierung durch die spezifische, vom Konsumenten geschätzte Wirkung. Der simultane Konsum von Heroin und Kokain unterscheidet sich von der Wirkung des sequentiellen

2 Erhebungen und Befragtenmerkmale

Ergebnis: Bezüglich Heroin sind sämtliche Angaben konsistent. Zu Beginn des regelmässigen Konsums von Kokain sowie der Kombination von Heroin und Kokain (Cocktail) liegt in lediglich vier Fällen (0,3%) das errechnete Alter tiefer als dasjenige bei der Aufnahme des ersten regelmässigen Konsums (dreimal um ein Jahr, einmal um drei Jahre). Da nicht direkt das Alter zum Befragungszeitpunkt, sondern der Jahrgang erfragt wurde, können diese Abweichungen von einem Jahr aufgrund der Differenz zwischen "exakter" und "alltäglicher" Altersberechnung begründet sein.

- Das Alter bei Beginn des (ersten) regelmässigen Spritzens von Drogen A_s darf das aktuelle Alter A_a nicht übersteigen ($A_s \leq A_a$).

Ergebnis: Sämtliche Angaben zu den beiden Altersfragen sind konsistent.

- Das Alter bei Beginn des (ersten) regelmässigen Konsums von Heroin, Kokain oder Cocktail A_k darf das Alter bei Beginn des (ersten) regelmässigen Spritzens von Drogen A_s nicht übersteigen ($A_k \leq A_s$).

Ergebnis: In nur sieben Fällen (0,7%) wurden gemäss den Angaben der Befragten vor dem regelmässigen Konsum von Heroin, Kokain oder Cocktail bereits regelmässig Drogen gespritzt. In drei dieser Fälle handelt es sich bei der Differenz lediglich um ein Jahr, was ggf. mit der obigen Problematik unterschiedlicher Altersberechnungen erklärt werden kann. Die übrigen vier Fälle weisen jedoch eine Differenz von bis zu zehn Jahren auf. Diese Abweichungen lassen sich unter Umständen durch die undifferenzierte Fragestellung ("Spritzen von Drogen") erklären – die grossen Abweichungen könnten das Spritzen anderer Substanzen (z.B. Amphetamine) reflektieren.

- Wer in den letzten vier Wochen durchschnittlich mehr als ein Gramm harte Drogen pro Tag konsumiert hat, sollte für den gleichen Zeitraum eine Konsumhäufigkeit von mindestens "mehrmals wöchentlich" angegeben haben.

Konsums von Heroin alleine (im Folgenden als "Heroin" bezeichnet) bzw. Kokain alleine (im Folgenden als "Kokain" bezeichnet).

Ergebnis: In nur drei Fällen (0,3%) sind die Antworten inkonsistent, wovon eine Person für Heroin, Kokain und Cocktail je einen wöchentlichen Konsumtag angab.

Aufgrund des im Vergleich zum Drogenkonsum juristisch schwerwiegenderen Tatbestandes des Drogenverkaufes könnte man erwarten, dass Plausibilitätsprüfungen bezüglich der Daten zum Verkauf von Drogen zu inkonsistenteren Ergebnissen führen als jene zum Drogenkonsum. Die beiden nachfolgenden Prüfungen sind jedoch recht befriedigend ausgefallen:

- Wer in den letzten vier Wochen mehr Heroin (Kokain) gekauft als konsumiert hat, sollte Angaben über den Verkauf von Heroin (Kokain) gemacht haben.

  Ergebnis: Bezüglich Heroin (Kokain) erfüllen 83,9% (82,3%) der Antwortenden dieses Konsistenzkriterium. Toleriert man eine Abweichung vom theoretischen Wert 0 Gramm von monatlich 3 Gramm (d.h. 0,1 Gramm Unterschätzung der durchschnittlichen Konsummenge pro Tag oder 0,1 Gramm Überschätzung der durchschnittlichen täglich gekauften Menge), so erhöhen sich die Anteile konsistenter Antworten auf 90,5% (Heroin) bzw. 91,2% (Kokain).

  Dieses Konsistenzkriterium hängt jedoch implizit vom Anteil der Personen ab, die eine Überschussnachfragemenge aufweisen oder Angaben zu Verkäufen gemacht haben. Ein anderer Prüfweg berücksichtigt diesen Umstand. Hierzu werden monatliche Überschussnachfragen (d.h. Differenzen zwischen Kauf- und Verkaufsmengen) von mehr als 3 Gramm berechnet. Bezüglich Heroin lassen sich für 45,0%, bezüglich Kokain für 29,1% und bezüglich harter Drogen (d.h. mindestens eine der beiden Substanzen) für 46,3% solche Überschussnachfragen bestimmen. Vergleichen wir diese Ergebnisse mit den selbstberichteten Verkaufstätigkeiten (Heroin 38,2%, Kokain 28,3%, harte Drogen 42,2%), so erhalten wir für Heroin um 6,8, für Kokain lediglich um 0,8 und für harte Drogen nur um 4,1 Prozentpunkte tiefere Angaben. Bedenkt man in diesem Zusammenhang zudem die Möglichkeit, dass Drogen an Partnerinnen oder Partner umsonst weitergegeben

2 Erhebungen und Befragtenmerkmale

oder anderen Personen als Entgelt für verschiedene Dienstleistungen abgegeben werden, so ergibt sich insgesamt der Eindruck eines recht konsistenten Antwortverhaltens.[7]

- Wer Angaben über Gewinnerzielungsstrategien beim Drogenverkauf macht (Einkauf von grösseren Mengen und Weiterverkauf von kleineren Mengen; Ausnutzen regionaler Preisunterschiede und besserer Kontakte; Strecken des Stoffes) sollte auch zumindest einen Drogenverkauf angeben.

  Ergebnis: 76,9% der Personen, die eine Gewinnerzielungsstrategie angeben, berichten vom Verkauf harter Drogen. Unter den restlichen 23,1% haben 68,5% angegeben, zumindest im Rahmen von Drogenverkäufen dienstleistend beteiligt gewesen zu sein (z.B. als Vermittler oder als Kuriere). Tolerieren wir diese unterschiedlichen Begriffsinterpretationen, so haben 92,6% konsistent geantwortet.

Insgesamt bleibt damit die Folgerung, dass die Angaben zur Soziodemographie, zum Drogenkonsum und zur Verkaufstätigkeit keine wesentlichen Widersprüchlichkeiten aufweisen. Zu fragen ist nun noch, inwieweit die erhobenen Daten auch mit Ergebnissen anderer Studien von sichtbaren Drogenszenen vereinbar sind.

Externe Validierung

Die Gültigkeitsprüfung anhand vorliegender Untersuchungen kann lediglich partiell durchgeführt werden, da unseres Wissens zum Drogenmarktgeschehen – insbesondere im deutschsprachigen Raum – keine vergleichbaren empirischen Studien existieren. Bezüglich der in den nächsten Abschnitten präsentierten soziodemographischen Daten und Angaben zu den aktuellen Lebensumständen liegen hingegen verschiedene Vergleichsstudien vor:

- Die aktuellste und für unsere Zielpopulation einzige Vergleichsmöglichkeit für Basel bietet die Evaluation der dortigen Gassenzimmer

---

[7]Beispielsweise sind 91,5% der Befragten, die in den letzten 12 Monaten Tätigkeiten für Dealer (z.B. Vermitteln) ausgeführt haben, hierfür meistens oder immer mit Stoff bezahlt worden.

(Ronco et al. 1994). Letztere wurde in den gleichen Einrichtungen durchgeführt, in der auch die Basler Befragten unserer Untersuchung kontaktiert worden sind.

- Eine wesentlich ausführlichere Vergleichsstudie liegt für die Stadt Bern vor (Braun et al. 1995). Letztere dokumentiert die Lebenssituation der Konsumierenden im Sommer 1993. Dabei wurden – abgesehen von zwischenzeitlichen Szenenentwicklungen – praktisch die gleichen Feldzugänge wie in der vorliegenden Studie verwendet.

- Für Zürich schliesslich eignen sich zur Validierung insbesondere die Evaluation des Vermittlungs- und Rückführungszentrums Zürich Kaserne (VRZK)[8] sowie die Beschreibung der Benutzer-Profile der Einrichtungen niedrigschwelliger Drogenarbeit in der Stadt Zürich (BNE) im Rahmen einer Gesamtevaluation.[9]

Jeweils vergleichbare Ergebnisse aus den erwähnten Studien werden im Folgenden zur externen Validierung unserer Daten herangezogen. Der Schwerpunkt liegt dabei zunächst auf persönlichen Merkmalen und danach auf den Lebensumständen der Untersuchungspopulation.

Zuvor wird jedoch eine Grössenschätzung der sichtbaren Berner Drogenszene durchgeführt. Dies ist insbesondere deshalb sinnvoll, weil das verwen-

---

[8] In der VRZK-Evaluation wurden die Daten der in den ersten zwei Betriebsjahren (August 1994 bis Juli 1996) 3'957 zugeführten Personen analysiert (Arnold 1996). Die dem VRZK Zugeführten sind von der Polizei vorwiegend in und um Drogenszenen und von Drogenkonsumenten stark frequentierten Quartieren – insbesondere den beiden Stadtkreisen 4 und 5 – aufgegriffen worden. Wir können folglich davon ausgehen, dass sich die Stichprobe stark mit den Akteuren des Kleinhandels von Heroin und Kokain überschneidet.

[9] Die BNE-Evaluation enthält Daten von 579 Benutzern niedrigschwelliger Einrichtungen aus einer Stichtagerhebung im Januar 1995 (Meier Kressig, Nydegger Lory und Schumacher 1996). Die niedrigschwellige Drogenhilfe ist primär zur Schadensverminderung relativ strukturverwahrloster, desintegrierter und gesundheitlich gefährdeter Drogenkonsumenten aufgebaut worden und erreicht auch zu weiten Teilen diese Zielgruppe. Da einerseits zu erwarten ist, dass ein Grossteil der Marktakteure auf der Einzelhandelsebene (d.h. insbesondere Kleinkäufer und -händler) Gemeinsamkeiten mit der Zielgruppe niedrigschwelliger Drogenarbeit aufweisen und andererseits der Feldzugang auch über solche Angebote erfolgte, drängt sich ein Vergleich mit dieser Studie auf.

TABELLE 2.2: GESCHÄTZTE GRÖSSE DER SICHTBAREN DROGENSZENE IN DER STADT BERN

Datenerhebungen	1993*	1997	1998
Sichtbare Szene	608	563	—
Anlaufstelle	—	588	598

Bemerkungen: Die 93er und 97er Befragungen wurden in niedrigschwelligen Einrichtungen der Drogenhilfe und auf der Gasse durchgeführt, während die 98er Befragung nur in der Anlaufstelle stattfand. *Siehe Braun et al. (1995: 14).

dete Schätzverfahren bereits in einer früheren Berner Studie (Braun et al. 1995) angewandt wurde und daher auch ein Vergleich mit dem damaligen Ergebnis möglich wird.

Grössenschätzung

Für jede Stadt wäre es zweifellos wünschenswert, die Grösse der Grundgesamtheit (d.h. der Anzahl der Akteure in der jeweiligen sichtbaren Drogenszene) zu kennen. Eine Schätzung der Grundgesamtheit ist bei Drogenstudien jedoch aus offensichtlichen Gründen schwierig. In Anlehnung an Braun et al. (1995: 13f) können wir zumindest für Bern dennoch eine Grobschätzung durchführen. Ausgangspunkt sind die im Sommer 1997 und 1998 erhobenen Daten zur Konsumhäufigkeit und zum Konsumverhalten sowie externe Angaben zur Anzahl ausgegebener Spritzen in der Stadt Bern.[10] Die Ergebnisse der Schätzungen sind in TABELLE 2.2 aufgeführt.

Zur Verdeutlichung des hierfür grundlegenden Verfahrens wird die Schätzung für den Sommer 1997 näher beschrieben. Abgesehen von über Apotheken und Ärzte bezogenen Spritzen wurden in der ersten Untersuchungsperiode (Juni, Juli und August 1997) monatlich 55'814 Spritzen ausgegeben, wobei hier die Spritzenautomaten der Stadt Bern inbegriffen sind. Durchschnittlich verabreichten sich die 234 intravenösen Benutzer 175,4

---

[10]Die Daten zur Spritzenverwendung wurden uns freundlicherweise von der Institution CONTACT (Bern) sowie vom Institut universitaire de médecine sociale et préventive (Lausanne) zur Verfügung gestellt.

(Median 120) Injektionen in den letzten vier Wochen vor der Befragung. Wenn man vereinfachend von einer mehrmaligen Verwendung und dem Tausch von Spritzbesteck absieht, kann diese Zahl als eine Näherung für die Anzahl der verwendeten Spritzen betrachtet werden. Dividiert man die Zahl der monatlich abgegebenen Spritzen durch die von einer Person durchschnittlich pro Monat verwendete Anzahl an Spritzen, so ergibt sich eine Grössenschätzung der Gruppe intravenöser Benutzer von 335 Personen. Allerdings ist die Variable "Anzahl der Injektionen" durch einige Ausreisser stark nach oben verzerrt, so dass der Median ein zuverlässigeres Mass der zentralen Tendenz darstellt. Verwenden wir also den Medianwert in unserer Berechnung, so resultiert eine Mindestschätzung von 490 intravenös konsumierenden Personen in der sichtbaren Berner Drogenszene des Jahres 1997. Es handelt sich hierbei um eine Mindestschätzung, weil die durch Apotheken oder Mediziner ausgegebenen Spritzen vernachlässigt wurden.

Die Zahl von 490 intravenösen Benutzern kann für die Grobschätzung der Grösse der sichtbaren Szene in der Stadt Bern im Jahr 1997 genutzt werden. Berücksichtigt man nämlich, dass der Anteil intravenöser Benutzer in unserer 97er Berner Stichprobe 87,1% (von insgesamt 288 Befragten) beträgt, dann erhält man 563 als Grobschätzung der Zahl von Heroin- und Kokainkonsumenten. Diese Zahl stellt keine Schätzung aller Konsumenten harter Drogen in Bern (1997 waren es ca. 130'000 Einwohner) oder gar der gesamten Agglomeration Bern (ca. 300'000 Einwohner) dar. Sie ist vielmehr eine Grobschätzung für den 97er Umfang des "harten Kerns" der Konsumierenden in der Stadt Bern, die bemerkenswert nahe an der 93er Schätzzahl von 608 Personen liegt.[11]

Wiederholt man diese Schätzung für die Teilpopulation der im Jahr 1997 in der Berner Anlaufstelle befragten Personen, so erhält man 588 als Grössenschätzung. Konzentriert man sich danach auf die ausschliesslich in der Anlaufstelle durchgeführte Zweiterhebung vom Sommer 1998, dann resultiert die Schätzzahl 598. Auch wenn wir nicht auf die Hintergründe dieser

---

[11] Die geringfügige Abweichung zur 93er Schätzzahl dürfte sich zum einen durch die Unvollständigkeit der Angaben zur Anzahl abgegebener Spritzen und zum anderen durch den Wegfall der in das zwischenzeitlich geschaffene Drogenabgabeprogramm eingebundenen Schwersüchtigen erklären lassen.

Schätzungen näher eingehen, ist ihre Konvergenz doch beachtlich. Offenbar hat sich die Zahl der intravenös konsumierenden Anlaufstellenbesucher in Bern zwischen 1997 und 1998 kaum verändert. Dieser Befund deckt sich mit den Erkenntnissen des CONTACT und kann daher als ein Indiz für die Validität der beiden Berner Erhebungen gewertet werden. Es ist zu fragen, ob eine ähnliche Aussage auch für soziodemographische Merkmale in allen Erhebungsorten möglich ist.

2.2 Soziodemographie

Soweit nicht anders vermerkt, bezieht sich die nachfolgende Beschreibung auf die im Sommer 1997 in niedrigschwelligen Einrichtungen und an Szenetreffpunkten befragten 972 Personen (348 in Basel, 288 in Bern, 336 in Zürich), welche nach der Detailanalyse der Fragebögen (Mehrfachausfüllung, unzuverlässige Antwortverhalten) im Datensatz verblieben. Einen ersten Eindruck geben uni- und bivariate Resultate zu einigen biografischen und sozialen Merkmalen. Zur Gewährleistung der Vergleichbarkeit mit existierenden Studien für einzelne Städte werden die Ergebnisse nicht nur für die Gesamtstichprobe, sondern auch nach den drei Städten Basel, Bern und Zürich ausgewiesen. Daneben empfiehlt sich eine stadtspezifische Dokumentation zur Identifikation etwaiger lokaler Unterschiede.

2.2.1 Geschlecht, Alter, Nationalität

In Übereinstimmung mit bisherigen Studien der Zielpopulation findet sich auch in unserer Untersuchung ein Geschlechterverhältnis von rund einem Viertel Frauen (26,4%) gegenüber knapp drei Viertel Männer (73,6%). Der höchste Frauenanteil ergibt sich mit 27,9% für Bern[12], danach folgen Basel

---

[12]In der Berner Befragung von 1993 (durchgeführt in Anlaufstellen, Notschlafstellen, anderen Drogenhilfeeinrichtungen sowie auf der Gasse) betrug der Frauenanteil 29,0% (Braun et al. 1995: 19). In der Zweitbefragung von 1998 wurden 30,8% Frauen erfasst.

mit 26,7%[13] und Zürich mit 24,7%[14]. Offenbar gab es über mehrere Jahre in den Erhebungsstädten keine grösseren Schwankungen der Geschlechtervariable. Diese Übereinstimmung kann als ein Hinweis auf eine befriedigende Erfassung der Zielpopulation gewertet werden.

Das Durchschnittsalter in der gesamten Stichprobe beträgt 30,1 Jahre (Basel 29,3, Bern 29,9 und Zürich 31,1) mit in allen drei Städten ähnlichen Verteilungen (Standardabweichungen in Basel 6,008, in Bern 6,082 und in Zürich 6,063; Median in Basel 29 Jahre, in Bern und Zürich 30 Jahre). In allen drei Städten ist demnach das Durchschnittsalter in den sichtbaren Drogenszenen über die Jahre hinweg gestiegen.[15] Zumindest teilweise reflektiert diese Entwicklung wohl die inzwischen verminderte Mortalität von Konsumierenden harter Drogen, die u.a. den langjährigen Bemühungen niedrigschwelliger Hilfsangebote sowie den Substitutionsprogrammen zu verdanken ist.

Die beiden jüngsten Personen (17-jährig) wurden in Bern befragt, während die insgesamt älteste Person (66 Jahre) an der Befragung in Basel teilnahm. TABELLE 2.3 zeigt die Altersverteilung nach Geschlecht. Frauen sind im Durchschnitt mit 28.4 Jahren signifikant etwas jünger als die

---

[13] Die Evaluation der Gassenzimmer in Basel 1993/94 umfasst 27,0% drogenkonsumierende Frauen (Ronco et al. 1994: 39).

[14] Die Gesamtevaluation der niedrigschwelligen Einrichtungen in der Stadt Zürich im Jahr 1995 ergab einen Anteil von 26,9% Frauen (Meier Kressig et al. 1996: 55), und während der ersten beiden Betriebsjahre des Vermittlungs- und Rückführungszentrums (Sommer 1994 bis Sommer 1996) wurden 24,3% Frauen erfasst. Der geringste Frauenanteil liegt in der Zürcher Stichprobe von 1998 mit lediglich 19,9% vor.

[15] In der Berner Szenebefragung im Sommer 1993 betrug das Durchschnittsalter 27 Jahre bei einem Median von 26 Jahren (Braun et al. 1995: 23). 1998 war die befragte Population in Bern durchschnittlich 30 Jahre alt (Median ebenfalls 30). Auch die Klientel der niedrigschelligen Einrichtungen in Zürich war 1995 im Schnitt 30 Jahre alt (Meier Kressig et al. 1996: 73); das Durchschnittsalter der dem VRZK Zugeführten stieg im Verlauf des Beobachtungszeitraums von 26 auf 28 Jahre; die in der Zweitbefragung 1998 in Zürich Erfassten waren durchschnittlich 32,1 Jahre alt (Median 32). Die Befragten in den Basler Gassenzimmer wiesen 1993/94 ein Durchschnittsalter von 27 Jahren auf (Ronco et al. 1994: 39, eig. Berechnungen).

TABELLE 2.3: ALTERSVERTEILUNG NACH GESCHLECHT

Alterskategorie	Basel %	n	Bern %	n	Zürich %	n	Gesamt %	n
Frauen								
bis 19 Jahre	2,2		5,0		4,9		3,9	10
20 bis 24 Jahre	20,4		23,8		17,1		20,4	52
25 bis 29 Jahre	34,4		31,3		31,7		32,5	83
30 bis 34 Jahre	31,2		32,5		29,3		31,0	79
35 bis 39 Jahre	8,6		7,5		11,0		9,0	23
40 bis 44 Jahre	3,2		0,0		6,1		3,1	8
45 bis 49 Jahre	0,0		0,0		0,0		0,0	0
ab 50 Jahren	0,0		0,0		0,0		0,0	0
Total	100,0	93	100,1	80	100,1	82	99,9	255
Männer								
bis 19 Jahre	1,4		0,4		0,8		0,8	6
20 bis 24 Jahre	17,1		11,4		10,8		13,1	93
25 bis 29 Jahre	40,5		28,5		28,7		32,8	233
30 bis 34 Jahre	21,8		36,7		25,9		27,6	196
35 bis 39 Jahre	12,3		12,6		23,9		16,5	117
40 bis 44 Jahre	5,2		8,7		8,4		7,3	52
45 bis 49 Jahre	1,6		0,5		2,0		1,4	10
ab 50 Jahren	0,8		0,5		0,0		0,4	3
Total	100,1	252	100,0	207	100,1	251	99,9	710

Bemerkung: Abweichungen von 100% ergeben sich durch Runden.

Männer mit einem Durchschnittsalter von 30,7 Jahren ($t = 5{,}639$, $df = 509{,}726$, $p < 0{,}001$).[16]

Ihre Staatsangehörigkeiten gaben 951 Personen (97,8%) an – sie sind Bürger von insgesamt 31 verschiedenen Nationen.[17] Jedoch besitzen 81,5% der antwortenden Personen einen Schweizer Pass, so dass sich in der gesamten 97er Stichprobe ein Ausländeranteil von 18,5% findet.[18] Im grenznahen Basel ist der Ausländeranteil mit 22,6% erwartungsgemäss am höchsten, in Bern mit 12,7% am niedrigsten und Zürich liegt mit 19,1% in der Mitte ($\chi^2 = 10{,}218$, $df = 2$, $p = 0{,}006$).

Dennoch ist darauf hinzuweisen, dass die ausländischen Drogenkonsumenten aufgrund von Sprachbarrieren – wenn auch nicht gravierend – untervertreten sein können.[19] In allen drei Städten dominieren unter den Ausländern die italienischen Staatsangehörigen (Basel 30,7%, Bern 52,9%, Zürich 47,5%). Während in Basel und Zürich deutsche Drogenkonsumierende anteilsmässig an zweiter Stelle stehen, ist in der sichtbaren Berner Szene keine weitere Häufung von Angehörigen einer bestimmten Nation festzustellen.

Unter den Frauen ist mit 14,3% der Ausländeranteil tiefer als bei den Männern (20,0%). Bei stadtspezifischer Betrachtung liegt dieser Unterschied in Bern nicht, in den beiden anderen Erhebungsorten entsprechend ausge-

---

[16] Hier und im Folgenden legen wir jeweils bei (zweiseitigen) Signifikanztests eine Irrtumswahrscheinlichkeit (α-Fehler) von $\alpha = 0{,}05$ zugrunde. Bei den berichteten t-Tests besagt die Nullhypothese, dass kein Unterschied zwischen den Mittelwerten der betrachteten Gruppen besteht. Bei den später berichteten χ^2-Signifikanztests wird die Nullhypothese geprüft, dass kein Zusammenhang zwischen zwei Variablen vorliegt.

[17] Sieben weitere Personen haben angegeben, Ausländer zu sein, jedoch ihre Staatszugehörigkeit nicht offenbart.

[18] An der Wohnbevölkerung der Schweiz betrug 1997 der Anteil ansässiger Ausländer 19,4%, in der Stadt Bern 21,0%, in der Stadt Zürich 27,9% und in Basel 28,2% (Angaben des Bundesamtes für Statistik, Mai 1999). In der Alterskategorie der 15- bis 39-Jährigen ist der Ausländeranteil etwas höher. Ende 1998 lag er in der Schweiz bei 24% (Angaben des Bundesamtes für Statistik, Januar 1999).

[19] Dies gilt, obwohl der Fragebogen bei sämtlichen Erhebungen nicht nur in deutscher, sondern auch in französischer Sprache vorlag.

prägter vor.[20] Zudem sind die ausländischen Befragten mit einem Durchschnittsalter von 28,8 Jahren signifikant etwas jünger als die Schweizer mit 30,4 Jahren ($t = -3{,}60$, $df = 292{,}40$, $p < 0{,}001$), wobei dieses Ergebnis für Bern nicht zutrifft.[21]

Insgesamt erscheinen die Variablen "Geschlecht", "Alter", "Nationalität" und ihre Beziehungen sowohl plausibel als auch kompatibel mit externen Vergleichsinformationen (z.b. aus anderen Studien, amtlichen Statistiken). Es stellt sich die Frage, ob dies für andere persönliche Merkmale ebenfalls gilt.

2.2.2 Wohnort und Aufenthaltsdauer

Als hauptsächlichen Wohnort zur Zeit der Befragung geben 84,8% der Antwortenden (813 von 959) die jeweilige Befragungsstadt oder den entsprechenden Kanton an, während 15,2% einen anderen Kanton, das Ausland oder einen Doppelwohnsitz nennen.

Getrennt nach den einzelnen Erhebungsstädten gibt TABELLE 2.4 einen Überblick. Der grösste Anteil der Stadtansässigen ist in Zürich (85,0%) und der kleinste in Bern (61,6%) zu verzeichnen.[22] Auf den ersten Blick scheint Bern im Sommer 1997 also für Auswärtige besonders attraktiv gewesen zu sein, während Zürich offenbar nur wenig "Drogentourismus" aufwies.[23] Bei einer genaueren Betrachtung zeigt sich allerdings, dass diese Interpretation

---

[20] Auch 1998 waren in Bern die Ausländerquoten von Frauen (16,4%) und Männern (17,4%) praktisch gleich hoch, während in Zürich deutlich (aber insignifikant) weniger Frauen (4,5%) als Männer (16,8%) eine ausländische Staatsangehörigkeit besassen.

[21] Auch 1998 waren die Schweizer durchschnittlich etwas älter; dieser Unterschied ist aber weder in Bern noch in Zürich statistisch signifikant.

[22] In der Wiederholungsbefragung 1998 hatten sogar nur 49,0% der Berner Befragten ihren hauptsächlichen Wohnort in der Stadt Bern, in Zürich immerhin 83,7%.

[23] Zu berücksichtigen ist hierbei einerseits, dass rund 60% der Zürcher Stichprobe in den Kontakt- und Anlaufstellen befragt wurden, welche grundsätzlich nur in Zürich angemeldeten Personen zugänglich sind; andererseits könnte dieser Befund eine Folge der seit der Auflösung der offenen Drogenszene am Letten erfolgenden Rückführungsaktivitäten der Behörden und der damit einhergehenden Bemühungen zur dezentralen Drogenhilfe im Kanton Zürich sein.

TABELLE 2.4: WOHNORT IM SOMMER 1997

	Basel		Bern		Zürich	
	%	n	%	n	%	n
in dieser Stadt	66,0	225	61,6	175	85,0	284
in diesem Kanton	7,9	27	24,6	70	9,2	32
in anderem Kanton	22,6	77	12,3	35	4,2	14
im Ausland	3,5	12	0,7	2	0,3	1
Doppeldomizil	0,0	0	0,7	2	0,9	3
Total	100,0	341	99,9	284	100,0	334

Bemerkung: Abweichungen von 100% ergeben sich durch Runden.

nicht haltbar ist: Vergleicht man nämlich die Anteile der stadt- und kantonsansässigen Personen, so übertrifft Bern nämlich sogar den vergleichsweise kleinen Halbkanton Basel-Stadt, zu dem ausser der Stadt Basel nur noch zwei weitere Gemeinden gehören (Basel: 73,9%, Bern: 86,2%, Zürich: 94,2%).

Dass 1997 eine starke Präsenz nicht-kantonsansässiger Abhängiger existierte oder gar eine nennenswerte drogenbedingte Wanderung in die Städte erfolgte ("Soghypothese"), kann unsere Untersuchung somit nicht bestätigen. Ein früherer Sogeffekt könnte sich jedoch hinter dem offiziellen Wohnort verbergen – Drogenkonsumierende aus anderen Kantonen oder dem Ausland könnten sich demnach sofort offiziell in der Stadt ihrer Wahl niedergelassen haben. Doch auch diese Überlegung lässt sich bezweifeln: Im Durchschnitt leben die Befragten seit 12,2 Jahren am genannten Aufenthaltsort (Median 7 Jahre). Im Vergleich zwischen den Erhebungsorten weichen die in Basel Befragten mit einer durchschnittlichen Aufenthaltsdauer von 14,0 Jahren (Median 10 Jahre) etwas von den anderen ab (Bern: Mittelwert 11,3 Jahre, Median 6,5 Jahre[24]; Zürich: Mittelwert 11,0 Jahre, Median 5 Jahre[25]).

---

[24] Ganz ähnlich sieht es 1998 in der Berner Stichprobe mit einer durchschnittlichen Aufenthaltsdauer von 12,1 Jahren und einem Median von 6,5 Jahren aus.

[25] Die Vergleichswerte für Zürich 1998 lauten: Mittelwert 11,0 Jahre, Median 4 Jahre.

Insgesamt lässt sich daher festhalten, dass die befragten Drogenmarktteilnehmer überwiegend nicht erst kürzlich in die jeweilige Befragungsstadt umgezogen sind. Die Mehrheit weist vielmehr längerfristige Bindungen zum jeweiligen Erhebungsort auf. Im Folgenden interessieren einige Aspekten der Lebenssituation dieser Personen.

2.3 Aktuelle Lebensumstände

Die öffentliche Meinung über Drogenabhängige suggeriert, dass es sich hierbei mehrheitlich um sozial verwahrloste Personen handelt, deren Lebensgestaltung von ihrer Sucht und dem täglichen Drogenbeschaffungsstress geprägt ist. Aus dieser Sicht scheint die Befriedigung elementarer Bedürfnisse sowie eine selbständige Lebensführung für regelmässige Konsumierende harter Drogen nahezu ausgeschlossen.

Dieser Eindruck mag für einen Teil unserer Zielgruppe zumindest partiell zutreffen. Erfreulicherweise können jedoch durchaus auch sozial integrierte Personen in unserem Untersuchungsfeld angetroffen werden. Deutlich wird dies in der folgenden Beschreibung der aktuellen Lebensumstände der Untersuchungspopulation. Konkret dokumentiert werden die derzeitige Wohnsituation, die Erwerbstätigkeit und Einnahmequellen sowie der Freundeskreis und die Partnerschaften der Befragten.

2.3.1 Wohnsituation

Für die einzelnen Städte informiert TABELLE 2.5 über die Wohnsituation der im Sommer 1997 befragten Personen. Während 4,6% im Monat vor der Erhebung in Institutionen (Heim, Therapie, Entzug) wohnten, war ein höherer Anteil von 12,8% der Befragten (124 von 966) obdachlos. Alle übrigen Befragten verfügten über einen festen Wohnsitz (82,6%). Bern hatte mit 20,2%[26] die höchste, Zürich (13,8%)[27] die mittlere und Basel

---

[26]Nach der Berner Untersuchung von 1993 waren 19% obdachlos (Braun et al. 1995: 30).

[27]Die VRZK-Studie weist durchschnittlich 15% Obdachlose aus (Arnold 1996: 55f.), die BNE-Studie 11,5% (Meier Kressig et al. 1996).

TABELLE 2.5: WOHNSITUATION IM MONAT VOR DER BEFRAGUNG 1997

	Basel %	n	Bern %	n	Zürich %	n
obdachlos	5,8	20	20,2	58	13,8	46
in Institutionen	3,8	13	4,5	13	5,4	18
feste Wohnadresse	90,5	313	75,3	216	80,8	269
Total	100,1	348	100,0	287	100,0	333

Bemerkung: Abweichungen von 100% ergeben sich durch Runden.

(5,8%)[28] die geringste Obdachlosenrate.[29] Gleichzeitig waren in Basel Frauen (12,1%) signifikant häufiger von Obdachlosigkeit betroffen als Männer (3,5%; $\chi^2 = 9{,}020$, $df = 1$, $p = 0{,}003$). Wenn auch nicht signifikant, aber mit jeweils mehr als zehn Prozentpunkten höheren Anteilen wurden 1997 und 1998 in Bern ebenfalls mehr obdachlose Frauen als Männer befragt. In Zürich schliesslich betraf Obdachlosigkeit in beiden Jahren Frauen wie Männer gleichermassen.

2.3.2 Einnahmequellen

Gerade unter den Akteuren im Drogenmarkt ist es wahrscheinlich, eine Vielzahl von Einnahmequellen vorzufinden. Zur Erfassung der diversen Einnahmequellen wurden den Befragten sieben typisierte Optionen vorgelegt (vgl. ABBILDUNG 2.1), wobei Mehrfachantworten zulässig waren. Gestaffelt nach der Häufigkeit der Nennungen ergibt sich folgende Reihenfolge: Öffentliche Unterstützung wie z.B. Arbeitslosenversicherung, Sozialhilfe/Fürsorge, IV-Renten etc. (62,4%), legale Erwerbsarbeit (36,2%), Dealen (30,1%), private Unterstützung z.B. von Partner/in, Eltern, Freunden etc. (23,3%), Mischeln oder Betteln (15,5%), Geschäfte mit Prostitution (8,4%) und schliesslich Einbrüche, Diebstahl oder Raub (5,1%). Insbesondere bei den drei letztge-

---

[28] Mit 8,0% existierte bereits 1994 in Basel ein verhältnismässig kleiner Anteil obdachloser Personen (Ronco et al. 1994: 45).

[29] Die Situation hat sich im Jahr 1998 eventuell sowohl in Zürich als auch in Bern etwas verbessert: In Zürich hatten noch 11,9% und in Bern 15,9% keinen festen Wohnsitz.

2 Erhebungen und Befragtenmerkmale

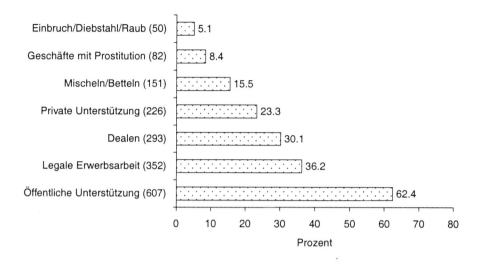

ABBILDUNG 2.1: EINNAHMEQUELLEN

nannten Geldquellen dürfte es sich um Mindestschätzungen handeln, da ja illegale oder sozial stigmatisierte Aktivitäten durch Selbstauskünfte der Befragten erhoben wurden. Auffällig hingegen ist der hohe Anteil der Personen, die Drogenverkauf als Einnahmequelle zugeben. Auch hier liegt vermutlich eine Mindestschätzung vor, denn Fragen zu Verkäufen illegaler Drogen bejahen sogar 42,2%.

Fasst man die verschiedenen Einnahmemöglichkeiten in die drei Kategorien "legales Erwerbseinkommen (ohne Prostitution) und keine illegalen Einkünfte", "mindestens eine Angabe zu öffentlichen Unterstützungen, privaten Unterstützungen, Mischeln/Betteln oder Geschäften mit Prostitution, aber keine illegalen Einkünfte und keine legale Erwerbsarbeit" und "zumindest eine illegale Einkunft" und berechnet die Häufigkeiten für Basel, Bern und Zürich getrennt, so ergibt sich die in ABBILDUNG 2.2 ersichtliche Verteilung. Danach können sich in Basel und Zürich rund 7 von 10 ohne illegale

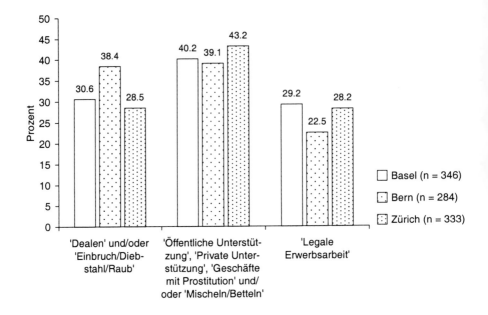

ABBILDUNG 2.2: GRUPPIERTE EINNAHMEQUELLEN

Einkünfte den Lebensunterhalt finanzieren, während es in Bern 6 von 10 sind.[30]

Mehr als die Hälfte der Antwortenden (498 oder 53,1% von $n = 938$) hat keine Arbeits- oder Ausbildungsstelle (ABBILDUNG 2.3). Gut ein Sechstel erhält Taglohn für Gelegenheitsarbeiten (17,7%), regelmässiger Voll- oder Teilzeitarbeit geht knapp ein Viertel nach (23,9%) und weitere 5,3% (50 Personen) sind noch in Ausbildung. Zwischen der Geschlechtszugehörigkeit und der Erwerbstätigkeit besteht ein signifikanter Zusammenhang ($\chi^2 = 22{,}820$, $df = 3$, $p < 0{,}001$); sowohl der Prozentsatz regelmässig arbeitender Frauen (16,1%, Männer 26,6%) als auch derjenige der Taglöhnerinnen (12,4%) ist geringer als bei den Männern (19,4%). Die grösste prozentuale Differenz zwischen Frauen und Männern besteht folglich in der

---

[30]In der Zweitbefragung von 1998 waren die Anteile an Personen ohne illegale Einkünfte noch ähnlicher: in Bern 64,9% und in Zürich 65,2%.

2 Erhebungen und Befragtenmerkmale

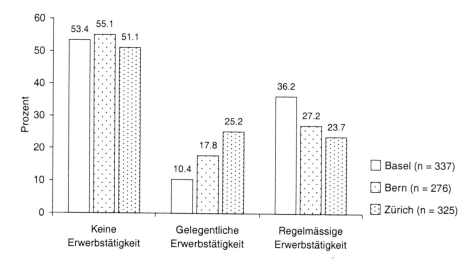

ABBILDUNG 2.3: ERWERBSTÄTIGKEIT

Kategorie der Erwerbslosen (65,3% Frauen, 48,9% Männer); drogenkonsumierende Frauen sind in der Deutschschweiz stärker von Erwerbslosigkeit betroffen als Männer, die ebenfalls illegale Drogen konsumieren.[31]

Die Erwerbslosenquote liegt in allen drei städtischen Stichproben mit geringen Abweichungen etwa gleich hoch (zwischen 51% und 55%).[32] Bemerkenswerte Unterschiede existieren hingegen zwischen den Städten bezüglich der gelegentlichen (Basel 10,4%, Bern 17,8%[33], Zürich 25,2%[34]) und der

---

[31] Laut amtlicher Statistik (Bundesamt für Statistik 1999) war im zweiten Quartal 1997 die Erwerbslosenrate der Schweizer Frauen in den beiden Alterskategoreien 15 bis 24 und 25 bis 39 Jahre sogar leicht unter derjenigen der Männer. Die prozentualen Anteile der Erwerbslosigkeit liegen für beide Geschlechter zwischen 4% und 8% in den erwähnten Altersgruppen.

[32] 1998 ist die Erwerbslosigkeit geringfügig tiefer. Sie beträgt in Bern und Zürich je 50,5%.

[33] In Bern 1998 beträgt der Anteil nur 13,6%.

[34] Der Zürcher Anteil im Jahr 1998 ist 21,3%.

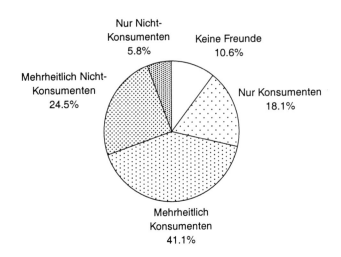

ABBILDUNG 2.4: ZUSAMMENSETZUNG DES FREUNDESKREISES ($n = 956$)

regelmässigen Erwerbsarbeit inklusive Schule (Basel 36,2%, Bern 27,2%, Zürich 23,7%[35]).

2.3.3 Soziale Beziehungen

Vermutlich stehen illegale Substanzen im Mittelpunkt vieler Bekanntschaften in Drogenszenen. Daher wurde danach gefragt, inwieweit sich der jeweilige Freundeskreis aus Drogenkonsumierenden oder abstinenten Personen zusammensetzt. Knapp ein Drittel (30,3% von 956 Antwortenden) bezeichnet mehrheitlich oder ausschliesslich abstinente Personen als zu ihrem Freundeskreis zugehörig. Dagegen konsumieren bei 59,2% der Befragten die meisten oder sämtliche Freundinnen und Freunde selbst Drogen.

Gänzlich ohne Freundinnen oder Freunde betrachten sich nach eigenen Angaben 101 Personen oder 10,6% (vgl. ABBILDUNG 2.4). Für die einzelnen Erhebungsstädte fallen die Antwortanteile auf die Kategorien recht ähnlich aus. Einzig unter den in Bern antwortenden Personen wurde ein prozentual

---

[35] 1998 erhöhte sich in Zürich der Anteil regelmässig Erwerbstätiger auf 28,2%.

TABELLE 2.6: PARTNERSCHAFT NACH GESCHLECHT

	Männer %	n	Frauen %	n	Gesamt %	n
keine feste Partnerschaft	69,5	479	47,8	117	63,8	596
feste Partnerschaft	30,5	210	52,2	128	36,2	338
Total	100,0	689	100,0	245	100,0	934

etwas grösserer Anteil mit zumindest mehrheitlich konsumierenden Freunden angetroffen.

Zwischen der Geschlechtszugehörigkeit und der Zusammensetzung des Freundeskreises existiert kein signifikanter Zusammenhang. Mit geringfügigen Abweichungen verteilen sich die prozentualen Antworten beider Geschlechter beinahe identisch auf die einzelnen Kategorien.

Dagegen liegt zwischen der Erwerbstätigkeit und der Zusammensetzung des Freundeskreises ein positiver signifikanter Zusammenhang vor ($\chi^2 = 62{,}465$, $df = 8$, $p < 0{,}001$): Regelmässig erwerbstätige Personen haben eher Freundschaften, die mit Drogen wenig zu tun haben oder – da der Kausalzusammenhang hier offen ist – Personen mit mehr derartigen Freundschaften arbeiten eher.

338 von 935 Befragten mit gültiger Antwort (36,1%) haben derzeit eine feste Beziehung. Unter den in Bern befragten Drogenkonsumierenden gibt es mit 40,9% den höchsten Prozentanteil von Personen mit festen Partnerschaften.[36]

Im Gegensatz zur Zusammensetzung des Freundeskreis weist das Vorliegen von Partnerschaften einen statistisch signifikanten Zusammenhang mit der Geschlechtszugehörigkeit auf (TABELLE 2.6): Sowohl an den einzelnen Erhebungsorten als auch im Gesamtdatensatz haben Frauen eher eine feste Beziehung ($\chi^2 = 37{,}079$, $df = 1$, $p < 0{,}001$).

Das Vorliegen einer Partnerschaft ist hingegen weitgehend unabhängig vom Alter. Bis auf die 20- bis 24-Jährigen, welche zu rund 45% eine Part-

---

[36] In der 1993 durchgeführten Berner Studie waren es sogar 47% (Braun et al. 1995).

nerschaft unterhalten, sind in den anderen Altersklassen mehr als 60% ohne feste Beziehung.

Wenn auch diesbezüglich annähernde Homogenität besteht, sollte man die Heterogenität anderer Variablen in den verschiedenen Drogenszenen zur Kenntnis nehmen. Selbst wenn man sich nur auf wenige markante Merkmale konzentriert, liegt demnach in keiner Stadt eine vollständig homogene Verbraucherpopulation vor. Ob und wie auch die Konsummuster und die Repressionserfahrung der Befragten variieren, sind hierbei besonders wichtige Fragestellungen.

Kapitel 3

Konsummuster und Repressionserfahrung

Claudia Zahner, Bruno Nydegger Lory und Norman Braun

Nach der bisherigen Charakterisierung der Untersuchungspopulation gibt es einerseits überregional gültige Befunde (wie beispielsweise den dominanten Männeranteil in sichtbaren Drogenszenen). Andererseits liegen regional spezifische Befunde (wie sie etwa in abweichenden Lebensumständen der Drogenkonsumierenden in Basel, Bern und Zürich zu Tage treten) vor, die ihrerseits aber mit den Ergebnissen früherer Stadtstudien weitgehend übereinstimmen. Unter Verwendung der 97er Daten für Basel, Bern und Zürich wird in diesem Kapitel zunächst gefragt, inwieweit lokale Unterschiede auch im vergangenen und gegenwärtigen Drogengebrauch aufscheinen. Dies erscheint u.a. zur Vorbereitung späterer Analysen sinnvoll.

Im Anschluss wird untersucht, ob lokale Variationen der behördlichen Repression gegenüber Drogenkonsumenten bestehen. Genauer werden die Repressionserfahrungen dokumentiert und verglichen, welche in den Berner und Zürcher Befragungen in 1997 und 1998 angegeben wurden. Hintergrund ist hierbei, dass in der Stadt Bern (im Gegensatz zu Zürich) ab Januar 1998 explizit das polizeiliche Vorgehen gegen den Zwischen- und Grosshandel von Drogen verschärft wurde (Aktion "Citro"). Es ist daher u.a. zu klären, inwieweit sich auch auf der Ebene der Drogenverbraucher zwischen 1997 und 1998 lokale Repressionsänderungen ergeben haben.

3.1 Konsumgeschichte

Aufgrund der Schwerpunktsetzung der vorliegenden Untersuchung wurden nur wenige Fragen zur Konsumgeschichte gestellt. Dokumentieren lassen sich daher lediglich die durchschnittlichen Einstiegsalter in den regelmässigen Konsum verschiedener illegaler Drogen sowie näherungsweise die mittleren Längen der bisherigen Konsum- und Injektionskarrieren.

3.1.1 Beginn des Konsums

Es ist wohlbekannt, dass der Beginn des regelmässigen Konsums verschiedener Substanzen sequentiell erfolgt. Betrachtet man die Gesamtstichprobe vom Sommer 1997 und definiert den regelmässigen Gebrauch einer Droge durch zumindest ein Konsumereignis pro Woche während mindestens drei Monaten, so beginnen die Befragten durchschnittlich im 21. Lebensjahr (Median 19, Standardabweichung 5,04) mit dem regelmässigen Heroinkonsum und mit 21,5 Jahren (Median 20, Standardabweichung 5,68) mit dem regelmässigen Kokainkonsum. Mit durchschnittlich 23 Jahren (Median 22, Standardabweichung 5,73) findet dagegen der Einstieg in den kombinierten Gebrauch von Heroin und Kokain (Cocktail) statt.

Diese spezifische Reihenfolge bedeutet keineswegs, dass nach dem Beginn mit Heroin zwangsläufig der Kokainkonsum folgt oder dass jeder Konsument von Heroin unweigerlich Cocktail benutzen wird. Es finden sich vielmehr Konsumierende, die sich nur auf eine der Substanzen beschränken oder in einer anderen Reihenfolge in den Gebrauch der verschiedenen Substanzen einsteigen: So haben 24,0% ($n = 233$) nie regelmässig Kokain konsumiert, 22,4% ($n = 218$) nie regelmässig Cocktail und 4,2% ($n = 41$) nie regelmässig Heroin.

Allerdings scheint der Konsum von mehreren Drogen zum einen aufgrund eines relativ breiten Angebots, zum anderen wegen komplementärer

TABELLE 3.1: DURCHSCHNITTLICHES EINSTIEGSALTER IN DEN REGELMÄSSIGEN KONSUM ILLEGALER DROGEN

	Basel		Bern		Zürich		Gesamt	
	$\bar{x}$	n	$\bar{x}$	n	$\bar{x}$	n	$\bar{x}$	n
Frauen								
Heroin	19,1	93	18,3	75	19,1	77	18,8	245
Kokain	22,3	66	21,1	65	20,0	53	21,2	184
Cocktail	22,9	61	21,6	69	22,2	67	22,2	197
harte Drogen*	18,9	93	18,7	79	18,8	83	18,8	255
intravenöser Konsum	20,7	77	19,5	74	20,2	76	20,1	227
Männer								
Heroin	20,6	252	20,9	192	20,3	235	20,6	679
Kokain	22,1	187	21,7	165	21,3	181	21,7	533
Cocktail	23,1	166	22,8	163	23,2	203	23,0	532
harte Drogen*	20,3	252	20,5	204	20,1	251	20,3	707
intravenöser Konsum	21,9	213	22,4	175	21,6	219	22,0	607

Bemerkung: *Der Begriff "harte Drogen" bezieht sich hier auf Heroin, Kokain oder Cocktail.

Wirkungen der Substanzen in den sichtbaren Szenen weit verbreitet zu sein. Dies wird durch TABELLE 3.1 verdeutlicht. Der erste regelmässige Konsumbeginn von harten Drogen liegt danach bei knapp 20 Jahren (Median 19). Zudem wurden die befragten Frauen typischerweise mit 19 Jahren Konsumierende von harten Drogen, während die antwortenden Männer durchschnittlich mit etwas mehr als 20 Jahren den regelmässigen Gebrauch von Heroin, Kokain oder Cocktail aufnahmen.

3.1.2 Bisherige Konsumdauer

Aufgrund des Studienschwerpunktes wurden freiwillige und erzwungene Abstinenzphasen nicht erhoben. Um dennoch einen groben Eindruck über die bisherige mittlere Dauer des Drogenkonsums zu gewinnen, wurde die Differenz zwischen dem Lebensalter zum Erhebungszeitpunkt und dem Alter beim Einstieg in den regelmässigen Heroin- oder Kokaingebrauch bestimmt.

TABELLE 3.2: DURCHSCHNITTLICHE KONSUM- UND INJEKTIONSKARRIEREN

	Basel		Bern		Zürich	
	$\bar{x}$	n	$\bar{x}$	n	$\bar{x}$	n
Konsumdauer von Heroin/Kokain	9,39	343	10,05	284	11,32	332
Intravenöse Konsumdauer	8,09	290	8,86	250	9,73	292

Bemerkung: Konsum- und Injektionsdauer wurden jeweils durch die Jahre operationalisiert, die seit Beginn des regelmässigen Konsumierens bzw. Injizierens von harten Drogen (Heroin, Kokain oder Cocktail) bis zum Befragungszeitpunkt vergangen waren.

Da das Injizieren die klar dominante Applikationsform in den sichtbaren Drogenszenen darstellt (siehe Abschnitt 3.2.2), wurde analog eine "Injektionskarriere" berechnet.[1]

Die durchschnittliche Konsumdauer bezüglich der beiden Substanzen Heroin und Kokain beträgt 10,25 Jahre (Median 9 Jahre, Standardabweichung 5,46), wobei kein signifikanter Unterschied zwischen den Geschlechtern existiert. Während lediglich 7,0% eine Konsumkarriere von maximal 3 Jahren aufweisen, haben 18,2% bereits 16 Jahre erreicht oder überschritten.

Bei der Injektionsdauer gaben 15,7% an, höchstens seit drei Jahren intravenös zu konsumieren. Ein etwas niedrigerer Anteil (14,1%) injiziert dagegen schon seit 16 Jahren oder länger harte Drogen.

Für einen Überblick über die stadtspezifischen Unterschiede und Gemeinsamkeiten empfiehlt sich ein Blick in TABELLE 3.2. Danach unterscheiden sich die mittleren Konsum- und Injektionskarrieren etwas zwischen den einzelnen Städten. Gemäss den arithmetischen Mittelwerten berichten die Befragten in Basel die kürzesten, diejenigen in Zürich die längsten Konsum- und Injektionskarrieren. Dieses Ergebnis ist angesichts des bereits in Kapitel 2 berichteten Durchschnittsalters nicht überraschend.

---

[1]Die Begriffe "Karriere" und "Dauer" des Konsumierens oder Injizierens werden hier synonym verwendet. Wie bereits erwähnt, handelt es sich nicht um eine exakte Erfassung der mit regelmässigem Konsum harter Drogen tatsächlich verbrachten Jahre und Monate, sondern lediglich um die Zeitspanne in Jahren seit Beginn des ersten regelmässigen Konsums harter Drogen bis zum Befragungszeitpunkt.

TABELLE 3.3: JEMALS REGELMÄSSIG INTRAVENÖS DROGEN KONSUMIERT

	Basel		Bern		Zürich		Gesamt	
	%	n	%	n	%	n	%	n
Frauen	83,7	92	93,7	79	91,6	83	89,4	254
Männer	84,9	251	87,1	202	87,3	252	86,4	705

Allerdings gibt es keinen wesentlichen Unterschied zwischen den stadtspezifischen Anteilen der befragten Personen, die jemals regelmässig intravenös Drogen konsumiert haben (TABELLE 3.3): Bern liegt mit 89,0% nur wenig höher als Zürich mit 88,4%, während sich Basel etwas von den beiden anderen absetzt (84,5%). Zwischen Frauen und Männern liegen ebenfalls keine signifikanten Unterschiede vor, obwohl in den Berner und Zürcher Szenen prozentual mehr Frauen als Männer jemals regelmässig intravenös Drogen konsumiert haben.

3.2 Aktuelles Konsumverhalten

Zum gegenwärtigen Drogenkonsum wurde eine ganze Reihe von Fragen gestellt, die sich insbesondere auf die Konsumhäufigkeit verschiedener illegaler Substanzen, die Art ihres jeweiligen Gebrauchs (Applikationsform) und die durchschnittlichen Konsummengen bezogen. In Anbetracht der in der Schweiz seit längerer Zeit praktizierten Methadonabgabe an Konsumierende harter Drogen und des seit 1994 angelaufenen Pilotprojekts zur ärztlichen Verschreibung von Betäubungsmitteln (PROVE, siehe Uchtenhagen et al. 1996, 1997) wurden zudem Informationen über die Teilnahme an solchen Programmen erhoben. Zwar erlauben derartige Angaben auch in Verbindung mit den weiteren Daten keine Rückschlüsse auf die medizinische Verschreibungspraxis und ihre Erfolge (mangelnde Repräsentativität). Jedoch ist eine Eingebundenheit in ein Substitutions- oder Abgabeprogramm bei der Beschreibung des tatsächlichen Konsums illegaler Substanzen in sichtbaren Drogenszenen zu berücksichtigen.

3.2.1 Konsumhäufigkeiten

TABELLE 3.4 informiert über den Gebrauch bestimmter Drogen. Selbst wenn man bei Heroin für die Teilnahme an einem Abgabeprogramm kontrolliert, ist diese Droge am populärsten. Nur wenige Befragte konsumieren dagegen Ecstasy (6,4% oder 62 Personen). In anderen Kreisen als Modedroge bekannt, spielt diese Substanz in der sichtbaren Drogenszene eine nebensächliche Rolle. Auch Rohypnol ist nicht besonders verbreitet. 169 Personen oder 17,4% haben es mehrmals pro Woche oder täglich konsumiert und fast ebenso viele greifen einmal pro Woche oder seltener auf dieses Benzodiazepin zurück. Den Status der beliebtesten Gelegenheitsdroge nimmt Cannabis ein – das Rauchen von Hanfprodukten übertrifft sogar leicht den alleinigen Kokainkonsum.

Die beiden Drogen Heroin und Kokain werden sowohl einzeln als auch in der kombinierten Form des Cocktails von der Mehrheit der Befragten täglich konsumiert (61,5%). Ein Viertel (25,5%) nimmt mehrmals pro Woche harte Drogen zu sich. Bei der erfassten Population handelt es also überwiegend um regelmässige Konsumenten harter Drogen (87,7% oder 852 Personen von $n = 972$). ABBILDUNG 3.1 zeigt die Konsumhäufigkeit harter Drogen an den einzelnen Erhebungsorten.

Betrachtet man die Angaben zur Konsumhäufigkeit getrennt nach Geschlecht (siehe TABELLE 3.5), so ist nur beim Konsum von Heroin ein signifikanter Zusammenhang zu verzeichnen ($\chi^2 = 9,301$, $df = 3$, $p = 0,026$). Demnach übersteigt der Anteil der heroinkonsumierenden Männer (75,7%) den entsprechenden Frauenanteil (66,5%), wobei Männer zudem einen häufigeren Heroinkonsum aufweisen.

Annähernd ein Drittel (32,6%) der Befragten bevorzugt keine bestimmte Droge, sondern konsumiert Heroin, Kokain oder Cocktail etwa gleich oft. TABELLE 3.6 gibt einen Überblick über die – gemäss der Konsumhäufigkeiten – "wichtigsten" Drogen in Basel, Bern und Zürich. Die befragte Population in Bern konsumierte hauptsächlich mehrere der drei Drogen, in Basel ist Heroin und in Zürich Cocktail die Hauptdroge. Diese Unterschiede in den drei städtischen Drogenszenen sind statistisch signifikant ($\chi^2 = 140,310$, $df = 6$, $p < 0,001$), wobei der Ausschluss der Teilnehmer an einem Heroinabgabeprogramm den Befund nicht ändert.

3 Konsummuster und Repressionserfahrung

TABELLE 3.4: KONSUM AUSGEWÄHLTER DROGEN IN PROZENT

	nie	1x/Woche od. seltener	mehrmals pro Woche	täglich	n
Ecstasy	93,6	6,0	0,4	0,0	965
Rohypnol	65,2	17,3	7,3	10,1	969
Kokain	44,1	21,3	19,2	15,5	969
Cannabis	37,1	28,2	15,2	19,3	970
Cocktail	28,4	18,5	20,6	32,4	971
Heroin*	26,7	15,5	18,6	39,2	936

Bemerkungen: Die Prozentuierung bezieht sich auf die jeweils gültigen Fälle (siehe letzte Spalte), die Häufigkeit des Konsums auf die vier Wochen vor der Befragung. *Die Angaben für Heroin betreffen hier Personen, die nicht am Heroinabgabeprogramm (PROVE) teilnehmen.

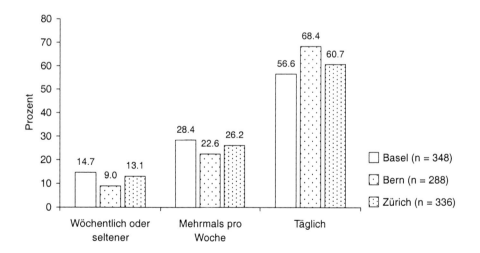

ABBILDUNG 3.1: KONSUMHÄUFIGKEIT "HARTER DROGEN"

Tabelle 3.5: Konsum ausgewählter Drogen nach Geschlecht in Prozent

	nie	1x/Woche od. seltener	mehrmals pro Woche	täglich	n
Männer					
Ecstasy	93,0	6,6	0,4	0,0	711
Rohypnol	66,2	16,8	7,4	9,5	713
Kokain	42,9	22,1	19,7	15,3	714
Cannabis	36,5	27,6	15,5	20,4	715
Cocktail	29,8	19,3	19,9	31,0	714
Heroin*	24,3	15,3	20,1	40,3	687
Frauen					
Ecstasy	95,7	4,0	0,4	0,0	253
Rohypnol	62,7	18,4	7,1	11,8	255
Kokain	47,2	18,9	17,7	16,1	254
Cannabis	39,0	30,3	15,0	15,7	254
Cocktail	24,6	16,4	22,7	36,3	256
Heroin*	33,5	16,1	14,5	35,9	248

Bemerkungen: Die Prozentuierung bezieht sich auf die jeweils gültigen Fälle (siehe letzte Spalte), die Häufigkeit des Konsums auf die vier Wochen vor der Befragung. *Die Angaben für Heroin betreffen hier Personen, die nicht am Heroinabgabeprogramm (PROVE) teilnehmen.

3 Konsummuster und Repressionserfahrung

TABELLE 3.6: HAUPTSÄCHLICH KONSUMIERTE DROGE

	Basel %	Basel n	Bern %	Bern n	Zürich %	Zürich n	Gesamt %	Gesamt n
Heroin	49,7	173	28,5	82	24,7	83	34,8	338
Kokain	8,3	29	9,0	26	4,5	15	7,2	70
Cocktail	12,1	42	18,4	53	45,2	152	25,4	247
mehrere	29,9	104	44,1	127	25,6	86	32,6	317
Total	100	348	100	288	100	336	100	972

Bemerkungen: Als Hauptdroge gilt diejenige Substanz, die individuell in den vier Wochen vor der Befragung am häufigsten konsumiert wurde. Für mehrere gleich häufig konsumierte Drogen wurde die Kategorie "mehrere" gebildet.

TABELLE 3.7: TÄGLICHER KONSUM AUSGEWÄHLTER DROGEN

	Basel %	Basel n	Bern %	Bern n	Zürich %	Zürich n	Gesamt %	Gesamt n
Heroin*	44,6	184	61,2	214	53,5	288	53,5	686
Kokain	29,0	131	36,2	207	18,1	204	27,7	542
Cocktail	52,5	257	48,7	226	33,0	212	45,3	695

Bemerkungen: Die Prozentuierung bezieht sich auf die gültigen Fälle, welche die betreffende Substanz in den vier Wochen vor der Befragung konsumiert haben. *Die Angaben für Heroin beziehen sich hier auf die Personen ausserhalb eines Heroinabgabeprogramms.

Bezüglich des täglichen Konsums entfällt der grösste Anteil aller Benutzer der jeweiligen Droge mit 53,5% auf Heroin. Immerhin 45,3% aller Cocktailkonsumierenden nehmen diese Mischung täglich zu sich, während beim Kokain nur 27,7% zu den täglich Konsumierenden zählen. Neben diesen Informationen gibt TABELLE 3.7 eine Übersicht zu den täglichen Konsumgewohnheiten in den Erhebungsstädten.

Interessant sind die Relationen der Konsumhäufigkeiten zwischen den einzelnen Drogen. Sie geben Hinweise darauf, ob sich zwei Substanzen in ihrem Gebrauch eher wechselseitig substituieren oder aber zueinander komplementär sind. Die Berechnung von Rangkorrelationen (Spearmans ρ) ergab insbesondere folgende Befunde:

- Wer mindestens mehrmals pro Woche harte Drogen (Heroin, Kokain und/oder Cocktail) gebraucht, konsumiert weniger Cannabis ($\rho = -0{,}181$, $n = 970$, $p < 0{,}001$). Dies gilt in allen drei Erhebungsstädten.

- Die häufigen Benutzer von Heroin haben auch eine höhere Konsumhäufigkeit von Kokain. Dieser signifikante Zusammenhang ($\rho = 0{,}214$, $n = 968$, $p < 0{,}001$) findet sich in allen drei Städten.

- Wer ärztlich verschriebenes Methadon bezieht, konsumiert etwas häufiger Cannabis ($\rho = 0{,}091$, $n = 965$, $p = 0{,}005$), aber weniger oft Heroin ($\rho = -0{,}316$, $n = 965$, $p = 0{,}001$).[2] In Bern und Basel sind diese positiven Effekte zwischen Methadonbezug und Cannabisgebrauch und die negativen Effekte zwischen Methadonbezug und Heroinkonsum signifikant. Die in Zürich befragten Methadonbezieher haben lediglich einen signifikant niedrigeren Heroinverbrauch.

Beurteilt nach der Häufigkeit des Gebrauchs der Substanzen ist Kokain für Heroinbenutzer offenbar eher ein Komplement, während Methadon für Heroin erwartungsgemäss ein Substitut darstellt. Nach demselben Kriterium sind Methadon und Cannabis dagegen schwach komplementär im Gebrauch,

---

[2]In der 97er Befragung wurden in Basel 59,1%, in Bern 38,0% und in Zürich 34,5% Methadonsubstituierte erfasst.

TABELLE 3.8: ART DES HAUPTSÄCHLICHEN KONSUMS VON HEROIN UND KOKAIN

Konsumart	Heroin %	n	Kokain %	n	Cocktail %	n
spritzen	70,1	498	77,0	408	95,9	662
inhalieren, rauchen	20,3	144	16,2	86	2,0	14
sniffen	7,7	55	4,9	26	2,0	14
mehrere Arten	2,2	13	1,9	10	–	–
Gesamt	100,0	710	100,0	530	99,9	690

Bemerkungen: Die Prozentuierung bezieht sich jeweils auf sämtliche Personen mit Angaben zur Konsumform von Heroin, Kokain oder Cocktail. Die Konsumart bezieht sich auf die vier Wochen vor der Befragung.

während zwischen Cannabis und harten Drogen anscheinend eine schwach substitutive Beziehung besteht.

3.2.2 Applikation und Menge

Bestimmte harte Drogen können auf unterschiedliche Weise konsumiert werden. Daher ist zu fragen, welche Konsumformen der verschiedenen Substanzen in den untersuchten Drogenszenen vorherrschen. TABELLE 3.8 berichtet die Art des Konsums von Heroin, Kokain und Cocktail. Bei allen drei Drogen ist die intravenöse Einnahme dominant (Heroin 70,1% von $n = 710$; Kokain 77,0% von $n = 530$; Cocktail 95,9% von $n = 690$). Insgesamt haben 800 Personen (82,5% von 970 gültigen Antworten) angegeben, dass sie sich Heroin, Kokain oder Cocktail hauptsächlich injizieren.

Dennoch sind alternative Einnahmearten nicht zu vernachlässigen. Insbesondere gibt es etwa ein Fünftel "Heroinrauchende oder Heroininhalierende" (20,3%). Beim Kokain präferieren 16,2% oder 86 Personen diese Konsumformen. Geschlechtsspezifisch liegen keine Unterschiede bezüglich des Spritzens oder anderer Gebrauchsformen (Rauchen/Inhalieren, Sniffen) harter Drogen vor. Dies gilt auch dann, wenn man nach Heroin, Kokain oder Cocktail differenziert.

Sowohl für Heroin wie für Kokain weist Bern die höchsten prozentualen Anteile injizierender Personen auf (Heroin 76,6%, Kokain 85,5%). Signifikant unterscheiden sich die städtischen Drogenszenen auch bezüglich der Anteile der intravenös konsumierenden Befragten ($\chi^2 = 14{,}493$, $df = 2$, $p < 0{,}001$). In Basel spritzten sich zum Erhebungszeitpunkt 76,4% (von $n = 347$) ihre Drogen, in Zürich 84,8% (von $n = 336$) und in Bern 87,1% (von $n = 287$) der hierzu antwortenden Personen. Unterscheidet man injizierende und inhalierende/rauchende Konsumenten, so ergeben sich bei weiterführenden Analysen folgende Befunde:

- Die Anteile der Inhalierer/Raucher von Heroin unterscheiden sich nur wenig und nicht signifikant zwischen den drei Städten.

- Die beiden Konsumformen von Heroin (Kokain) – Inhalieren/Rauchen versus Injizieren – variieren weder signifikant mit dem Einkommen noch mit der täglichen Konsummenge von Kokain (Heroin).

- Die Gruppen der inhalierenden/rauchenden Kokainkonsumenten sind in den städtischen Drogenszenen signifikant verschieden gross ($\chi^2 = 18{,}435$, $df = 2$, $p < 0{,}001$): In Basel sind es 25,8%, in Zürich 17,2% und in Bern lediglich 9,0%.

Die intravenös Konsumierenden (771 gültige Antworten) verabreichen sich durchschnittlich 129 Injektionen pro Monat. Da es sich hierbei um eine eher schiefe Verteilung handelt, ist der Median eine aussagekräftigere Masszahl der zentralen Tendenz. Weil der Median der monatlichen Injektionen 90 beträgt, verabreicht sich die durchschnittliche Person drei Injektionen pro Tag. Ebenfalls den Medianwerten zufolge spritzen sich die intravenös konsumierenden Befragten in Basel zwei-, in Zürich drei- und in Bern viermal am Tag ihre Drogen (siehe TABELLE 3.9). Die Geschlechtszugehörigkeit hat dabei keinen statistisch bedeutsamen Einfluss auf die Injektionshäufigkeit.

Betrachten wir nun noch kurz die Konsummengen des "typischen" Befragten. Der Durchschnittskonsument verbraucht täglich insgesamt 1,4 Gramm Heroin und Kokain (Median 0,9 Gramm, Standardabweichung 1,650). Die mittlere Konsummenge pro Tag beläuft sich auf 0,82 Gramm Heroin (Median 0,5, Standardabweichung 0,919) und 0,75 Gramm Kokain

3 Konsummuster und Repressionserfahrung

TABELLE 3.9: STATISTISCHE KENNZAHLEN ZUR INJEKTIONSHÄUFIGKEIT

	Modus	Median	Mittelwert	Std. abw.	n
Basel	60	60	97,65	102,77	258
Bern	120	120	175,40	178,76	234
Zürich	150	90	118,27	140,21	279

Bemerkungen: Die ersten vier Spalten enthalten Angaben zur Anzahl der Injektionen pro Monat, die letzte Spalte berichtet die Anzahl der gültigen Fälle.

(Median 0,5, Standardabweichung 0,993), was pro Droge eine monatliche Menge des Mediankonsumenten von 15 Gramm ausmacht. In Bezug auf den städtischen Szenevergleich zeigt TABELLE 3.10 u.a., dass in Bern zwar die höchsten mittleren Mengen von Heroin und Kokain konsumiert werden, aber auch die grösste Varianz des Verbrauchs vorliegt.

Die 904 antwortenden Personen mit Heroinkonsum hatten insgesamt einen Tagesverbrauch von 739 Gramm Heroin, wenn man die einzelnen Angaben aufsummiert. Für die 783 Kokainkonsumierenden resultiert ein täglicher Verbrauch von 590 Gramm Kokain. Angesichts dieser hohen Verbrauchsmengen illegaler Substanzen kann man davon ausgehen, dass ein hoher Anteil der befragten Personen immer wieder mit der Polizei und den Justizbehörden zu tun hat.

3.3 Repressionserfahrung

Es stellt sich u.a. die Frage, ob sich die an verschiedenen Erhebungsorten befragten Personen bezüglich der erfahrenen Repression im Durchschnitt unterscheiden. Die 98er Erhebung in der Berner Drogenszene war bekanntlich begleitet von einer speziell eingesetzten "Task Force" zur Bekämpfung des Drogenhandels (Aktion "Citro").[3] Obwohl sich diese Aktion explizit gegen

---

[3] Das verschärfte Vorgehen gegen den Drogenhandel in der Stadt Bern manifestierte sich (laut polizeilicher Mitteilung vom September 1999) in insgesamt 53'744 Arbeitsstunden, in denen 751 Anzeigen, 204 Bargeldabnahmen (eingezogene Vermögenswerte 331'286 CHF), 260 Einzüge von Handys sowie Beschlagnahmungen von 8,5 kg Heroin und/oder Kokain erfolgten. Diese Zahlen beziehen sich auf die Zeit vom 07.01. bis 31.12.98.

TABELLE 3.10: STATISTISCHE KENNZAHLEN ZUR KONSUMMENGE VON HEROIN UND KOKAIN PRO TAG

	Modus	Median	Mittelwert	Standardabweichung	n
Heroin*					
Basel	0,5	0,5	0,60	0,613	321
Bern	0,5	0,7	1,10	1,215	260
Zürich	0,5	0,5	0,82	0,834	323
Kokain*					
Basel	0,1	0,2	0,43	0,668	263
Bern	0,5	0,7	1,11	1,261	239
Zürich	0,5	0,5	0,75	0,887	281

Bemerkungen: Die ersten vier Spalten enthalten Angaben in Gramm, die letzte Spalte berichtet die Anzahl der gültigen Fälle. *Die städtischen Mittelwertunterschiede sind sowohl für Heroin als auch für Kokain durchgehend auf einem Niveau von $p < 0,005$ signifikant.

den Zwischen- und Grosshandel richtete, kann nicht ausgeschlossen werden, dass sich dadurch auch die Repression für die Berner Befragten verschärft hat. Die Kombination der Daten aus den 97er und 98er Erhebungen in Bern und Zürich erlaubt einen Vergleich der mittleren Repressionserfahrungen der Befragten.

3.3.1 Festnahmen und Verurteilungen

Zunächst wird auf Repressionsindikatoren eingegangen, die sich auf einen Zeithorizont von 12 Monaten vor der Befragung beziehen. Betrachtet werden dabei Festnahmen und Verurteilungen. Zur Erhebung der Festnahmen wegen Drogenvergehen waren zwei Fragen relevant: zum einen ob und gegebenenfalls wie häufig sich die befragte Person in den vergangenen zwölf Monaten in Untersuchungshaft befand; zum anderen wie viele Personen aus dem Bekanntenkreis in den vergangenen vier Wochen in Untersuchungshaft kamen. Für die 98er Befragung wurde der Begriff "Untersuchungshaft" allerdings durch den Begriff "Polizeigewahrsam" ersetzt. Im Vorfeld beider Befragungen sind die Interviewer zwar instruiert worden, einen Arrest von

TABELLE 3.11: STATISTISCHE KENNZAHLEN ZU FESTNAHMEN

	Median	Mittelwert	Std. abw.	n	Prozent
Festnahmen der Befragten					
1997: Untersuchungshaft					
Bern*	0,0	0,48	1,40	286	21,3
Zürich*	0,0	0,51	1,35	334	23,7
1998: Polizeigewahrsam					
Bern*	0,0	2,17	5,25	197	45,7
Zürich*	1,0	2,24	5,05	220	59,1
Festgenommene Bekannte					
1997: Untersuchungshaft					
Bern*	0,0	1,58	2,38	281	49,1
Zürich*	0,0	1,54	2,98	334	45,8
1998: Polizeigewahrsam					
Bern*	1,0	3,75	6,67	186	56,5
Zürich*	2,0	4,13	8,95	208	55,8

Bemerkungen: Der Modus beträgt in allen Teilstichproben 0. Die vorletzte Spalte berichtet die Anzahl der gültigen Antworten. In der letzten Spalte sind die prozentualen Anteile derjenigen Personen angegeben, die mindestens einmal festgenommen worden sind oder von zumindest einer Festnahme im eigenen Bekanntenkreis Kenntnis besitzen. Die Festnahmen der Befragten beziehen sich auf zwölf Monate vor der Befragung, die Festnahmen von Bekannten nur auf vier Wochen vor der Befragung. Signifikanz des t-Tests zwischen 1997 und 1998 innerhalb einer Stadt: $^*p < 0,001$.

mindestens 24 Stunden auf der Polizeiwache oder an einem anderen Ort einzuschliessen. Trotzdem zeigen sich bei einem Vergleich der angegebenen Häufigkeiten signifikante Unterschiede zwischen 1997 und 1998. Wenn nach Polizeigewahrsam (wie 1998) gefragt wird, sind die Befragten durchschnittlich viel häufiger festgenommen worden als wenn danach gefragt wird, wie oft sie in Untersuchungshaft (wie 1997) waren. Ebenso kannte man 1998 im Durchschnitt mehr Personen mit derlei Erfahrungen als 1997 (vgl. TABELLE 3.11). Es ist kaum anzunehmen, dass sich die Festnahmepraxis sowohl in Zürich als auch in Bern innerhalb eines Jahres derart massiv verändert hat. Vielmehr dürfte dieser Befund ein anschauliches Beispiel dafür sein, wie subtil sich Begriffswahl und Frageformulierung auf die Antworten auswirken können.

Keine Veränderung erfuhr dagegen die Frageformulierung zur Verurteilung aufgrund von Betäubungsmitteldelikten. Im Unterschied zu den anderen Repressionsfragen wurde hier aber auf eine Häufigkeitsangabe verzichtet. In den Interviews wurde lediglich danach gefragt, ob die betreffende Person in den vergangenen zwölf Monate in der jeweiligen Stadt oder anderswo wegen "Drogenvergehen" verurteilt worden ist. Im Jahr 1997 gaben in Bern 19 (6,7%) und in Zürich 8 (2,4%) Personen an, sie seien in einer anderen Stadt verurteilt worden. Ein Jahr später waren es 21 Personen (10,9%) in Bern und 6 Personen (2,8%) in Zürich.[4]

Für die vergleichende Bewertung des Repressionsniveaus in den beiden Städten sind indes nur die Angaben von Belang, die auf Verurteilungen in der jeweiligen Stadt verweisen. Zwar wies Bern im Sommer 1997 mit 35,7% den grösseren relativen Anteil an verurteilten Personen auf, jedoch ist der Unterschied gegenüber Zürich mit 32,4% nicht signifikant. In der Folgeerhebung 1998 sind in beiden Städten die Anteile der aufgrund von Betäubungsmitteldelikten verurteilten Personen etwas zurückgegangen (Bern 31,8%, Zürich 26,7%).

3.3.2 Polizeikontrollen und Anzeigen

Zur Erfassung von kurzfristigen Repressionsveränderungen dürften sich die Kontroll- und Anzeigehäufigkeiten seitens der Polizei innerhalb eines Zeitraums von vier Wochen am besten eignen. Um das Erinnerungsvermögen der befragten Personen nicht zu überfordern und damit die Zuverlässigkeit der Aussagen zu gewährleisten, wurde bei der Frageformulierung bewusst keine grössere Zeitspanne gewählt.

Im Sommer 1997 geriet knapp ein Drittel der Befragten nicht in polizeiliche Kontrollen (Bern 28,0%, Zürich 30,0%). Wer dagegen mindestens einmal in den vier Wochen vor der Befragung von der Polizei kontrolliert worden ist, wurde gebeten, ebenfalls Angaben über Vorkommnisse wie Drogenbeschlagnahmungen und Geldeinziehungen zu machen. Demnach hatten

---

[4]Sowohl am Befragungsort als auch anderswo verurteilt wurden 1997 in Bern fünf und in Zürich keine Personen. In der Folgeerhebung bejahten dies insgesamt noch weniger Befragte (nämlich eine Person in Bern und zwei Personen in Zürich).

die Polizeibeamten in Bern in 48,0% und in Zürich in 42,2% der kontrollierten Personen Drogen beschlagnahmt. Prozentual wurden 1998 in beiden Städten nur bei geringfügig weniger Personen illegale Drogen konfisziert. Die Befragten, die über Drogenbeschlagnahmungen berichten, mussten durchschnittlich innerhalb eines Monats zweimal ihre Drogen abgeben. Dies gilt gemäss den Medianwerten für beide Erhebungsorte im Jahr 1997. Ein Jahr später reduziert sich dieser Medianwert auf ein einziges solches Ereignis pro Person sowohl in Bern (Mittelwert 2,36, Standardabweichung 2,93) als auch in Zürich (Mittelwert 1,82, Standardabweichung 1,22). Den Befragungsergebnissen zufolge wurde in Bern in 8,3% und in Zürich in 12,0% aller Kontrollen Geld abgenommen. 1998 haben sich diese Anteile auf 4,4% in Bern und 11,0% in Zürich verringert.

Aufgrund des metrischen Skalenniveaus der Daten über polizeiliche Kontrollen und Anzeigen ist es möglich, die in TABELLE 3.12 aufgeführten statistischen Kennzahlen zu berechnen. Dabei erscheint es sinnvoll, die Daten für die beiden Subgruppen der Verkäufer und Nicht-Verkäufer näher zu untersuchen. Die wichtigsten Befunde sind:

(a) **Alle Befragten**

- Die Ergebnisse der Folgeerhebungen weisen sowohl in Bern als auch in Zürich signifikant niedrigere Werte für die Zahl der erfolgten Polizeikontrollen aus.[5] Bei der Anzahl erfahrener Anzeigen liegen im Jahresvergleich (1997 und 1998) keine signifikanten Unterschiede vor.

- In beiden Erhebungsjahren gibt es beim Städtevergleich bezüglich der berichteten Anzeigen signifikante Unterschiede:[6] In Bern erfolgten durchschnittlich mehr Anzeigen als in Zürich.

---

[5]Mittelwerttests zwischen 1997 und 1998: für Bern $t = 2,058$, $df = 443,377$, $p = 0,04$; für Zürich $t = 2,237$, $df = 503,802$, $p = 0,026$.

[6]Die Testresultate (t-Tests) lauten wie folgt: zwischen Bern und Zürich 1997 ($t = 1,520$, $df = 444,089$, $p < 0,001$); zwischen Bern und Zürich 1998 ($t = 2540$, $df = 284,484$, $p = 0,012$).

TABELLE 3.12: STATISTISCHE KENNZAHLEN ZU POLIZEILICHEN KONTROLLEN UND ANZEIGEN IN DEN LETZTEN VIER WOCHEN VOR DER BEFRAGUNG

	Median	Mittelwert	Std. abw.	n	Prozent
Kontrollen					
Bern*					
1997	3,0	4,58	6,84	276	77,7
1998	2,0	3,36	5,89	191	63,4
Zürich*					
1997	2,0	3,61	4,95	324	69,8
1998	1,0	2,71	4,34	218	60,1
Anzeigen					
Bern					
1997	0,0	1,14	1,95	284	46,5
1998	0,0	0,87	1,80	191	36,6
Zürich					
1997	0,0	0,55	1,15	329	29,8
1998	0,0	0,51	0,95	216	31,0

Bemerkungen: In allen Teilstichproben ist der Modus 0. Die vorletzte Spalte berichtet die Anzahl der gültigen Antworten. In der letzten Spalte sind die prozentualen Anteile der Personen angegeben, die mindestens einmal kontrolliert beziehungsweise angezeigt worden sind. Signifikanz des t-Tests zwischen 1997 und 1998 innerhalb einer Stadt: *$p < 0,05$.

3 Konsummuster und Repressionserfahrung

(b) Nicht-Verkäufer

- In Bern wurden die Nicht-Verkäufer zur Befragungszeit 1998 signifikant weniger kontrolliert als im Jahr zuvor ($t = 2{,}651$, $df = 257{,}191$, $p = 0{,}009$).

(c) Verkäufer

- Nur im Jahr 1998 war, während der vier Wochen vor der Befragung, die Kontrolltätigkeit gegenüber Verkäufern in Bern signifikant stärker als in Zürich. Hingegen wurden verkaufende Personen in Bern sowohl im Sommer 1997 als auch im Sommer 1998 signifikant häufiger angezeigt als in Zürich.

- Weder in Bern noch in Zürich zeigen sich für die Verkäufer signifikante Repressionsunterschiede zwischen der 97er und der 98er Erhebung.

Erwartungsgemäss sind die im Drogenhandel involvierten Personen einem stärkeren Verfolgungsdruck ausgesetzt als Personen, die illegale Drogen ausschliesslich konsumieren. Dies repräsentieren die Berner wie die Zürcher Daten gleichermassen. Darin spiegelt sich die aus dem Gesetz ableitbare Prioritätensetzung der Strafverfolgungsbehörden wider.

Gemäss den Analyseresultaten schlägt sich die Aktion "Citro" in Bern 1998 allein in einer deutlich geringeren Kontrolltätigkeit bei den Personen nieder, die ausschliesslich Drogen konsumieren (also nicht damit handeln). Dagegen ist die Repressionserfahrung bezüglich Kontrollen und Anzeigen der mehrheitlich einheimischen Drogenverkäufer unter den Befragten im Jahresvergleich unverändert geblieben. Dieser Befund legt die Vermutung nahe, dass sich die polizeilichen Massnahmen gegen den Drogenhandel weitgehend auf ausländische Personen konzentrierten.[7]

---

[7]Die Pressemitteilung Nr. 253 des Polizeikommandos der Stadt Bern vom 9.9.1998 erhärtet diesen Verdacht. Danach sind im Rahmen der Aktion "Citro" insgesamt 2637 Personen festgenommen und kontrolliert worden. Darunter befanden sich 2367 Asylbewerber, die von Festnahmen betroffen waren. Diese Zahlen beziehen sich auf die Zeit vom 7.1.1998 bis 9.9.1998.

Unabhängig von der Aktion "Citro" ist die Anzeigehäufigkeit in Bern höher als in Zürich (dies gilt für die Jahre 1997 und 1998).[8] Berücksichtigt man nur diejenigen Personen, die auch tatsächlich kontrolliert oder angezeigt worden sind, so ergibt sich folgendes Bild:

- Wenn Kontrollen berichtet werden, dann liegt der Median 1997 in Bern und Zürich bei 4. Im Sommer 1998 ergibt sich an beiden Erhebungsorten der Medianwert 3.[9]

- Falls Anzeigen vorliegen, dann betragen mit Ausnahme der 97er Berner Befragung (Median 2) die Medianwerte durchgehend 1.[10]

Mit diesen deskriptiven Resultaten zu erfahrenen repressiven Massnahmen lassen wir es hier bewenden. Festzuhalten bleibt jedoch, dass mit der Aktion "Citro" keine wesentliche Änderung der mittleren Repressionserfahrung der Konsumierenden einhergegangen ist. Dieses Resultat reflektiert die polizeilichen Absichten – die Aktion sollte sich ja gegen den Zwischen- und Grosshandel mit illegalen Substanzen richten.

Bemerkenswerterweise ist aber auch die Repressionserfahrung bezüglich Kontrollen und Anzeigen der befragten Drogenverkäufer im Jahresvergleich nahezu konstant geblieben. Dies kann reflektieren, dass sich die Aktion "Citro" gleichfalls nicht gegen die von uns erfassten Drogenverkäufer richtete (sondern z.B. gegen untererfasste tatsächliche oder vermutete ausländische Händler). Es kann aber auch bedeuten, dass sich die Teilnehmer am illegalen Marktgeschehen z.B. durch ihre Netzwerkbeziehungen vor den Re-

---

[8] Eine relativ niedrigere Anzeigehäufigkeit existiert nicht nur in Zürich. Im Vergleich zu den 97er Berner Daten weisen auch die 97er Daten für Basel darauf hin, dass den Konsum- und Beschaffungsaktivitäten von Abhängigen seitens der Polizei mit grösserer Toleranz begegnet wird. Nett (2000) präsentiert eine vergleichende Repressionsanalyse zwischen Basel, Bern und Zürich.

[9] Mittelwerte und Standardabweichungen sind 6,38 und 7,338 (Bern 1997, $n = 198$), 5,18 und 5,197 (Zürich 1997, $n = 226$), 5,30 und 6,680 (Bern 1998, $n = 121$), 4,51 und 4,820 (Zürich 1998, $n = 131$).

[10] Mittelwerte und Standardabweichungen sind 2,46 und 2,229 (Bern 1997, $n = 132$), 1,84 und 1,448 (Zürich 1997, $n = 98$), 2,39 und 2,296 (Bern 1998, $n = 71$), 1,64 und 1,011 (Zürich 1998, $n = 67$).

pressionsbemühungen schützen. Die Beziehungen zwischen Anbietern und Nachfragern bei Drogengeschäften stehen deshalb jetzt im Mittelpunkt.

Kapitel 4

Drogengeschäfte und Netzwerkeinbindung

Norman Braun, Roger Berger und Claudia Zahner

Die Drogenverbotspolitik beruht u.a. auf der Grundannahme, dass tatsächliche und potenzielle Schwarzmarktteilnehmer anreizgeleitet handeln. Aus dieser Perspektive müssten glaubwürdige Strafdrohungen beispielsweise zum Entzug anregen, vom Einstieg in den Drogengebrauch abschrecken und den Handel mit bestimmten Substanzen zumindest erschweren. Zwar kann man aus dieser Sicht auch erwarten, dass aktuelle Marktteilnehmer versuchen werden, die Wahrscheinlichkeit von Strafen durch geeignete Gegenmassnahmen (z.B. Drogenhandel in Privatwohnungen) möglichst zu reduzieren. Dennoch schafft das Drogenverbot einen Schwarzmarkt, der im Allgemeinen unvollkommener funktionieren wird als ein freier Markt. So müssten Geschäfte bei fehlender Rechtssicherheit schwieriger zu realisieren sein und generell weniger reibungslos ablaufen.

Dieses Kapitel beschäftigt sich ausführlich mit dieser Verbotsfolge und ihren Konsequenzen. Im Anlehnung an Braun (1998) werden dafür zunächst einige theoretische Überlegungen eingeführt, die insbesondere mit dem Kooperationsproblem potenzieller Tauschpartner im illegalen Drogenmarkt und Mechanismen zu seiner Lösung zu tun haben. Die Kooperationsmechanismen sind dabei zum Grossteil mit der Vernetzung potenzieller Tauschpartner verknüpft. Sie liefern Hinweise für die empirische Untersuchung tatsächlicher Geschäfte im Drogeneinzelhandel. Nach der Präsentation einiger allgemeiner Befunde zur Verflechtung von Käufern und Verkäufern stehen v.a. Effekte der Netzwerkeinbindung für die Gestaltung illegaler Transaktionen im Mittelpunkt. Ein Grossteil dieser empirischen Resultate findet sich auch in Braun (1998). Sie beziehen sich auf den gesamten Datensatz, der im Sommer 1997 parallel in Basel, Bern und Zürich erhoben wurde. Weil die Netzwerkverbindungen zwischen Marktteilnehmern aus den verschiedenen Städten aber eher schwach sind, erscheint eine vergleichende Untersuchung der lokalen Drogenszenen sinnvoll. Deshalb werden abschliessend noch Befunde einer weitgehend analogen städtespezifischen Analyse berichtet.

4.1 Theoretische Überlegungen und Konzepte

Aus der Perspektive der Ökonomik sind Märkte räumlich existierende oder gedanklich vorgestellte Orte (z.B. Wochenmarkt oder Versandhandel), an denen Tauschkontakte erfolgen und potenzielle Transaktionspartner ihre individuellen Pläne (Angebot und Nachfrage) abstimmen. Die jeweiligen Markteigenschaften bestimmen dabei das Zustandekommen und die Resultate von Tauschbeziehungen mit (z.B. Ott 1991). Aus der Sicht soziologischer Klassiker (z.B. Durkheim 1933; Weber 1976) und der Transaktionskostenökonomik (z.B. Williamson 1985, 1994) müssten sich Unterschiede zwischen legalen und illegalen Märkten auf die Entstehung und Ausgestaltung von Geschäften auswirken.

So dürften in Schwarzmärkten opportunistische Verhaltensweisen (wie etwa Drogendiebstahl) eher auftreten. Illegalität kann damit die gegenseitige Kooperation erschweren, welche konstitutiv für eine erfolgreiche Tauschbeziehung ist. Als Konsequenz müsste es bei verbotenen Geschäften besonders sinnvoll sein, etwaige Tauschpartner mit Bedacht zu wählen (d.h. Nutzung bestehender Netzwerkbeziehungen).

Daneben gibt es zumindest einen weiteren Grund für die Bedeutung der Vernetzung: Anbieter und Nachfager im Drogenschwarzmarkt können Anpassungsstrategien zur Reduktion der Bestrafungsrisiken entwickeln und anwenden (siehe ausführlich Kapitel 7). Eine solche Strategie kann etwa darin bestehen, dass regelmässige Marktteilnehmer jeweils Transaktionen grösserer Drogenmengen mit nur beiläufig bekannten Personen weitgehend vermeiden – letztere könnten ja verdeckte Ermittler oder wenig verschwiegene Tauschpartner sein, so dass sich ein Geschäft mit ihnen langfristig eventuell nicht auszahlt.

Diese Überlegungen verdeutlichen, dass die Vernetzung der Akteure eine wesentliche Komponente bei der Erklärung von illegalen Tauschhandlungen darstellen kann. Bevor das Kooperationsproblem bei Drogengeschäften und geeignete Lösungsansätze diskutiert werden, sind die Rolle der Netzwerkeinbindung und des damit verknüpften Begriffs "Sozialkapital" daher genauer zu erörtern.

4.1.1 Netzwerkeinbindung und Sozialkapital

Befunde der sozialen Netzwerkanalyse (z.B. Scott 1991; Wasserman und Faust 1994) spiegeln eine Verhaltenstendenz wider, die u.a. auch von Becker (1996: 13) thematisiert wird: Individuen versuchen, jeweils Mitglieder von solchen Netzwerken zu werden oder zu bleiben, die ihnen bei der Realisierung ihrer Präferenzen nützen. Umgekehrt werden sie diejenigen Beziehungen abbrechen oder vermeiden, die ihnen bisher geschadet haben oder bei der Präferenzrealisierung hinderlich sind.

Sofern also bisherige Drogentransaktionen überwiegend zur gegenseitigen Zufriedenheit abgelaufen sind, dürften sich relativ stabile Handelsbeziehungen zwischen bestimmten Käufern und Verkäufern herausgebildet haben. Gleichzeitig müssten solche Geschäftsbeziehungen nicht mehr bestehen, die sich im Zeitablauf zumindest für einen Tauschpartner als unbefriedigend erwiesen haben. Soziale Netzwerke werden damit die individuellen

Tauschmöglichkeiten und somit auch das Drogenmarktgeschehen wesentlich prägen.[1]

Aus diesem Blickwinkel werden Teilnehmer am illegalen Marktgeschehen durch eine differenzielle Netzwerkeinbindung charakterisierbar sein. Letzteres kann sich in dauerhaften Zugriffsbarrieren zwischen potenziellen Geschäftspartnern niederschlagen, welche bestimmte Tauschkontakte von vornherein verhindern, andere jedoch fördern. Der Zugriff eines Akteurs auf mögliche Tauschbeziehungen dürfte dabei wesentlich von der Einschätzung seiner interaktionsspezifischen Eigenschaften seitens der Netzwerkpartner abhängen. Beispielsweise können bisherige zufriedenstellende Tauschkontakte dazu führen, dass ein Drogenhändler einen bestimmten Weiterverkäufer als zuverlässig einschätzt und sich daher auf ein Kommissionsgeschäft einlässt. Aufgrund seiner vermeintlichen Vertrauenswürdigkeit erhält der Weiterverkäufer somit die nachgefragte Stoffmenge allein gegen die Angabe eines Zahlungstermins, wodurch sich seine Opportunitäten und (bei entsprechenden Handlungen) auch seine Wohlfahrt vergrössert. Er kann durch diese einseitige Vorleistung nämlich seine eigenen Kunden sofort versorgen, dadurch seinen temporären finanziellen Engpass überwinden und eventuell sogar einen Zusatzgewinn erzielen.

Im Zusammenhang mit nutzenverändernden Effekten, die sich aufgrund der vorhandenen Einbettung in soziale Netzwerke prinzipiell realisieren lassen, wird in der Soziologie oftmals der Begriff "Sozialkapital" gebraucht. Dabei existieren verschiedene Auslegungen dieses Konzeptes (z.B. Bourdieu und Wacquant 1992; Coleman 1990; Weesie, Verbeek und Flap 1991), das inzwischen auch vermehrt in Nachbardisziplinen diskutiert wird (z.B. Becker 1996; Fukujama 1995). In Anlehnung an Braun (1998) wird das Sozialkapital eines Akteurs im Folgenden als der Zugriff auf potenzielle Tauschpartner aus dem eigenen Kontaktnetzwerk definiert. Besonders wichtig sind dabei die folgenden Aspekte:

- Ein Akteur kann über viele Interaktionspartner verfügen, ohne aber Sozialkapital zu besitzen. Konstitutiv für sein Sozialkapital sind viel-

---

[1] Diese Aussage ist keinesfalls auf illegale Märkte beschränkt. Vielmehr gibt es auch im normalen Wirtschaftsleben genügend Hinweise für die Bedeutung sozialer Netzwerke (z.B. Arbeitsplatzbeschaffung, Teamarbeit).

mehr Kontakte zu Personen, welche bestimmte Bedingungen erfüllen: Zum einen muss überhaupt ein gegenseitig nutzenstiftendes Geschäft (z.B. wegen unterschiedlicher Anfangsausstattungen und/oder Präferenzen) innerhalb des eigenen Netzwerks möglich sein, zum anderen muss ein prinzipiell unbegrenzter Zeithorizont bezüglich der Interaktionsbeziehungen sowie eine (zumindest annähernd wahrgenommene) positive Einschätzung seiner Zuverlässigkeit als Tauschpartner durch Netzwerkmitglieder vorliegen. Sofern sämtliche Bedingungen erfüllt sind, liegt Sozialkapital vor – nutzenstiftende Transaktionen innerhalb des längerfristigen Beziehungsnetzes sind dann prinzipiell möglich.

- Insbesondere aufgrund des Einflusses der subjektiv wahrgenommenen Zuverlässigkeitsschätzung des potenziellen Partners lassen sich einfache empirische Indikatoren für das Sozialkapital eines Akteurs festlegen: Weil kein Drogenverkäufer seine Handy- bzw. Telefonnummer und/oder Adresse an unzuverlässige Personen weitergeben wird, kann man das Sozialkapital eines potenziellen Käufers beispielsweise dadurch messen, von wie vielen Dealern er die Rufnummer und/oder Adresse kennt.

- Das Sozialkapital eines Akteurs hängt nicht davon ab, ob und inwieweit tatsächlich Ressourcen sofort ausgetauscht oder zunächst einseitig übertragen werden. Vielmehr stellt der Begriff lediglich auf ein Potenzial für nutzbringende Transaktionen ab, das keineswegs realisiert werden muss. Nur wenn sich zumindest ein angesprochener Netzwerkpartner zugunsten einer (simultanen oder zeitlich asymmetrischen) Tauschhandlung mit dem Nachfrager entscheidet, kommt es demnach zu einer faktischen Realisierung von Sozialkapital.

Insbesondere der letztgenannte Aspekt weist darauf hin, dass die Verhaltensentscheidung der beteiligten Akteure und die jeweiligen Situationskennzeichen für die Erklärung von Drogentransaktionen zu betrachten sind. Eine entsprechende theoretische Analyse findet sich in Braun (1998). Nach einer knappen Charakterisierung von Drogengeschäften werden im Folgenden deshalb nur die damit verknüpften Kooperationsprobleme sowie einige Mechanismen zu ihrer Lösung angesprochen.

4.1.2 Kooperationsproblem und Lösungen

Im Vergleich zu erlaubten Transaktionen weisen illegale Drogengeschäfte zumindest zwei Unterschiede auf: Tauschvorgänge in einem Schwarzmarkt erfolgen erstens in der Abwesenheit einklagbarer Eigentumsrechte, so dass Transaktionskosten (v.a. die Kosten der Aushandlung, Überwachung und Durchsetzung "impliziter" Verträge) nicht unbedingt vernachlässigbar sind. Wegen der Drogenabhängigkeit vieler Marktteilnehmer ist es zweitens oftmals unsicher, ob eine Leistung vereinbarungsgemäss erwidert wird – selbst wenn der Austausch (Geld gegen Ware) simultan erfolgt, besteht prinzipiell Unklarheit über die Drogenqualität, weil es z.B. keine Werbung, Markennamen oder einklagbare Garantien gibt.

Sowohl Drogenanbieter als auch Drogennachfrager können somit individuelle Anreize für opportunistisches Verhalten besitzen, deren Befolgung ein gegenseitig nutzenstiftendes Geschäft verhindern kann. Aber selbst wenn eine Transaktion stattfindet, braucht sie nicht zu gegenseitiger Zufriedenheit führen (z.B. Wucherpreis für Drogen mit bestenfalls mittlerem Reinheitsgrad). Die Präsenz von Sozialkapital zwischen den Transaktionspartnern kann die Lösung derartiger Kooperationsprobleme erleichtern, obwohl sie keine hinreichende Bedingung für faktische Geschäfte darstellt. Eine genauere Analyse (Braun 1998) im Anschluss an verschiedene spieltheoretische Beiträge (u.a. Dasgupta 1988; Kreps 1990; Snijders 1996; Voss 1996; Raub 1992; Raub und Weesie 1990; Weesie und Raub 1996) zeigt nämlich, dass jeder der folgenden drei Mechanismen eine theoretische Erklärung für Drogentransaktionen zwischen eigeninteressierten Akteuren liefert, sofern jeweils bestimmte (hier nur angedeutete) Zusatzbedingungen erfüllt sind:

- Es besteht gemeinsames Wissen über die Zuverlässigkeit des Tauschpartners, wobei dieser Schätzwert der Vertrauenswürdigkeit zudem hinreichend hoch sein muss.

- Der Zeithorizont von Beziehungen zwischen möglichen Geschäftspartnern erscheint als unbegrenzt und die gemeinsame Interaktionszukunft ist überdies hinreichend wichtig.

- Es erfolgt eine glaubwürdige Verpflichtung auf kooperatives Verhalten durch die Hinterlegung eines hinreichend wertvollen Pfandes.

Während die ersten beiden Mechanismen auf die Bedeutung von Sozialkapital (im Sinne der obigen Konzeptualisierung) hinweisen, gilt dies für den letztgenannten Kooperationsmechanismus weit weniger. Die Pfandlösung ist ja kein Nebenprodukt der gemeinsamen Geschichte und potenziellen Zukunft – aufgrund der Aushandlung, Erfüllung und Überwachung eines Pfandvertrages ergeben sich Transaktionskosten, die bei den anderen Mechanismen nicht anfallen. Geht man also von zielgerichtet handelnden potenziellen Geschäftspartnern aus, so müssten Pfandvergaben in einem besser vernetzten System eher selten auftreten.

Insgesamt deuten diese Lösungsansätze für das Kooperationsproblem eventuell relevante Einflussgrössen bei Drogengeschäften an. Aus theoretischer Sicht müssten die geschätzte Vertrauenswürdigkeit von Transaktionspartnern, die zeitliche Eingebundenheit der Geschäftsbeziehungen und/oder glaubwürdige Verpflichtungen durch Pfandvergabe im Drogenmarkt eine Rolle spielen. Die nachfolgenden empirischen Untersuchungen beschäftigen sich u.a. mit der Frage, ob dies tatsächlich zutrifft.

4.2 Empirische Befunde zu Transaktionen

Der im Sommer 1997 erhobene Datensatz zum Drogeneinzelhandel in der Deutschschweiz enthält Informationen über Kennzeichen typischer Transaktionen (z.B. simultaner oder zeitlich asymmetrischer Tausch, bekannter oder fremder Tauschpartner). Er erlaubt somit eine genauere Charakterisierung tatsächlicher Geschäfte mit harten Drogen (Heroin und Kokain). Daneben lassen sich Eigenschaften der einschlägigen Akteurbeziehungen identifizieren. Dadurch liegen Anknüpfungspunkte zu theoretischen Vermutungen vor, die im Zusammenhang mit den Anpassungsleistungen von Schwarzmarktteilnehmern (siehe Kapitel 7) besprochen werden. Insbesondere aber ergeben sich Hinweise auf die relative Bedeutung der diskutierten theoretischen Kooperationsmechanismen.

Dabei wird strukturiert vorgegangen: Zunächst stehen Hintergrund und Ausmass der Vernetzung von Transaktionspartnern im Mittelpunkt. Da-

TABELLE 4.1: HÄUFIGKEIT DES KAUFS BEI UNTERSCHIEDLICH BEKANNTEN PERSONEN IN DEN LETZTEN VIER WOCHEN

Häufigkeit des Kaufs	Unbekannte Verkäufer %	n	Vom Sehen bekannte Verkäufer %	n	Besser bekannte Verkäufer %	n
niemals	67,4	648	28,1	273	26,7	257
gelegentlich	26,2	252	31,1	300	17,3	166
meistens	3,7	36	25,2	243	32,3	310
immer	2,6	25	15,5	150	23,7	228
Gesamt	99,9	961	99,9	966	100,0	972

Bemerkung: Abweichungen von 100% ergeben sich durch Rundungsfehler.

nach werden einige Zusammenhänge zwischen Transaktionsgestaltung und Sozialkapital präsentiert. Im Anschluss folgt ein Überblick zu Merkmalen von Drogengeschäften, die oft ebenfalls mit der jeweiligen Verkäufer-Käufer-Beziehung variieren.

4.2.1 Vernetzung von Marktteilnehmern

Im Einzelhandel von Heroin und Kokain in Basel, Bern und Zürich wird überwiegend von zumindest oberflächlich bekannten Personen gekauft (TABELLE 4.1) und mehrheitlich an wenigstens vom Sehen bekannte Personen verkauft (TABELLE 4.2). Dabei sind die Drogenqualität und der Drogenpreis für die grosse Mehrheit die hauptsächlichen Gründe für den Kauf bei Bekannten. Andere potenzielle Motive (wie die gute Erreichbarkeit des Verkäufers, Sympathie gegenüber dem Anbieter oder auch mit dem Geschäft einhergehende Sicherheitsüberlegungen) werden dagegen nur von einer Minderheit als zentral klassifiziert. TABELLE 4.3 verdeutlicht, dass die bestehende Tauschvernetzung primär ökonomisch geprägt ist.

Zudem liegt offenbar ein handelsfördernder Informationsfluss im Drogenmilieu vor: Immerhin 815 (84,5%) von 964 antwortenden Befragten kennen die Aufenthaltsorte von Dealern. Ein Blick in TABELLE 4.1 und TABELLE 4.2 genügt jedoch für die Feststellung, dass kein vollständig verknüpftes

TABELLE 4.2: HÄUFIGKEIT DES VERKAUFS AN UNTERSCHIEDLICH BEKANNTE PERSONEN IN DEN LETZTEN VIER WOCHEN

Häufigkeit des Verkaufs	Unbekannte Käufer %	n	Vom Sehen bekannte Käufer %	n	Besser bekannte Käufer %	n
niemals	47,3	187	15,2	61	20,1	80
gelegentlich	46,3	183	31,1	125	32,8	131
meistens	4,1	16	43,0	173	35,8	143
immer	2,3	9	10,7	43	11,3	45
Gesamt	100,0	395	100,0	402	100,0	399

TABELLE 4.3: GRÜNDE FÜR DEN KAUF BEI BESSER BEKANNTEN PERSONEN IN DEN LETZTEN VIER WOCHEN

Hauptgrund für Kaufbeziehung	Zustimmung %	n
Qualität der illegalen Drogen	89,1	627
Preis der gekauften Substanzen	73,4	517
Sicherheit des Drogengeschäfts	35,5	250
Erreichbarkeit des Verkäufers	23,0	162
Sympathie gegenüber dem Anbieter	18,9	133

Bemerkungen: Die Prozentuierung bezieht sich auf die 704 Fälle aus der Stichprobe mit 972 Befragten, die von ziemlich gut bekannten Personen kauften und antworteten (siehe letzte Spalte in TABELLE 4.1). Zulässig waren bis zu drei Antworten.

Beziehungsnetzwerk der Drogenmarktteilnehmer existiert: Es finden zumindest gelegentlich Drogenkäufe von anonymen Händlern sowie Drogenverkäufe an bisher fremde Kunden statt. Durch solche Tauschhandlungen werden letztlich Bekanntschaften geschaffen, wodurch Sozialkapital entstehen kann.

Misst man Sozialkapital dadurch, ob ein Nachfrager die Rufnummer (Handy- oder Telefonnummer) und/oder die Adresse von zumindest einem Anbieter kennt, so zeigt sich eine weitgehende Zweiteilung der Stichprobe: 497 (52%) der antwortenden 955 Befragten wissen die Rufnummer von mindestens einem Dealer und 371 (38,8%) sogar die Adresse von wenigstens einem Händler. Wenn Nachfrager von Anbietern eine derartig hohe Vertrauenswürdigkeit attestiert bekommen, so deutet dies auf längerfristige Geschäftsbeziehungen hin, die gegenseitig nutzenstiftend sind. Es verwundert daher nicht, dass Käufer mit Sozialkapital (gemessen durch die Kenntnis der Rufnummer von zumindest einem Dealer) signifikant weniger häufig von fremden Verkäufern kaufen ($\chi^2 = 19{,}154$, $df = 1$, $p < 0{,}001$; $\Phi = -0{,}142$).[2] Umgekehrt verfügen anonym kaufende Personen über signifikant weniger Sozialkapital (Unkenntnis von Rufnummern und/oder Adressen von Dealern).

Auch aufgrund der theoretischen Bedingungen für eine Kooperation zwischen Käufer und Verkäufer im Drogenmilieu ist zu erwarten, dass sich eine mangelnde Netzwerkeinbindung negativ auswirkt. So kann man z.B. vermuten, dass süchtigere Nachfrager mit schlechter Netzwerkeinbindung von Drogenanbietern eher ausgebeutet werden können. Unter den Akteuren ohne Sozialkapital müssten bei Korrektheit dieser Gedankenführung insbesondere diejenigen Personen z.B. eine schwankendere Drogenqualität berichten, die täglich Heroin, Kokain oder deren Mischung (Cocktail) konsumieren.

Zur Prüfung dieser Hypothese werden zunächst nur Personen mit distanzierten Beziehungen zu Verkäufern betrachtet (Unkenntnis der Rufnummern von Dealern). Für diese Gruppe wird dann der postulierte Zusammenhang untersucht – die selbst berichtete Stoffqualität während der letzten Wochen

---

[2] Bei den berichteten χ^2-Signifikanztests besagt die Nullhypothese, dass kein Zusammenhang zwischen zwei dichotomen Variablen besteht. Daneben wird jeweils der Φ-Koeffizient angegeben, der durch $\Phi = \pm\sqrt{(\chi^2/n)}$ bestimmt ist, den Wertebereich $[-1,1]$ besitzt und den gerichteten Zusammenhang zwischen zwei dichotomen Variablen misst.

wird hierfür durch eine dichotome Variable (schwankende Qualität vs. keine schwankende Qualität) erfasst, während die Sucht durch die binäre Variable des täglichen oder nichttäglichen Konsums der erwähnten Substanzen operationalisiert wird. Das Testresultat ($\chi^2 = 7{,}745$, $df = 1$, $p < 0{,}001$; $\Phi = 0{,}136$) weist für schlecht vernetzte Verbraucher tatsächlich nach, dass diese Personen eher Drogen mit einer schwankenderen Qualität bekommen, wenn sie täglich konsumieren und damit süchtig sind. Interessanterweise verschwindet der Effekt jedoch vollständig, sofern man die Personengruppe mit Sozialkapital (Kenntnis der Rufnummern von Dealern) analog untersucht – für die Personengruppe mit besseren Netzwerkbeziehungen zu Händlern gilt, dass sich Befragte mit unregelmässigerem Drogenverbrauch nicht signifikant von den abhängigeren Konsumenten bezüglich der selbst eingeschätzten Drogenqualität unterscheiden.

Selbst wenn also eine relativ starke Drogenabhängigkeit besteht, ist die Ausbeutbarkeit von Konsumenten in Basel, Bern und Zürich begrenzt. Letzteres reflektiert, dass auch süchtige Personen potenziell profitable Netzwerkbeziehungen unterhalten und diese Kontakte für sich nutzen. Es stellt sich daher die Frage, welche Aspekte von Transaktionen systematisch mit der Vernetzung variieren.

4.2.2 Sozialkapital und Geschäftsmerkmale

Unabhängig vom Grad der Sucht ist zu erwarten, dass sich eine mangelnde Netzwerkeinbindung negativ auf Aspekte der Transaktion auswirkt. Beispielsweise müsste sich eine negative Beziehung zwischen dem Kauf bei unbekannten Händlern und der Drogenqualität ergeben. Klassifiziert man Heroinnachfrager danach, ob sie einen zumindest einmaligen Kauf bei fremden Dealern im letzten Monat angeben oder nicht, so bestätigt sich diese Vermutung: Zwischen dem anonymen Kauf von Heroin und der selbst eingeschätzten Stoffqualität (keine konstant gute Qualität vs. konstant gute Qualität) lässt sich tatsächlich eine signifikante negative Beziehung nachweisen ($\chi^2 = 25{,}615$, $df = 1$, $p < 0{,}001$; $\Phi = -0{,}168$). Daneben müssen Akteure ohne Sozialkapital auch anderweitig schlechtere Geschäftsbedingungen akzeptieren. Letzteres zeigt sich u.a. wenn man die Zusammenhänge mithilfe von logistischen Regressionsverfahren (u.a. Aldrich und Nelson

1984; Greene 1993; Ronning 1991) untersucht:[3] Anbieter räumen denjenigen Nachfragern eher besondere Konditionen ein, mit denen sie dauerhafte Beziehungen unterhalten.

TABELLE 4.4 berichtet die Ergebnisse eines binären Logit-Modells, wonach die Wahrscheinlichkeit des Erhalts eines mengenunabhängigen Rabattes mit der Käufer-Verkäufer-Beziehung variiert.[4] Plausiblerweise erhalten

---

[3]Die nachfolgenden Regressionsmodelle für qualitative abhängige Variablen sind allesamt binäre Logit-Modelle. Bezeichnet man mit D die dichotome abhängige Variable und mit X_k die k-te unabhängige Variable, so weisen sie also die Form $W = \exp(Y)/(1 + \exp(Y))$ mit $\exp(1) = e = 2{,}718...$ auf, wobei W die Wahrscheinlichkeit für $D = 1$ angibt, der Logit durch $Y = \alpha + \sum_k \beta_k X_k$ bestimmt ist und die Schätzparameter durch griechische Buchstaben repräsentiert werden. Letztere werden mithilfe der Maximum-Likelihood (ML) Methode geschätzt (z.B. Greene 1993). Grob gesprochen werden also diejenigen Schätzwerte bestimmt, welche die Wahrscheinlichkeit der Beobachtungswerte der abhängigen Variablen maximieren. Zur Beurteilung der Schätzverbesserung durch die Aufnahme zusätzlicher Variablen wird üblicherweise der Likelihood-Ratio-Test verwendet. Bei seiner Durchführung vergleicht man die maximierte Likelihood des interessierenden Schätzmodells, L_s, mit der maximierten Likelihood eines Referenzmodells, L_r. Verwendet man das Modell ohne Regressoren (aber mit Konstante) als Bezugsfall, so gilt bei Logit-Analysen $0 < L_r < L_s < 1$ und deswegen $\ln L_r < \ln L_s < 0$, weil der Grenzfall $L_s = 1$ oder $\ln L_s = 0$ nur bei Unbeschränktheit der Likelihood-Funktion (und daher bei Nichtexistenz des ML-Schätzers) auftreten würde. Unter der Nullhypothese, dass (im Vergleich zum Modell mit Konstante) zusätzliche Variablen die Modellanpassung nicht signifikant verbessern, folgt die daher positive Likelihood-Ratio-Prüfgrösse $LR = 2(\ln L_s - \ln L_r)$ asymptotisch einer χ^2-Verteilung mit der Differenz der Schätzparameter der verglichenen Modelle als Freiheitsgrade df. Übersteigt LR für das gewählte Signifikanzniveau den relevanten kritischen χ^2-Wert, so bietet wenigstens eine der hinzugefügten Variablen eine signifikante Schätzverbesserung – das interessierende Modell ist dann dem Bezugsmodell vorzuziehen.

[4]Die Likelihood-Ratio Testgrösse LR erlaubt die Definition verschiedener Indizes (siehe für einen Überblick z.B. Ronning 1991), die oft als Masszahlen für die Anpassungsgüte von Regressionsmodellen mit qualitativen abhängigen Variablen betrachtet und, in Analogie zu R^2 (der Gütemasszahl der linearen Regressionsanalyse), als Pseudo-R^2 bezeichnet werden. Auf die Verwendung solcher Indizes wird hier verzichtet, weil sie im Regelfall nicht den Anteil der Varianzaufklärung der abhängigen Variablen durch die Regressoren messen. Angegeben wird stattdessen der Zusammenhang zwischen den Beobachtungswerten und den (durch das Logit-Modell bestimmten) Vorhersagewerten der dichotomen abhängigen Variablen, der sich in einer Vierfelder-Tabelle niederschlägt und einen bestimmten positiven Wert von Φ festlegt.

TABELLE 4.4: LOGIT-MODELL FÜR DEN ZUMINDEST EINMALIGEN ERHALT
BESONDERER RABATTE (KEINE MENGENRABATTE)

Konstante und Variablen	Schätzwert	t-Wert
Modellkonstante	−1,026	−8,016
Kauf bei Bekannten	0,388	6,258
Tätigkeiten für Dealer	0,679	4,920

Bemerkungen: Die Variablen "Kauf bei Bekannten" und "Ausführen von Hilfstätigkeiten für Händler" sind dichotom. Signifikanz der Schätzwerte für $p < 0,001$. Likelihood Ratio Test: $LR = 77,277$, $df = 2$, $p < 0,001$. Gültige Fälle: $n = 951$. Zusammenhang zwischen den Beobachtungs- und Vorhersagewerten der abhängigen Variable: $\Phi = 0,229$.

Nachfrager danach eher besondere Rabatte, wenn sie den Anbieter gut kennen und Hilfsdienste (z.B. Schmierestehen, Vermittlung) für ihn leisten. Eine leichte (hier aber nicht detailliert berichtete) Erweiterung des Modells bringt gleichfalls intuitiv einleuchtende Resultate: So steigt die Wahrscheinlichkeit von Sondernachlässen auch dann signifikant, wenn Nachfrager die Adresse von Anbietern kennen und Ressourcen für Einkäufe mit anderen Personen zusammenlegen.[5]

Daneben berücksichtigen Anbieter verstärkt die Bedürfnisse von Nachfragern, die mit ihnen durch Sozialkapital verbunden sind. Zumindest ergibt sich dieser Eindruck, wenn man TABELLE 4.5 betrachtet. Dort sind die Ergebnisse eines binären Logit-Modells angegeben, welche die Wahrscheinlichkeit des Erhalts von Stoffproben auf die Präsenz von Sozialkapital und den Heroinkonsum des Nachfragers zurückführen. Offenbar geben die Anbieter

---

[5] Auf der Grundlage von Schätzergebnissen aus logistischen Regressionsanalysen kann man Marginaleffekte, Elastizitätswerte oder Einheitseffekte bestimmen. Berechnungen von Marginaleffekten und Elastizitätswerten erfordern prinzipiell metrische unabhängige Variablen, weil sie stetige Differenzierbarkeit voraussetzen. Werden dichotome Regressoren verwendet, so empfiehlt sich die Kalkulation von Einheitseffekten (siehe Petersen 1985). Generell sind derartige Zusatzberechnungen aber nur dann sinnvoll, wenn man (neben den jeweiligen Effektrichtungen) explizit an numerischen Effektstärken interessiert ist. Deshalb werden hier keine Marginaleffekte, Elastizitätswerte oder Einheitseffekte berichtet.

TABELLE 4.5: LOGIT-MODELL FÜR DEN ZUMINDEST EINMALIGEN ERHALT VON STOFFPROBEN

Konstante und Variablen	Schätzwert	t-Wert
Modellkonstante	−0,704	−6,447
Bekannte Dealeradresse	0,741	5,227
Heroinkonsum pro Tag	0,317	3,882

Bemerkungen: Die Variable "Kenntnis der Adresse von zumindest einem Dealer" ist dichotom, die metrische Variable "Täglicher Heroinkonsum" ist in Gramm gemessen. Signifikanz der Schätzwerte für $p < 0{,}001$. Likelihood Ratio Test: $LR = 47{,}574$, $df = 2$, $p < 0{,}001$. Gültige Fälle: $n = 884$. Zusammenhang zwischen den Beobachtungs- und Vorhersagewerten der abhängigen Variable: $\Phi = 0{,}181$.

dann eher Stoffproben, wenn die Nachfrager ihre Adresse kennen und einen grösseren täglichen Heroinkonsum aufweisen.

Es stellt sich daher die Frage nach der Beziehung zwischen Drogenabhängigkeit und Sozialkapital. Erfasst man das Suchtverhalten durch eine binäre Variable des täglichen Konsums von Heroin, Kokain und/oder ihrer Mischung (Cocktail) und konzeptualisiert Sozialkapital durch die Kenntnis oder Unkenntnis der Adresse von zumindest einem Händler, so besteht ein schwach positiver signifikanter Zusammenhang: Nachfrager mit stärkerem Suchtverhalten besitzen eher Sozialkapital ($\chi^2 = 8{,}795$, $df = 1$, $p = 0{,}003$; $\Phi = 0{,}098$). Eine erheblich stärkere Beziehung ergibt sich, wenn man die Definition von Sucht beibehält, aber Sozialkapital durch die Information über die Rufnummer von wenigstens einem Anbieter operationalisiert ($\chi^2 = 32{,}612$, $df = 1$, $p < 0{,}001$; $\Phi = 0{,}189$).

Weil süchtigere Personen ihren exzessiveren Drogenkonsum finanzieren müssen und daher eher Kleinhandel treiben werden, müssten Kleinhändler über mehr Sozialkapital verfügen. Tatsächlich lässt sich diese Vermutung für beide Messungen des Begriffs "Sozialkapital" erhärten. Dazu wird die Verkaufstätigkeit von Heroin und/oder Kokain seitens des Nachfragers gleichfalls durch eine binäre Variable erfasst. Im Szenario mit Adressenkenntnis ergibt sich ein signifikanter und moderat positiver Zusammenhang ($\chi^2 = 16{,}688$, $df = 1$, $p < 0{,}001$; $\Phi = 0{,}135$): Kleinhändler haben eher Sozialkapital. Wiederum resultiert ein stärkerer Effekt, wenn man das Szenario betrachtet, in dem die Präsenz von Sozialkapital durch das Wissen um die Rufnummer von zumindest einem Anbieter konzeptualisiert wird ($\chi^2 = 95{,}367$, $df = 1$, $p < 0{,}001$; $\Phi = 0{,}323$).

Die verschiedenen Ebenen des Drogenmarkts scheinen also durch Sozialkapital verknüpft zu sein. Dieser plausible Befund ist aus der Sicht von Verbotsbefürwortern keineswegs erfreulich: Sofern die Indikatoren tatsächlich die Verlässlichkeit von Transaktionspartnern messen, verringert die bestehende Vernetzung die Erfolgschancen der Verbotspolitik – längerfristige Geschäftsbeziehungen zwischen einander vertrauenden Personen werden nicht nur problemloser funktionieren und mit günstigeren Konditionen einhergehen, sondern auch schwieriger nachzuweisen sein. Unter anderem deshalb ist ein Blick auf zusätzliche typische Merkmale von Drogentransaktionen sinnvoll.

4.2.3 Weitere Transaktionskennzeichen

Bei der empirischen Untersuchung von Drogengeschäften interessiert auch deren Ablauf. Im Einzelhandel von Heroin und Kokain in Basel, Bern und Zürich finden überwiegend "Spot"-Transaktionen (Warenabgabe gegen sofortige Barzahlung) statt. Legt man ein konservatives Kriterium zugrunde und fragt lediglich, ob die grösste Kaufmenge von Heroin (Kokain) im Monat vor der Erhebung sofort bezahlt wurde, so bejahen dies 815 von 841 (697 von 737) antwortenden Personen. Tauschbeziehungen mit simultaner Angebots- und Nachfrageleistung dominieren also das Schwarzmarktgeschehen in der Deutschschweiz selbst dann, wenn man sich auf Geschäfte mit grossen Kaufmengen konzentriert.

Dennoch finden gelegentlich auch Transaktionen mit einer zeitlichen Asymmetrie zwischen Angebots- und Nachfrageleistung statt: Immerhin 254 Personen (26,1%) von insgesamt 972 Befragten geben an, dass sie zumindest einmal Nutzniesser eines Kommissionsgeschäftes (Warenlieferung gegen die blosse Angabe eines Zahlungstermins) in den letzten vier Wochen vor der Befragung waren. Darunter finden sich interessanterweise allerdings fast keine Transaktionen, die durch ein Pfand des Nachfragers (z.B. persönlicher Wertgegenstand) stabilisiert wurden: Von den insgesamt 254 Personen, die wenigstens einmal Stoffmengen auf Kommission in den letzten vier Wochen vor der Befragung erhalten haben, berichten nur 24 (9,4%) eine vorherige Pfandstellung. Somit erfolgt eine Kooperationssicherung durch glaubwürdige Verpflichtungen im Drogenschwarzmarkt nur selten. Eine plausible Erklärung dieses Befundes ist, dass die bestehende Vernetzung der Tauschpartner im Drogenmarkt schon so stark ist, dass sich die vergleichsweise teure Stellung von Pfändern erübrigt – bekanntlich ist Kooperation auf der Grundlage der voraussichtlichen Zukunft der Interaktionsbeziehung und/oder der durch die Interaktionsgeschichte geprägten Schätzung der Vertrauenswürdigkeit kostengünstiger als Kooperation durch glaubwürdige Verpflichtungen (Pfandgewährung).

Die Stärke der bestehenden Vernetzung (und damit die Relevanz dieser Argumentationslinie) zeigt sich u.a. bei einer näheren Betrachtung von zeitlich verzögerten Transaktionen im Drogenmarkt: Geschäfte mit einer zeitlichen Asymmetrie zwischen Angebots- und Nachfrageleistung sind durch enge persönliche Verbindungen zwischen den Tauschpartnern gekennzeichnet. Zeitlich verzögerte Tauschhandlungen finden nämlich insbesondere dann statt, wenn der Nachfrager Hilfsdienste für den Anbieter (z.B. Schmierestehen, Vermitteln) erbringt und von diesem offenbar als vertrauenswürdig eingeschätzt wird (Kenntnis der Rufnummer des Anbieters). Dies gilt sowohl für Heroin als auch für Kokain und unabhängig von der Transaktionsmenge.

Letzteres wird deutlich durch eine logistische Regressionsanalyse von simultanen Kleinstgeschäften im Drogenmarkt. Dazu wird eine dichotome Variable für die sofortige Bezahlung beim Kauf von Mengen bis zu zwei Gramm Heroin oder Kokain gebildet. Unter Verwendung bereits vorgestellter unabhängiger Variablen sowie der vom Nachfrager im letzten Monat konsumierten täglichen Kokainmenge (in Gramm) ergeben sich die in TABELLE 4.6 präsentierten Resultate. Demnach erfolgt eine zeitlich asymmetrische Transaktion eher dann, wenn der Nachfrager grössere Kokainmengen konsumiert (und deswegen ein wahrscheinlich höheres Aktivitätsniveau als bei reinem Heroinkonsum an den Tag legt), Hilfsdienste für den Anbieter erbringt und ein relativ enges Verhältnis zu dieser Person unterhält (Kenntnis der Rufnummer). Selbst für die Abwicklung von mengenmässig unbedeutenden Transaktionen scheint Sozialkapital demnach von wesentlicher Bedeutung zu sein.

TABELLE 4.6: LOGIT-MODELL DER JEWEILS SOFORTIGEN BARZAHLUNG BEIM KAUF VON BIS ZU ZWEI GRAMM HEROIN ODER KOKAIN

Konstante und Variablen	Schätzwert	t-Wert
Modellkonstante	3,302	12,588
Bekannte Rufnummer	−1,307	−5,237
Tätigkeiten für Dealer	−0,674	−3,121
Kokainkonsum pro Tag	−0,502	−5,286

Bemerkungen: Die Variablen "Kenntnis der Telefonnummer von zumindest einem Dealer" und "Ausführen von Hilfstätigkeiten für Händler" sind dichotom, die metrische Variable "Täglicher Kokainkonsum" wird in Gramm gemessen. Signifikanz der Schätzwerte für $p < 0{,}001$. Likelihood Ratio Test: $LR = 82{,}342$, $df = 3$, $p < 0{,}001$. Gültige Fälle: $n = 741$. Zusammenhang zwischen den Beobachtungs- und Vorhersagewerten der abhängigen Variable: $\Phi = 0{,}178$.

Sozialkapital spielt offenbar auch eine Rolle, wenn man nach dem Ort der Transaktionen unterscheidet. Während die Mehrheit der Drogengeschäfte in der Öffentlichkeit (z.B. Szenetreffpunkten) stattfindet, wickelt eine Minderheit der Befragten ihre (gleichfalls zumeist simultanen) Transaktionen überwiegend in Privaträumen ab (TABELLE 4.7). Eine genauere Betrachtung von solchen "privaten" Geschäften mithilfe logistischer Regressionsverfahren bringt dabei folgende Resultate (TABELLE 4.8): Ein "Privateinkauf" ist eher möglich, wenn der Nachfrager Stammkunde ist, eine längere Konsumkarriere aufweist, die Rufnummer des Anbieters kennt und für letzteren Hilfsdienste erledigt. Die Wahrscheinlichkeit des Einkaufs in Privaträumen steigt daneben, wenn mehrere Nachfrager gemeinsam eine grössere Menge erwerben. Eine weitgehend analoge (aber hier nicht detailliert berichtete) Logit-Analyse zeigt, dass "Privatverkäufe" überwiegend von solchen Anbietern getätigt werden, welche selbst die Rufnummern ihrer Lieferanten kennen und Stammkunden bei diesen sind. Damit verstärkt sich der Eindruck, dass Sozialkapital auch auf der Ebene des Zwischenhandels wichtig ist.

Bereits erwähnt wurde, dass sich dadurch vermutlich Probleme für die Ermittlungsbehörden ergeben. Die Befunde zur Vernetzung und Transaktionsabwicklung geben daneben einige Hinweise zur relativen Bedeutung der diskutierten theoretischen Kooperationsmechanismen. Die empirischen Er-

TABELLE 4.7: HÄUFIGKEIT DES KAUFS UND VERKAUFS IN PRIVATRÄUMEN WÄHREND DER LETZTEN VIER WOCHEN

Häufigkeit	Privateinkauf %	n	Privatverkauf %	n
niemals	59,4	574	65,1	259
gelegentlich	21,1	204	21,4	85
meistens	12,4	120	8,5	34
immer	7,1	69	5,0	20
Gesamt	100,0	967	100,0	398

TABELLE 4.8: LOGIT-MODELL FÜR DEN ZUMINDEST EINMALIGEN EINKAUF IN PRIVATRÄUMEN IM LETZTEN MONAT

Konstante und Variablen	Schätzwert	t-Wert
Modellkonstante	−2,318	−9,792
Bekannte Rufnummer	1,036	6,521
Dealerhilfstätigkeiten	0,474	3,172
Käuferkooperation	0,346	2,339
Stammdealerpräsenz	0,719	4,268
Bisherige Konsumdauer	0,051	3,725

Bemerkungen: Die Variablen "Kenntnis der Telefonnummer von zumindest einem Dealer","Ausführen von Hilfstätigkeiten für Händler", "Kooperation mit anderen Nachfragern" und "Vorhandensein eines Stammdealers" sind dichotom, die metrische Variable "Bisherige Konsumdauer" ist in Jahren gemessen. Signifikanz der Schätzwerte für $p < 0,02$. Likelihood Ratio Test: $LR = 138,348$, $df = 5$, $p < 0,001$. Gültige Fälle: $n = 907$. Zusammenhang zwischen den Beobachtungs- und Vorhersagewerten der abhängigen Variable: $\Phi = 0,308$.

gebnisse zeigen bekanntlich, dass die Gestaltung von Drogengeschäften wesentlich mit den bereits etablierten Netzwerkstrukturen zu tun hat und vertrauensfördernde Vorleistungen (Pfänder) im Drogenmarkt praktisch kaum vorkommen. Aufgrund der starken Vernetzung vieler Marktteilnehmer stellen unbestimmte häufige Geschäftsbeziehungen und/oder hochgeschätzte Vertrauenswürdigkeiten der Tauschpartner eher relevante Kooperationsmechanismen als glaubwürdige Verpflichtungen (Pfandgewährung) dar – eine Pfandvergabe bringt generell höhere Kosten als die beiden Alternativmechanismen mit sich, die zwischen gut bekannten Akteuren vermieden werden können. Daneben geht eine bessere Ausstattung mit Sozialkapital offenbar mit faktisch günstigeren Geschäftsbedingungen einher. Im Gesamtdatensatz vom Sommer 1997 zeigt sich also die Bedeutung sozialer Netzwerke für das Schwarzmarktgeschehen. Es stellt sich die Frage, ob und inwieweit sich dieser Eindruck auch für die einzelnen Städte ergibt.

4.3 Drogengeschäfte im städtischen Vergleich

Die Trennung nach Städten erscheint insbesondere deshalb sinnvoll, weil die Vernetzung zwischen den lokalen Drogenszenen recht gering ist und daher örtliche Unterschiede erwartet werden können. Die folgenden Ausführungen beziehen sich auf einige Häufigkeitsauszählungen und Logit-Analysen für die einzelnen Erhebungsorte, die sich untereinander und teilweise mit den berichteten Ergebnissen für den Gesamtdatensatz vergleichen lassen. Sofern nicht explizit anders vermerkt, beziehen sich die Angaben wiederum auf den Handel von Heroin und Kokain. Referiert werden abermals zunächst Aspekte, die mit der Vernetzung von Transaktionspartnern und ihrem Hintergrund zu tun haben. Danach folgt ein kurzer Blick auf Merkmale von Drogengeschäften, die nach der obigen Gesamtbetrachtung mit der Käufer-Verkäufer-Beziehung variieren.

4.3.1 Vernetzung und Hintergründe

TABELLE 4.9 zeigt zunächst einmal, dass insbesondere die Häufigkeit des Kaufs von Heroin oder Kokain bei Unbekannten in den Städten im Monat

TABELLE 4.9: HÄUFIGKEIT DES KAUFS BEI UNTERSCHIEDLICH BEKANNTEN PERSONEN IM LETZTEN MONAT IN DEN STÄDTEN

Häufigkeit des Kaufs	Unbekannte Verkäufer %	n	Vom Sehen bekannte Verkäufer %	n	Besser bekannte Verkäufer %	n
Basel						
niemals	74,1	254	24,9	86	22,9	79
gelegentlich	24,5	84	35,1	121	20,9	72
meistens	0,9	3	23,5	81	33,6	116
immer	0,6	2	16,5	57	22,6	78
Gesamt	100,1	343	100,0	345	100,0	345
Bern						
niemals	55,0	155	23,9	68	23,9	67
gelegentlich	34,8	98	36,1	103	14,3	40
meistens	7,1	20	30,2	86	44,3	124
immer	3,2	9	9,8	28	17,5	49
Gesamt	100,0	282	100,0	285	100,0	280
Zürich						
niemals	71,1	239	35,4	119	33,0	111
gelegentlich	20,8	70	22,6	76	16,1	54
meistens	3,9	13	22,6	76	20,8	70
immer	4,2	14	19,3	65	30,1	101
Gesamt	100,0	336	99,9	336	100,0	336

Bemerkung: Abweichungen von 100% ergeben sich durch Rundungsfehler.

TABELLE 4.10: HÄUFIGKEIT DES VERKAUFS AN UNTERSCHIEDLICH BEKANNTE PERSONEN IM LETZTEN MONAT IN DEN STÄDTEN

Häufigkeit des Verkaufs	Unbekannte Käufer %	n	Vom Sehen bekannte Käufer %	n	Besser bekannte Käufer %	n
Basel						
niemals	52,9	72	7,7	11	19,3	27
gelegentlich	44,9	61	36,6	52	40,7	57
meistens	0,7	1	43,0	61	34,3	48
immer	1,5	2	12,7	18	5,7	8
Gesamt	100,0	136	100,0	142	100,0	140
Bern						
niemals	40,5	51	15,7	20	11,9	15
gelegentlich	50,8	64	25,2	32	28,6	36
meistens	7,1	9	52,0	66	46,8	59
immer	1,6	2	7,1	9	12,7	16
Gesamt	100,0	126	100,0	127	100,0	126
Zürich						
niemals	48,1	64	22,6	30	28,6	38
gelegentlich	43,6	58	30,8	81	28,6	38
meistens	4,5	6	34,6	46	27,1	36
immer	3,8	5	12,0	16	15,8	21
Gesamt	100,0	133	100,0	133	100,1	133

Bemerkung: Abweichungen von 100% ergeben sich durch Rundungsfehler.

TABELLE 4.11: GRÜNDE FÜR DEN KAUF BEI BEKANNTEN PERSONEN IN DEN STÄDTEN

Hauptgrund für Kaufbeziehung	Basel ($n = 266$)	Bern ($n = 213$)	Zürich ($n = 225$)
Qualität der illegalen Drogen	89,8	86,9	90,2
Preis der gekauften Substanzen	75,9	72,8	71,1
Sicherheit des Drogengeschäfts	33,5	34,7	38,7
Erreichbarkeit des Verkäufers	23,7	19,2	25,8
Sympathie gegenüber dem Anbieter	20,7	20,7	15,1

Bemerkungen: Angaben in Prozent der gültigen Fälle (Kopfzeile). Die Prozentuierung bezieht sich mithin auf die jeweilige Teilmenge der Befragten, die von Bekannten kauften und antworteten. Zulässig waren bis zu drei Antworten.

vor der Befragung unterschiedlich war. Während in Bern 45% der Befragten bei unbekannten Dealern gekauft haben, gaben in Basel und Zürich lediglich knapp 30% an, mindestens gelegentlich bei unbekannten Händlern ihren Stoff zu kaufen. Jedoch sind es in allen drei Städten mindestens 50%, die mehrheitlich oder immer bei gut bekannten Dealern ihre Drogen beziehen – mit 61,8% steht Bern interessanterweise auch hier an der Spitze.

Netzwerkkontakte spielen also auch in Bern eine gewichtige Rolle. Dies zeigt sich ebenfalls, wenn man die Städte bezüglich der Häufigkeit des Verkaufs an unterschiedlich bekannte Personen vergleicht (TABELLE 4.10): Weitaus die meisten befragten Verkäufer von Heroin und Kokain sind darauf bedacht, ihre Kunden gut zu kennen. "Meistens" oder "immer" an unbekannte Käufer verkauft haben in Bern 8,7% und in Zürich 8,3%. In der wahrscheinlich "familiärsten" der untersuchten Szenen, nämlich Basel, haben lediglich 2,2% regelmässig mit unbekannten Kunden Drogengeschäfte getätigt.

Selbst in der stadtspezifischen Untersuchung bestätigt sich mithin die These, wonach soziale Netzwerke für das Schwarzmarktgeschehen wesentliche Bedeutung besitzen. Zudem ist, dass sich unabhängig vom Erhebungsort sehr ähnlichebemerkenswert Antwortverteilungen auf die Frage nach der Hauptgründen für den Drogenkauf bei guten Bekannten ergeben. Gemäss

TABELLE 4.11 erachten beinahe 90% der Befragten die Qualität der Drogen als zentralen Grund für eine Kaufbeziehung mit bekannten Personen. Von zumindest 70% wird ausserdem der attraktivere Preis genannt. Beide stadtspezifischen Befunde reflektieren (in Übereinstimmung mit den Ergebnissen für den Gesamtdatensatz), dass sich eine bessere Vernetzung in Transaktionsvorteilen niederschlagen kann. Abschliessend ist daher zu fragen, ob sich bezüglich anderer Aspekte von Drogengeschäften irgendwelche Unterschiede zwischen den lokalen Szenen feststellen lassen.

4.3.2 Vernetzung und Geschäftsvorteile

TABELLE 4.12 berichtet die stadtspezifischen Ergebnisse eines binären Logit-Modells, wonach die Wahrscheinlichkeit des Erhalts eines mengenunabhängigen Rabattes mit Aspekten der Käufer-Verkäufer-Beziehung variiert. Nach der Analyse des Gesamtdatensatzes (vgl. TABELLE 4.4) erhalten Nachfrager eher dann besondere Rabatte, wenn sie den Anbieter gut kennen und wenn sie Hilfsdienste (z.B. Schmierestehen, Vermittlung) für ihn leisten. Wie die Ergebnisse in TABELLE 4.12 belegen, sind beide Folgerungen in der stadtspezifischen Untersuchung nur für die Stadt Zürich signifikant. In Basel spielen etwaige Tätigkeiten für Dealer keine signifikante Rolle für die Wahrscheinlichkeit des Erhalts besonderer Rabatte, wichtig ist jedoch die Bekanntschaft des Händlers. In Bern ist es genau umgekehrt: Hier wird die Wahrscheinlichkeit von zumindest einmaligen Sonderrabatten signifikant von Tätigkeiten für Dealer erhöht. Sie wird aber nur unwesentlich davon beeinflusst, ob der Kauf von Heroin oder Kokain bei einem Bekannten erfolgt oder nicht.

Allerdings sprechen diese Unterschiede nicht gegen die generelle These, dass die Vernetzung jeweils positive Effekte für die Gestaltung von Transaktionen hat. Dies wird z.B. deutlich, wenn man die Wahrscheinlichkeit des Erhalts von Stoffproben in den einzelnen Städten jeweils auf die Kenntnis der Dealeradresse und den Heroinkonsum des Nachfragers zurückführt. TABELLE 4.13 berichtet die Ergebnisse einer entsprechenden Logit-Analyse. Ein Blick auf die Schätzresultate genügt für die Feststellung, dass Anbieter sowohl in Zürich als auch in Bern die Bedürfnisse von solchen Nachfragern berücksichtigen, die bereits Kenntnis von ihrer Adresse haben und

TABELLE 4.12: LOGIT-MODELL FÜR DEN ZUMINDEST EINMALIGEN ERHALT BESONDERER RABATTE (KEINE MENGENRABATTE) IN DEN STÄDTEN

Konstante und Variablen	Schätzwert	t-Wert
Basel ($n = 271$)		
Modellkonstante	−0,934	−3,614**
Kauf bei Bekannten	1,084	3,750**
Tätigkeiten für Dealer	0,430	1,614
Bern ($n = 238$)		
Modellkonstante	−0,617	−2,375*
Kauf bei Bekannten	0,415	1,318
Tätigkeiten für Dealer	0,861	3,027*
Zürich ($n = 282$)		
Modellkonstante	−1,735	−6,510**
Kauf bei Bekannten	1,526	5,238**
Tätigkeiten für Dealer	0,842	3,322*

Bemerkungen: Die Variablen "Kauf bei Bekannten" und "Tätigkeiten für Dealer" sind dichotom. Signifikanz der Schätzwerte: * $= p < 0{,}005$; ** $= p < 0{,}001$. Likelihood Ratio Test für Basel: $LR = 20{,}247$, $df = 2$, $p < 0{,}001$; für Bern: $LR = 6{,}320$, $df = 2$, $p = 0{,}0424$; für Zürich: $LR = 20{,}247$, $df = 2$, $p < 0{,}001$. Zusammenhang zwischen den Beobachtungs- und Vorhersagewerten der abhängigen Variable: Basel: $\Phi = 0{,}256$; Bern: $\Phi = 0{,}240$; Zürich: $\Phi = 0{,}294$.

TABELLE 4.13: LOGIT-MODELL FÜR DEN ZUMINDEST EINMALIGEN ERHALT VON STOFFPROBEN IN DEN STÄDTEN

Konstante und Variablen	Schätzwert	t-Wert
Basel ($n = 313$)		
Modellkonstante	−0,890	−4,590**
Bekannte Dealeradresse	1,039	4,355**
Heroinkonsum pro Tag	0,259	1,355
Bern ($n = 251$)		
Modellkonstante	−0,323	−1,650
Bekannte Dealeradresse	0,842	2,948*
Heroinkonsum pro Tag	0,266	2,112*
Zürich ($n = 320$)		
Modellkonstante	−0,788	−4,178**
Bekannte Dealeradresse	0,503	2,152*
Heroinkonsum pro Tag	0,305	2,163*

Bemerkungen: Die Variable "Kenntnis der Adresse von zumindest einem Dealer" ist dichotom, die metrische Variable "Täglicher Heroinkonsum" ist in Gramm gemessen. Signifikanz der Schätzwerte: * = $p < 0,05$; ** = $p < 0,001$. Likelihood Ratio Test für Basel: $LR = 22,039$, $df = 2$, $p < 0,001$; für Bern: $LR = 16,329$, $df = 2$, $p < 0,001$; für Zürich: $LR = 10,193$, $df = 2$, $p = 0,006$. Zusammenhang zwischen den Beobachtungs- und Vorhersagewerten der abhängigen Variable: Basel: $\Phi = 0,254$; Bern: $\Phi = 0,208$; Zürich: $\Phi = 0,168$.

eine grössere Heroindosis pro Tag verbrauchen. Dagegen macht es für die Gewährung von Stoffproben in Basel keinen signifikanten Unterschied, wie viel Heroin vom Nachfrager täglich konsumiert wird.

Ausserdem bestätigt die stadtspezifische Analyse einen weiteren Befund aus der Untersuchung des Gesamtdatensatzes vom Sommer 1997 (siehe TABELLE 4.7): Während die Mehrheit der Drogengeschäfte in allen Städten an Szenetreffpunkten stattfindet, wickelt eine Minderheit der Befragten ihre (zumeist simultanen) Transaktionen überwiegend in Privaträumen ab. TABELLE 4.14 informiert über die Verteilungen in den Städten. Öffentliche Transaktionen sind danach für Berner Schwarzmarktteilnehmer noch typischer als für Basler und Zürcher Szeneangehörige.

TABELLE 4.14: HÄUFIGKEIT DES KAUFS UND VERKAUFS IN PRIVATRÄUMEN WÄHREND DER LETZTEN VIER WOCHEN IN DEN STÄDTEN

Häufigkeit	Privateinkauf %	n	Privatverkauf %	n
Basel				
niemals	58,7	202	59,7	83
gelegentlich	22,1	76	28,8	40
meistens	12,8	44	7,9	11
immer	6,4	22	3,6	5
Gesamt	100,0	344	100,0	139
Bern				
niemals	69,4	200	76,6	98
gelegentlich	19,8	57	15,6	20
meistens	8,7	25	3,9	5
immer	2,1	6	3,9	5
Gesamt	100,0	288	100,0	128
Zürich				
niemals	51,3	172	59,5	78
gelegentlich	21,2	71	19,1	25
meistens	15,2	51	13,7	18
immer	12,2	41	7,6	10
Gesamt	99,9	336	99,9	131

Bemerkung: Abweichungen von 100% ergeben sich durch Runden.

Dennoch stimmen die stadtspezifischen Resultate mit denjenigen des Gesamtdatensatzes weitgehend überein. Eine Konzentration auf die totale Stichprobe (und damit eine Vernachlässigung der geringen lokalen Unterschiede) scheint daher bei weiteren Analysen des Marktgeschehens akzeptabel. Neben besonderen Rabatten, etwaigen Stoffproben und dem jeweiligen Geschäftsort gibt es ja noch andere Marktaspekte, die insbesondere aus ökonomischer und politischer Sicht wichtig sind. Ein Beispiel hierfür stellt die Nachfrage nach harten Drogen und ihre Beziehung mit dem Drogenpreis dar.

Kapitel 5

Nachfragemenge und Drogenpreis

Norman Braun, Roger Berger und Claudia Zahner

Berücksichtigt man die Erkenntnisse über den Rauschmittelgebrauch in verschiedenen Kulturen zu unterschiedlichen Zeiten (z.B. Kupfer 1996), so kann das Ideal einer drogenfreien Gesellschaft nur als eine historisch irrelevante Wunschvorstellung angesehen werden. Ein realistisches Politikziel besteht deswegen darin, die Zahl und das Volumen illegaler Geschäfte durch die jeweilige Ausgestaltung und Umsetzung der Verbotspolitik relativ gering zu halten.

Zu seiner praktischen Erreichung wird durch repressive Massnahmen versucht, das Drogenangebot und/oder die Drogennachfrage zu reduzieren. Selbst wenn Erwerb und Konsum nicht verboten oder verfolgt werden, sollen das Risiko und Ausmass von Bestrafungen für den Verkauf von Drogen die Preisforderungen der Anbieter so steigern, dass sie die Zahlungsbereitschaften von möglichst vielen Nachfragern dominieren und daher potenzielle Tauschhandlungen unterbleiben. Sind auch der Besitz und Gebrauch unter Strafe gestellt, so sollen dadurch die Zahlungsbereitschaften der Nachfrager so stark gesenkt werden, dass sie die Preisforderungen der Anbieter unterschreiten und daher möglichst wenige Transaktionen stattfinden.

Die Prohibition und ihre Umsetzung zielt mithin darauf ab, die Preise der illegalen Substanzen zu erhöhen und deren Gebrauch möglichst stark zu vermindern. Zweifellos werden Drogen durch die Repressionspolitik für den Endverbraucher (im Vergleich zu einem legalen Markt) stark verteuert. Unter anderem deshalb verwundert es nicht, dass die Prävalenzrate des regelmässigen Konsums von Heroin und Kokain im Allgemeinen niedriger liegt als die Prävalenzrate des dauerhaften Gebrauchs legaler Vergleichssubstanzen (z.B. Alkohol, Nikotin).

Abgesehen von einschlägigen theoretischen Spekulationen (siehe z.B. Gersemann 1996 für einen Überblick) zum offenbar negativen Zusammenhang zwischen Drogenpreis und Drogenverbrauch ist über seine konkrete Form im existierenden Schwarzmarkt allerdings wenig bekannt. Selbst wenn man also annimmt, dass sich eine rigorosere Umsetzung der Verbotspolitik (z.B. verstärkte polizeiliche Präsenz an Szenetreffpunkten, mehr Kontrollen und Beschlagnahmungen, unnachsichtigere Anzeigetätigkeit und Verurteilung) stets in Preissteigerungen niederschlägt, ist das Ausmass der damit einhergehenden Mengenreaktion keineswegs klar. Um die Verbrauchsveränderung bei variierendem Preis abschätzen zu können, müsste man die Preiselastizität der Nachfrage (d.h. die prozentuale Nachfragereaktion auf eine einprozentige Preisänderung) und deren Abhängigkeit vom Preis zumindest annähernd kennen.

In Anlehnung an Braun (1998) beschäftigt sich dieses Kapitel deshalb genauer mit der Beziehung zwischen der Nachfrage nach harten Drogen und dem Drogenpreis. Nach einem knappen Überblick zu vorliegenden Arbeiten und relevanten Problemstellungen werden dazu verschiedene Nachfragefunktionen (d.h. Mengen-Preis-Beziehungen) spezifiziert, die anhand der Konsumenteninformationen aus den Erhebungen vom Sommer 1997 geschätzt werden können. Durch einen Vergleich der statistischen Anpassungsgüte der Spezifikationen ergeben sich daraus Schätzresultate für den Mengen-Preis-Zusammenhang bei Heroin und Kokain, die abschliessend präsentiert und diskutiert werden.

5.1 Theorien, Resultate und Fragen

In der ökonomischen Drogenliteratur lassen sich zumindest zwei Theorieansätze unterscheiden, die sich mit dem Zusammenhang zwischen Verbrauchsmenge und Drogenpreis beschäftigen. Zum einen gibt es theoretische Analysen des Drogenmarktes, welche die Höhe des Drogenpreises und das Ausmass des Drogenverbrauches im Rahmen einer statischen Analyse von Angebot und Nachfrage simultan erklären (siehe z.B. Hartwig und Pies 1995; Thornton 1991). In Querschnittsbefragungen erhobene Kombinationen von bezahlten Preisen und selbstberichteten Verbrauchsmengen lassen sich aus dieser Sicht jeweils als Gleichgewichtszustände im Drogenmarkt auffassen.

Zum anderen liegen theoretische Modelle der Gewohnheitsbildung und des Suchtverhaltens vor, die ausgehend von gegebenen Preisen den Drogenverbrauch eines repräsentativen Individuums mithilfe eines Mechanismus der endogenen Präferenzbildung begründen (z.B. Becker und Murphy 1988; Braun und Vanini 1998; Orphanides und Zervos 1995, 1998). Letzterer beruht auf der Annahme, dass der gestrige Suchtmittelgebrauch die heutigen und morgigen Konsumvorlieben beeinflusst und so den gegenwärtigen und zukünftigen Verbrauch des Suchtgutes wesentlich determiniert. Als theoretische Folgerung dieses dynamischen Modellierungsansatzes ergibt sich unter bestimmten Bedingungen eine Konvergenz zu einem dauerhaften Konsumniveau (Ruhezustand oder "steady state"), das in einer mehr oder weniger bestimmten Art vom exogen vorgegebenen Drogenpreis abhängt. Aus dieser Sicht erscheinen in Querschnittserhebungen berichtete Verbrauchsmengen jeweils als individualspezifische Ruhezustände, die eine Funktion der jeweils bezahlten Preise sind.

Wie im Folgenden zunächst verdeutlicht wird, können Informationen über Preise und Drogengebrauch aus Erhebungen in sichtbaren Drogenszenen eher zur empirischen Prüfung von einschlägigen Hypothesen der Gewohnheitstheorien verwendet werden. Ausgehend von einigen Befunden werden danach Fragestellungen herausgearbeitet, die anhand des Datensatzes vom Sommer 1997 beantwortet werden können.

5.1.1 Datenbasis als Beschränkung

In der Ökonomik besteht kein Mangel an theoretischen Beiträgen zu den Preiselastizitäten harter Drogen und den damit verknüpften drogenpolitischen Implikationen (u.a. Becker, Grossman und Murphy 1991; Miron und Zwiebel 1995; Pommerehne und Hartmann 1980; Prinz 1997; Moore 1977; White und Luksetich 1983). Allerdings existieren nur wenige empirische Arbeiten zu dieser Thematik (v.a. Brown und Silverman 1974; Caulkins 1995; Silverman und Spruill 1977), die sich überdies allesamt auf den englischsprachigen Raum beziehen.

Zudem beruht die verfügbare Evidenz häufig auf einer sehr beschränkten und unsicheren Datenbasis (z.B. Informationen über selbsterinnerte Mengen-Preis-Kombinationen durch Häftlinge, Beschlagnahmungen verbotener Substanzen und polizeiliche Daten über Drogenpreise, Resultate von Drogentests festgenommener Personen). Die Datenlage reflektiert vermutlich, dass sich die empirische Sozialforschung mehr mit der Lebenslage der Konsumenten als mit dem Drogenmarktgeschehen beschäftigt und empirisch arbeitende Ökonomen nur selten Primärerhebungen durchführen. Eine bedauerliche Konsequenz dieser Spezialisierungen ist, dass praktisch keine Individualdaten über das Angebots- und das Nachfrageverhalten verfügbar sind, die eine statistisch einwandfreie Marktanalyse erlauben.

Daneben spiegelt die unbefriedigende Datenlage natürlich auch wider, dass die Datensammlung unter den Bedingungen der Verbotspolitik extrem erschwert ist. So kann man die erforderlichen Informationen für die Bestimmung des aktuellen Marktangebotes (u.a. Anbieterkosten) praktisch nicht beschaffen, weil die relevanten Gross- und Zwischenhändler aus verständlichen Gründen entweder unbekannt oder zumindest nicht auskunftsbereit sind.[1] Beschränkt man sich deswegen auf Befragungen der sichtbaren Nach-

---

[1] Auch ein "Network Sampling" des Drogenmarktes dürfte aufgrund der derzeitigen Politikumsetzung in deutschsprachigen Ländern ausgeschlossen sein. Hierfür müsste man regelmässige Konsumenten zur Angabe persönlicher Informationen über ihre Dealer (Name, Adresse) bewegen, um diese Personen u.a. wiederum zu ihren Tauschpartnern zu interviewen, etc. Ein derartiges Verfahren scheint übrigens in den drogenpolitisch liberalen Niederlanden erprobt zu werden, um die verdeckte Population von Kokain- und Heroinbenutzern zu erfassen (Spreen und Zwaagstra 1994).

fragerpopulation, so lassen sich wichtige Variablen zum Drogeneinzelhandel erheben. Ohne die Kenntnis der wesentlichen Angebotsdeterminanten ist damit aber noch keine methodisch saubere Schätzung im Sinne der skizzierten Markttheorien (z.B. Hartwig und Pies 1995; Thornton 1991) zu bewerkstelligen. Aus ökonometrischer Sicht handelt es sich hierbei um ein Identifikationsproblem (z.B. Greene 1993; Gujarati 1995; Manski 1995). Geht man nämlich davon aus, dass faktische Konsummengen und tatsächliche Kaufpreise jeweils Gleichgewichtszustände beschreiben, so erfordert die Identifizierung der zugrundeliegenden Nachfragefunktion, dass zumindest eine modellexogene Angebotsdeterminante (z.B. Anbieterkosten) bekannt ist.

Fehlende Daten über die Angebotsseite können in der Regel auch nicht durch Benutzeraussagen über etwaige Kleinhandelsaktivitäten ersetzt werden – ihre alleinige Berücksichtigung würde zu einer unangemessenen Angebotsabbildung führen und mehr oder weniger verzerrte Schätzresultate liefern.[2] Konzentriert sich eine Erhebung nur auf aktuelle Drogenmarktteilnehmer, so erschwert die Verbotspolitik im Regelfall eine rigorose Prüfung der ihr zugrundeliegenden Marktlogik.

Dennoch ist die empirische Beziehung von Verbrauch und Preis von herausragendem Interesse für die drogenpolitische Diskussion. Angesichts der skizzierten Problematik ist es daher sinnvoll, sich auf die Nachfrageseite des Drogenmarktes zu beschränken. Eine Ausblendung des Angebotes lässt sich im übrigen durch die skizzierten Gewohnheits- oder Suchttheorien (z.B. Becker und Murphy 1988; Braun und Vanini 1998; Orphanides und Zervos 1995, 1998) rechtfertigen – neben kaum empirisch erfassbaren Variablen (z.B. Präferenzparametern) hängt danach der gleichgewichtige Drogenverbrauch eines repräsentativen Akteurs vom vorgegebenen Drogenpreis ab. Fasst man dementsprechend die nachgefragte Drogenmenge als Funktion des exogenen Preises auf, dann lässt sich z.B. die Heroinnachfrage eines durchschnittlichen Verbrauchers allein auf der Grundlage von

---

[2]Würden Informationen über exogene Angebots- und Nachfragedeterminanten aus einer hinreichend grossen Stichprobe vorliegen, so könnte man mithilfe von ökonometrischen Standardverfahren für simultane Gleichungen (u.a. Greene 1993; Gujarati 1995) konsistente Schätzwerte bestimmen.

Mengen-Preis-Kombinationen schätzen, die jeweils von Konsumenten dieser Substanz berichtet wurden. Der Verzicht auf die Berücksichtigung zusätzlicher Variablen (z.B. Einkommen) bei der Nachfrageschätzung empfiehlt sich, weil dadurch ein Vergleich mit den vorliegenden US-Befunden möglich wird und damit spätere Schätzungen unter Einbeziehung von weiteren Einflussgrössen vorbereitet werden (Kapitel 6).

5.1.2 Befunde und Fragestellungen

Bekanntlich gibt es nur wenige Schätzresultate zur Preiselastizität der Nachfrage nach harten Drogen, die sich überdies allesamt auf den englischen Sprachraum beziehen. Da Kokain (nach einer enormen Verbreitung in den 20er Jahren) erst in der jüngeren Vergangenheit wieder erheblich an Popularität gewonnen hat, liegen zudem für Heroin mehr Befunde vor als für Kokain.

Die spärliche Evidenz für Kokain ist zwar relativ aktuell, aber nicht völlig eindeutig: Auf der Grundlage von Häftlingsangaben zum Drogengebrauch in verschiedenen amerikanischen Städten schätzt Caulkins (1995) die Preiselastizität der US-Kokainnachfrage: Er berichtet die Schätzwerte $-1,5$ bis $-2,0$ (d.h. eine einprozentige Preiserhöhung reduziert den Kokainverbrauch um 1,5 bis 2,0%). Dagegen finden Grossman und Chaloupka (1998) anhand einer gleichfalls prozessproduzierten Datenbasis mit $-0,6$ und $-2,4$ einen erheblich grösseren Spielraum der Schätzwerte für die Preiselastizität der Kokainnachfrage junger US-Amerikaner.

Der Eindruck von heterogenen Schätzresultaten verstärkt sich, wenn man die Befunde zur Preisreagibilität der Heroinnachfrage betrachtet. Pommerehne und Hartmann (1980) sowie Pommerehne und Hart (1991) fassen die Ergebnisse verschiedener Untersuchungen zusammen, die während der 60er und frühen 70er Jahre in den Vereinigten Staaten durchgeführt wurden. Danach betrug die mittlere Preiselastizität der Heroinnachfrage zwischen $-0,09$ und $-0,25$, wobei jüngere Studien die betragsmässig höheren Schätzwerte berichteten. Beispielsweise fanden Silverman und Spruill (1977) Schätzwerte zwischen $-0,22$ und $-0,27$. Somit war die Heroinnachfrage in amerikanischen Städten in den 60er und 70er Jahren offenbar weitgehend preisunelastisch.³

Diese Befunde scheinen neueren US-Studien zu widersprechen, die nach Prinz (1994: 551) eine "...signifikant hohe Preiselastizität der Nachfrage nach Heroin" gezeigt haben.⁴ Die Resultate von Caulkins' (1995) Analyse der Häftlingsaussagen zum Heroingebrauch in verschiedenen amerikanischen Städten sind mit dieser Aussage vereinbar: Danach stellt $-1,5$ die mittlere Preiselastizität der Heroinnachfrage dar.

Sofern die jeweiligen Schätzungen korrekt sind, ergeben sich damit folgende Einsichten: Zum einen variieren die Schätzwerte für die Preiselastizität der US-Drogennachfrage teilweise beträchtlich, zum anderen steigen die absoluten Werte der Preiselastizität der US-Heroinnachfrage seit den 60er Jahren offenbar an. Weil es aus der Sicht der ökonomischen Theorie zunächst einmal keinen Grund für die Annahme gibt, dass sich europäische und amerikanische Drogenabhängige in ihrem Nachfrageverhalten wesentlich unterscheiden, scheint der Befund einer gegenwärtig hohen Preiselastizität aus drogenpolitischer Sicht besonders wichtig. Immerhin vermittelt er den Eindruck, dass preiserhöhende repressive Massnahmen jetzt eher zu den erwünschten Verbrauchsreduktionen als in der Vergangenheit führen werden.

Bei genauerer Betrachtung ist es jedoch zunächst einmal unklar, welche Ausformung der Prohibitionspolitik (z.B. Benutzer- oder Händlerrepression, Bekämpfung des Schmuggels) jeweils die gewünschten Effekte im bereits existierenden Schwarzmarkt hat. Bemerkenswerterweise gibt es nämlich empirische Untersuchungen, die Zweifel an der Effektivität konkreter Massnahmen der Verbotsdurchsetzung nahelegen. So untersuchten Weatherburn und Lind (1997) in einer zweijährigen Studie, inwiefern Beschlagnahmungen von

---

³Weil der absolute Betrag der Elastizität kleiner als Eins war (d.h. eine preisunelastische Nachfrage vorlag), kann zumindest eine Monopolisierung des Heroineinzelhandels für die USA der 60er und 70er Jahre ausgeschlossen werden. Dies gilt aufgrund der preistheoretischen Standardlogik (vgl. Varian 1992, 1993), wonach ein Monopolist den Preis stets im elastischen Bereich der Nachfragekurve setzt.

⁴Leider verzichtet Prinz (1994) auf die Angabe der ihm vorliegenden ökonometrischen Untersuchungen und ihrer Schätzresultate. Er nimmt jedoch u.a. aufgrund dieser Befunde für seine theoretische Analyse an, dass Heroin auf einem Monopolmarkt gehandelt wird.

Heroin in Australien auf die Einzelhandelspreise, die Reinheitsgrade und die Verfügbarkeit dieser Droge wirkten. Interessanterweise konnten sie keine Effekte auf Preis, Qualität und Drogenzugriff des Endverbrauchers feststellen. Aber selbst wenn man einfach unterstellt, dass eine verstärkte Repression generell preissteigernd wirkt, ist zunächst einmal unklar, ob sich die amerikanischen Befunde für Heroin und Kokain tatsächlich auf die hiesige Benutzerpopulation übertragen lassen. Dies gilt insbesondere aus folgenden Gründen: Zum einen liegt für den deutschsprachigen Raum (nach unserem Wissen) bisher keine einschlägige Evidenz vor. Zum anderen beruhen die amerikanischen Befunde bekanntlich zumeist nicht auf Primärerhebungen im Drogenmilieu und die Ausgestaltung der US-Verbotspolitik unterscheidet sich, trotz aller regionalen Unterschiede, im Allgemeinen erheblich von der (gleichfalls variierenden) Drogenpolitik in europäischen Staaten. Zumindest aus soziologischer Sicht erscheint es daher plausibel, dass Befragungen hiesiger Drogenbenutzer ein möglicherweise anderes Bild des Mengen-Preis-Zusammenhangs ergeben.

Hierbei ist auch zu bedenken, dass die US-Studien oftmals nur eine einzige funktionale Spezifikation des Mengen-Preis-Zusammenhangs bei der Elastizitätsbestimmung verwenden. Dies ist eigentlich verwunderlich, weil Elastizitäten üblicherweise preisabhängig sind und diese Abhängigkeit bereits durch die jeweilige Spezifikation der jeweils zu schätzenden Beziehung festgelegt wird. Es fragt sich deswegen, welche Spezifikation die Daten am besten beschreibt. Ihre Beantwortung steht zunächst im Mittelpunkt.

5.2 Mengen-Preis-Beziehungen im Vergleich

Zur Identifikation einer "passenden" Form der Beziehung zwischen Menge und Preis für sowohl Heroin als auch Kokain werden zunächst verschiedene Spezifikationen eingeführt und bezüglich ihrer generellen Implikationen für die prozentuale Mengenreaktion bei einprozentigen Preisvariationen (Preiselastizität der Nachfrage) unterschieden. Folgerungen zum Nachfragemuster eines typischen Heroinbenutzers bzw. Kokainkonsumenten ergeben sich dann durch den Vergleich ihrer statistischen Anpassungsgüte bei der Analyse der Mengen-Preis-Daten aus den zeitgleichen Erhebungen in Basel, Bern und Zürich.

5.2.1 Spezifikationen der Drogennachfrage

TABELLE 5.1 informiert über einige mögliche Beziehungen zwischen der Menge q und dem Preis p, die teilweise von Ökonometrikern (z.b. Greene 1993; Gujarati 1995) genauer diskutiert werden. Sämtlichen funktionalen Formen sind zumindest zwei Aspekte gemeinsam:

- Zum einen erfüllen sie allesamt das "Gesetz der Nachfrage", wonach unter sonst unveränderten Bedingungen die nachgefragte Menge bei steigendem Preis des betrachteten Gutes fällt (siehe z.B. Mankiw 1999: 72). Diese Regelmässigkeit kann angenommen werden, weil in allen bisherigen empirischen Untersuchungen zur Drogennachfrage bekanntlich eine negative Beziehung zwischen Menge und Preis gefunden wurde (siehe Abschnitt 5.1).

- Zum anderen sind sämtliche Formen (ggf. nach einer Transformation) linear in den (durch griechische Buchstaben bezeichneten) Schätzparametern. Letztere können daher mit der Methode der kleinsten Quadrate ("Ordinary Least Squares", OLS) geschätzt werden, sofern Mengen-Preis-Daten vorliegen.

Zudem ist zu betonen, dass sich die funktionalen Formen bezüglich der implizierten Abhängigkeit der Preiselastizität der Nachfrage (d.h. der prozentualen Mengenreaktion auf eine einprozentige Preisvariation) von der Preishöhe unterscheiden. TABELLE 5.2 ordnet jeder Spezifikation des Mengen-Preis-Zusammenhangs die korrespondierende Elastizitätsfunktion $\varepsilon(p)$ zu. Sie berichtet daneben, wie sich der absolute Betrag der Preiselastizität der Nachfrage in Abhängigkeit vom Preis verändert. Unterstellt man also eine stabile Mengen-Preis-Beziehung (d.h. eine invariante Nachfragefunktion) sowie Preiseffekte der Repressionspolitik, so kann eine fortwährend preissteigernde Prohibitionsumsetzung danach zu einer geringeren, konstanten oder höheren Preiselastizität der Drogennachfrage führen.

TABELLE 5.1: BEZIEHUNGEN ZWISCHEN MENGE q UND PREIS p, SCHÄTZFORMEN UND PARAMETERRESTRIKTIONEN

Mengen-Preis-Beziehung $q(p)$	Spezifikationsbezeichnung	OLS-Schätzform der Beziehung $q(p)$	Parameterrestriktionen
$q = \alpha + \beta p$	linear	$q = \alpha + \beta p$	$\alpha > 0, \beta < 0$
$q = \alpha + \beta \ln p$	linear-log	$q = \alpha + \beta \ln p$	$\alpha > 0, \beta < 0$
$q = e^{\alpha + \beta p}$	log-linear	$\ln q = \alpha + \beta p$	$\alpha > 0, \beta < 0$
$q = \alpha + \beta (1/p)$	linear-reziprok	$q = \alpha + \beta(1/p)$	$\alpha > 0, \beta > 0$
$q = 1/(\alpha + \beta p)$	reziprok-linear	$(1/q) = \alpha + \beta p$	$\alpha > 0, \beta > 0$
$q = \alpha e^{\beta/p}$	log-reziprok	$\ln q = \ln \alpha + \beta(1/p)$	$\alpha > 0, \beta > 0$
$q = 1/(\alpha + \beta \ln p)$	reziprok-log	$(1/q) = \alpha + \beta \ln p$	$\alpha > 0, \beta > 0$
$q = \alpha p^\beta$	logarithmisch	$\ln q = \ln \alpha + \beta \ln p$	$\alpha > 0, \beta < 0$

Bemerkungen: Hierbei bezeichnet ln den natürlichen Logarithmus mit Basis e. Lediglich die lineare Nachfragefunktion $q(p) = \alpha + \beta p$ mit $\alpha > 0$ und $\beta < 0$ und analoger Schätzform ist auf einen bestimmten Preisbereich beschränkt – für sie wird das zulässige Preisintervall durch $0 \leq p \leq -\alpha/\beta$ festgelegt.

Was tatsächlich zutrifft, ist eine empirisch zu beantwortende Frage. Ausgehend von der Auflistung von Mengen-Preis-Beziehungen in TABELLE 5.1 und ihren Implikationen (TABELLE 5.2) ist dafür festzustellen, welche Schätzformen sich bei der statistischen Analyse bewähren.

5.2.2 Anpassungsgüte und Folgerungen

Die Individualdaten über Drogenpreise und Nachfragemengen in den sichtbaren Drogenszenen von Basel, Bern und Zürich können für einen systematischen Vergleich der Spezifikationen herangezogen werden. Für Heroin und Kokain werden hierfür die Beziehungen zwischen dem jeweiligen Grammpreis und (a) der (auf den Monat hochgerechneten) "täglichen Konsummenge" aller Befragten sowie (b) der erfragten "üblichen Kaufmenge" pro Monat sämtlicher Nichtverkäufer untersucht. Die getrennte Betrachtung von Konsum- und Kaufmengen ist deshalb sinnvoll, weil manche Drogenkonsumenten überhaupt nicht als Käufer auftreten, sondern von anderen Szeneangehörigen mit Drogen versorgt und/oder für Tätigkeiten (z.B. Vermittlung)

TABELLE 5.2: PREISABHÄNGIGKEIT DES ABSOLUTEN BETRAGS DER PREISELASTIZITÄT $\varepsilon = \varepsilon(p)$ DER NACHFRAGE FÜR VERSCHIEDENE SPEZIFIKATIONEN DER MENGEN-PREIS-BEZIEHUNG

Schätzform	$\mid \varepsilon(p) \mid = -\varepsilon(p)$	Verlauf von $-\varepsilon(p)$
linear	$-\beta p/(\alpha + \beta p)$, $\beta < 0$	mit zunehmender Rate steigend
linear-log	$-\beta/(\alpha + \beta \ln p)$, $\beta < 0$	umgekehrt S-förmig steigend
log-linear	$-\beta p$, $\beta < 0$	linear steigend
linear-reziprok	$\beta/(\alpha p + \beta)$, $\beta > 0$	hyperbelartig fallend
reziprok-linear	$\beta p/(\alpha + \beta p)$, $\beta > 0$	mit zunehmender Rate steigend
log-reziprok	β/p, $\beta > 0$	hyperbelartig fallend
reziprok-log	$\beta/(\alpha + \beta \ln p)$, $\beta > 0$	hyperbelartig fallend
logarithmisch	$-\beta$, $\beta < 0$	horizontal (preisinvariant)

Bemerkung: Die Preiselastizität der Nachfrage $q = q(p)$ ist definiert durch $\varepsilon := d\ln q/d\ln p = (dq(p)/dp)(p/q(p))$, so dass sie sich als Funktion des Preises p auffassen lässt. Wegen $dq/dp < 0$ ist jeweils $-\varepsilon(p)$ angegeben.

in Naturalien entlohnt werden. Bei Verwendung von Individualdaten ergeben sich in Schwarzmarktstudien daher Probleme bei der Deutung des Nachfragebegriffes, die in der ökonomischen Drogenliteratur (nach unserem Wissen) nicht thematisiert werden.

Ausgehend von den Nachfragekonzepten (a) und (b) sowie dem jeweils berichteten Drogenpreis wurden die Spezifikationen des Mengen-Preis-Zusammenhangs aus TABELLE 5.1 im Rahmen von OLS-Regressionsanalysen für Heroin und Kokain geschätzt. Dabei war eine Zielsetzung, die statistisch "besten" Beschreibungen der Nachfragemuster eines typischen Heroinbenutzers oder repäsentativen Kokainverbrauchers bei jeweils exogen vorgegebenem Grammpreis der betrachteten Substanz zu identifizieren. Zur Feststellung der angemessenen Spezifikationen des Mengen-Preis-Zusammenhangs eignet sich u.a. ein Vergleich der statistischen Anpassungsgüte der verschiedenen Schätzformen.

TABELLE 5.3 berichtet daher die Determinationskoeffizienten R^2 der einzelnen Regressionen der Konsum- und Kaufmenge von Heroin oder

TABELLE 5.3: ANPASSUNGSGÜTE R^2 VON OLS-REGRESSIONEN DER MONATLICHEN KONSUM- UND KAUFMENGEN VON HEROIN ODER KOKAIN IN GRAMM AUF DEN HEROIN- ODER KOKAINPREIS PRO GRAMM

Schätzform-Bezeichnung	Konsummenge Heroin	Kaufmenge Heroin	Konsummenge Kokain	Kaufmenge Kokain
linear	0,128	0,195	0,096	0,110
linear-log	0,173	0,323	0,121	0,154
log-linear	0,226	0,329	0,184	0,369
linear-reziprok	0,194	0,425	0,097	0,137
reziprok-linear	0,113	0,232	0,104	0,422
log-reziprok	0,232	0,432	0,127	0,260
reziprok-log	0,093	0,198	0,093	0,361
logarithmisch	0,246	0,409	0,197	0,398

Bemerkung: Die Schätzungen zur Konsummenge beziehen sich auf die jeweils gültigen Fälle in der Gesamtstichprobe (Heroin: $n = 853$, Kokain $n = 731$), während sich die Schätzungen zur üblichen Kaufmenge jeweils auf die Teilstichprobe der Nicht-Verkäufer (Heroin: $n = 517$, Kokain: $n = 514$) beschränken.

Kokain auf den jeweiligen Drogenpreis. Demnach unterscheiden sich die Mengen-Preis-Beziehungen bezüglich ihrer Anpassungsgüte an die Daten. Ein Vergleich der "erklärten" Varianzanteile (R^2) zeigt zunächst einmal, dass die lineare Spezifikation für Heroin und Kokain sowohl im Konsummengenfall als auch im Kaufmengenszenario nur eine relativ schlechte Beschreibung der Daten erlaubt. Dieses Ergebnis ist aus theoretischer Sicht interessant – im Gegensatz zu Alternativmodellen (z.B. Braun und Vanini 1998) implizieren bestimmte ökonomische Suchttheorien (Becker und Murphy 1988; Orphanides und Zervos 1995) nämlich eine lineare Mengen-Preis-Beziehung, welche das langfristige Nachfragemuster eines repräsentativen Verbrauchers charakterisiert. Trifft man nun die plausible Annahme, dass Langzeitabhängige zumindest annähernd ihr dauerhaftes ("steady state") Konsumniveau realisiert haben, dann müsste sich bei empirischer Gültigkeit dieser Theorien eine lineare Mengen-Preis-Beziehung auch mit den vorliegenden Querschnittsdaten nachweisen lassen. Vergleicht man die Anpassungsgüte der linearen Spezifikation aber mit den Determinationskoeffizienten der übrigen Schätzmodelle, so scheint der Mengen-Preis-Zusammenhang bei einem typischen Konsumenten von Heroin oder Kokain aus der Deutschschweiz eher nicht dieser theoretischen Vorhersage zu entsprechen.

In einem systematischeren Ansatz können die in TABELLE 5.3 angegebenen Anteile der Varianzaufklärung für Konsum- und Kaufmenge bei jeder Spezifikation kombiniert werden, um drogenspezifische Rangordnungen der funktionalen Formen bezüglich der Anpassungsgüte zu erstellen. Letztere kann man z.B. nach der Berechnung des Mittelwerts der beiden R^2-Werte für jede Spezifikation bei konstanter Substanz bestimmen. Diese Vorgehensweise führt zu folgenden Einsichten:

- Die log-reziproke Schätzform und die logarithmische Form erlauben die durchschnittlich beste Beschreibung der Heroinnachfrage, gefolgt von der linear-reziproken Schätzform. Aufgrund der in TABELLE 5.2 angegebenen Implikationen der einzelnen Spezifikationen kann man bei Annahme eines stabilen Nachfragemusters daher schliessen, dass der absolute Betrag der Elastizität der Heroinnachfrage bei höherem Heroinpreis nicht steigt. Vielmehr bleibt der absolute Betrag der Preiselastizität der Heroinnachfrage eines typischen Benutzers aus der

Deutschweiz entweder konstant oder er fällt hyperbelartig bei höherem Preis. Eine permanent preistreibende Repressionspolitik bezüglich Heroin müsste danach entweder von einer gleichbleibenden prozentualen Mengenreduktion oder von einer stetigen Verminderung der prozentualen Nachfragereaktion des repräsentativen Heroinkonsumenten aus der sichtbaren Szene begleitet werden.

- Die logarithmische Form und die log-lineare Schätzform gewährleisten die durchschnittlich beste Beschreibung der Kokainnachfrage, gefolgt von der reziprok-linearen Form. Aufgrund von TABELLE 5.2 kann man bei Voraussetzung einer invarianten Mengen-Preis-Beziehung mithin folgern, dass die Elastizität der Kokainnachfrage eines repräsentativen Benutzers bei Preissteigerungen betraglich konstant oder aber steigend sein wird. Eine fortwährend preistreibende Verbotspolitik bezüglich Kokain dürfte somit entweder immer zu derselben prozentualen Abnahme des Kokaingebrauchs durch den typischen Konsumenten aus der sichtbaren Szene führen oder gar eine Verstärkung der prozentualen Verminderung seiner Kokainnachfrage auslösen.

Die Analyse der Mengen-Preis-Beziehungen bei Dauerbenutzern von Heroin und Kokain impliziert also substanzspezifische Differenzen bezüglich der Abhängigkeit der Preiselastizität der Nachfrage von der Preishöhe. Letztere reflektieren vermutlich das unterschiedliche Suchtpotenzial von Heroin und Kokain. Die Kombination von medizinischen, pharmazeutischen und psychologischen Befunden (z.B. Byck 1987; Julien 1997; Ray und Ksir 1990) zeigt nämlich, dass Kokain (im Gegensatz zu Heroin) kein höheres Suchtpotenzial als Alkohol besitzt (vgl. Braun 1998).

Trifft man die Annahme stabiler Nachfragefunktionen für beide Drogen, dann schlagen sich die substanzspezifischen Differenzen in unterschiedlichen Erfolgschancen der Verbotspolitik nieder: Eine sukzessiv stärkere Verbrauchsreduktion bei Kokain scheint bei regelmässigen Verbrauchern dieser Substanz prinzipiell (und in Übereinstimmung mit den verbotspolitischen Intentionen) durch eine dauerhaft preistreibende Repression realisierbar, während dies bei Heroin offenbar keineswegs gilt. Bekanntlich ist aber unklar, welche Prohibitionsmassnahmen überhaupt permanente Preiserhöhungen im existierenden Schwarzmarkt bewirken – die Heroin- und Kokainpreise sind ja seit geraumer Zeit gefallen (Farell, Mansur und Tullis 1996), obwohl es keineswegs an Repressionsbemühungen gefehlt hat. Es ist deswegen sinnvoll, die Implikationen des Vergleichs der Spezifikationen für das empirisch relevantere Szenario zu formulieren: Falls stabile Mengen-Preis-Beziehungen vorliegen, scheint der Betrag der Preiselastizität der typischen Kokainnachfrage (Heroinnachfrage) bei dauerhaften Preisreduktionen nicht zu steigen (sinken). Aufgrund des Preisverfalls der letzten Jahre müsste die prozentuale Mengenreaktion auf einprozentige Preisvariationen bei Heroin (Kokain) somit stärker (schwächer) geworden sein.

Dies eröffnet eine Interpretationsmöglichkeit für die erwähnten Befunde zur betraglich zunehmenden Preiselastizität der US-Heroinnachfrage während der letzten Jahrzehnte: Weil die log-reziproke Schätzform bekanntlich impliziert, dass der absolute Betrag der Elastizität eine hyperbelartige Funktion des Preises ist, könnte die beobachtete Elastizitätsentwicklung prinzipiell nur durch die seither erfolgten Preisreduktionen bedingt sein. Allerdings beruht diese Interpretation auf zwei extremen und überdies ungeprüften Annahmen. Zum einen müsste eine weitgehende Invarianz des US-Nachfragemusters seit den 60er Jahren vorgelegen haben, zum anderen müssten sich die hiesigen und die amerikanischen Befunde zur Mengen-Preis-Beziehung bei Heroin weitgehend decken. Ob man diese Annahmen tatsächlich treffen kann, wird nun u.a. hinterfragt.

5.3 Empirische Evidenz und Implikationen

Zunächst werden weitere empirische Befunde für Heroin und Kokain eingeführt, besprochen und mit den einschlägigen US-Resultaten verglichen. Danach folgt eine Diskussion einiger Aspekte, welche u.a. den Prognosegehalt der Schätzergebnisse in Frage stellen.

5.3.1 Schätzresultate für Heroin und Kokain

Bekanntlich sind die log-reziproken und logarithmischen Schätzformen für die Beschreibung der Mengen-Preis-Beziehung bei Heroin besonders geeig-

TABELLE 5.4: OLS-REGRESSIONEN DER MONATLICH KONSUMIERTEN UND ÜBLICHERWEISE GEKAUFTEN KOKAIN- ODER HEROINMENGE IN GRAMM AUF DEN JEWEILIGEN GRAMMPREIS IN CHF

Nachfragekonzeption	Schätzformbezeichnung	Schätzwert für α	t-Wert	Schätzwert für β	t-Wert
Kokain					
Konsum	logarithmisch	10'721,43	17,27	−1,36	−13,36
Konsum	log-linear	3,45	34,04	−0,006	−12,87
Kauf	logarithmisch	42'192,59	21,23	−1,76	−18,39
Kauf	log-linear	2,95	30,09	−0,007	−17,36
Heroin					
Konsum	logarithmisch	1'920,96	25,36	−1,10	−16,71
Konsum	log-reziprok	4,31	18,09	90,16	16,08
Kauf	logarithmisch	23'248,59	23,35	−1,72	−18,94
Kauf	log-reziprok	1,25	2,27	170,32	19,83

Bemerkungen: Die genauen Schätzformen finden sich in TABELLE 5.1. Die Schätzungen zur Konsummenge beziehen sich auf die jeweils gültigen Fälle in der Gesamtstichprobe (Heroin: $n = 853$, Kokain $n = 731$), während sich die Schätzungen zur üblichen Kaufmenge jeweils auf die Teilstichprobe der Nicht-Verkäufer (Heroin: $n = 517$, Kokain: $n = 514$) beschränken. TABELLE 5.3 informiert über die Anpassungsgüte R^2 der einzelnen Regressionen.

net, während die logarithmischen und die log-linearen Formen die angemessenste Deskription dieses Zusammenhangs bei Kokain erlauben. TABELLE 5.4 berichtet die entsprechenden Regressionsresultate für beide Drogen, wobei wiederum jeweils nach Konsummenge (a) und Kaufmenge (b) differenziert wird.

Interpretiert man die geschätzten Gleichungen als Mengen-Preis-Beziehungen des durchschnittlichen Benutzers, so kann man die Gesamtnachfrage als das Produkt aus Verbraucherpopulation und typischer individueller Nachfrage konzeptualisieren. Obwohl die Grösse der Benutzerpopulation stark mit der jeweiligen Schätzmethode variiert (z.B. Estermann 1997b; Knolle 1997a,b; Rehm 1995; Zwahlen und Neuenschwander 1997), lassen sich auf dieser Grundlage zumindest grobe Hinweise über die schweizerische

Nachfrage nach harten Drogen und den damit verknüpften Einzelhandelsumsatz gewinnen.

Am Beispiel der Heroinnachfrage lässt sich dies illustrieren. Hierzu wird unterstellt, dass die Population von Heroinkonsumenten in der Schweiz zwischen 28'000 und 44'000 Personen umfasst. Weiter werden die Regressionsgleichungen für den typischen Heroinkonsum am Preismedian (100 CHF) bewertet – bei logarithmischer (log-reziproker) Schätzform ergibt sich ein monatlicher Konsum des Durchschnittsakteurs von 12,12 (10,61) Gramm. Multipliziert man diese Werte mit den angegebenen Konsumentenschätzern, so müsste die monatliche schweizerische Heroinnachfrage zwischen 339 und 533 (297 und 466) Kilogramm betragen. Bei dem dadurch festgelegten Jahresverbrauch von 4 bis 6 Tonnen dürfte ein Jahresumsatz zwischen 400 und 600 Millionen CHF im schweizerischen Heroineinzelhandel (Medianpreis von 100 CHF pro Gramm) erzielt werden.[5]

Neben derartigen Grobschätzungen erlauben die Resultate aus TABELLE 5.4 jeweils Schätzungen für die Preiselastizität der Heroin- und Kokainnachfrage eines typischen Konsumenten, die sich nach einer Bewertung am Mittelwert ergeben und mit den erwähnten US-Befunden verglichen werden können. TABELLE 5.5 informiert über die Befunde und die korrespondierenden Vertrauensintervalle. Auf ihrer Grundlage ergeben sich verschiedene generelle Folgerungen:

---

[5]Nach einer alternativen Schätzung von Estermann (1997a) beträgt der jährliche Heroinverbrauch in der Schweiz etwa 11 Tonnen und der Marktumsatz entspricht ungefähr einer Milliarde CHF, wobei von 30'000 Benutzern ausgegangen wird. Grundlegend für diese Schätzwerte dürfte die (nicht explizierte) Annahme sein, dass jeder Verbraucher pro Tag ein Gramm Heroin konsumiert (vermutliche Rechnung: 1 × 365 × 30'000 = 10'950'000 Gramm). Nach den Erhebungen in den sichtbaren Drogenszenen der Städte Basel, Bern und Zürich (gültige Fälle n = 904) fällt der Modus des täglichen Heroinkonsums mit dem Median von 0,5 Gramm zusammen und der Mittelwert liegt bei 0,818 Gramm, wobei die Standardabweichung mit 0,919 Gramm recht hoch ist. Muss also der Tageskonsum des Durchschnittsbenutzers bei einer Schätzung der Marktnachfrage überhaupt festgelegt werden, dann dürfte hierfür der (gegenüber Extremfällen unempfindlichere) Median besonders geeignet sein. Verwendet man (statt des fiktiven Wertes von einem Gramm) den Medianwert von 0,5 Gramm in der obigen Rechnung, dann resultiert eine weitgehende Korrespondenz mit den (im Haupttext präsentierten) Schätzzahlen, die bekanntlich auf einer anderen Berechnungsmethode beruhen.

TABELLE 5.5: ELASTIZITÄTSSCHÄTZWERTE UND KONFIDENZINTERVALLE BEI VERSCHIEDENEN BEZIEHUNGEN ZWISCHEN DER MONATLICH KONSUMIERTEN ODER ÜBLICHERWEISE GEKAUFTEN MENGE AN KOKAIN UND HEROIN IN GRAMM UND DEM JEWEILIGEN GRAMMPREIS IN CHF

Nachfragekonzept und Schätzform	Geschätzte Elastizität am Preismittelwert $\bar{p}$	95% Konfidenzintervall für Elastizitätswert $\varepsilon(\bar{p})$
Kokain		
Konsum, logarithmisch	−1,36	$-1,56 \leq \varepsilon(\bar{p}) \leq -1,16$
Konsum, log-linear	−1,15	$-1,33 \leq \varepsilon(\bar{p}) \leq -0,97$
Kauf, logarithmisch	−1,76	$-1,95 \leq \varepsilon(\bar{p}) \leq -1,57$
Kauf, log-linear	−1,49	$-1,66 \leq \varepsilon(\bar{p}) \leq -1,32$
Heroin		
Konsum, logarithmisch	−1,10	$-1,23 \leq \varepsilon(\bar{p}) \leq -0,97$
Konsum, log-reziprok	−0,85	$-0,95 \leq \varepsilon(\bar{p}) \leq -0,75$
Kauf, logarithmisch	−1,72	$-1,90 \leq \varepsilon(\bar{p}) \leq -1,54$
Kauf, log-reziprok	−1,35	$-1,48 \leq \varepsilon(\bar{p}) \leq -1,22$

Bemerkungen: Im Gegensatz zu den logarithmischen Schätzmodellen hängt die Preiselastizität bei den anderen Formen von der Preishöhe ab (siehe TABELLE 5.3). Der Konsummengenfall bezieht sich auf die jeweils gültigen Fälle in der Gesamtstichprobe (Heroin: $n = 853$ mit Preismittelwert $\bar{p} = 106$ CHF, Kokain $n = 731$ mit Preismittelwert $\bar{p} = 194$ CHF), während sich das Kaufmengenszenario jeweils auf die Teilstichprobe der Nicht-Verkäufer (Heroin: $n = 517$ mit Preismittelwert $\bar{p} = 126$ CHF, Kokain: $n = 514$ mit Preismittelwert $\bar{p} = 213$ CHF) beschränkt.

5 Nachfragemenge und Drogenpreis

- Im Konsummengenfall (a) ergeben sich jeweils betraglich kleinere Elastizitätswerte am Preismittelwert als bei der Analyse des Kaufmengenszenarios (b). Dies gilt unabhängig von der Drogenart und der Spezifikation der Mengen-Preis-Beziehung.

- Konzentriert man sich auf die Mengen-Preis-Beziehung bei Kokain und bestimmt jeweils den Durchschnittswert der angegebenen Schätzresultate für die aufgeführten Elastizitäten am Preisdurchschnitt, so ergibt sich $-1{,}25$ als mittlerer Elastizitätswert der Konsummenge (a) und $-1{,}62$ als durchschnittlicher Elastizitätskoeffizient der Kaufmenge (b). Unabhängig von der Mengenkonzeption kann für Kokain somit eine preiselastische Nachfrage des typischen Benutzers aus der Deutschschweiz diagnostiziert werden. Insbesondere wenn man sich auf die Kaufmenge von Kokain bezieht, sind die Schätzergebnisse zudem mit den US-Befunden von Caulkins (1995) weitgehend kompatibel, wonach die Preiselastizität der Kokainnachfrage zwischen $-1{,}5$ bis $-2{,}0$ liegt.

- Berechnet man die mittleren Elastizitätswerte der Heroinnachfrage aufgrund der berichteten Schätzresultate für die Elastizitäten am Preismittelwert, dann erhält man $-0{,}97$ als mittlere Elastizität des Heroinkonsums (a), aber $-1{,}53$ als Durchschnittswert der Elastizitätskoeffizienten für die übliche Heroinkaufmenge (b). Somit ist die mittlere Elastizität des Heroinkaufs nahezu identisch mit dem mittleren Schätzwert von $-1{,}5$, den Caulkins (1995) für amerikanische Daten findet. Im Gegensatz zur Kaufmenge (und den US-Befunden) scheint die Konsummenge eines typischen Heroinbenutzers in der Deutschschweiz aber knapp preisunelastisch zu sein.

Unabhängig von der verwendeten Mengenkonzeption kann man festhalten, dass die Heroinnachfrage im Durchschnitt weniger preiselastisch reagiert als die Kokainnachfrage. Die abweichenden Befunde für Konsum- und Kaufmenge zeigen allerdings auch, dass die Nachfragekonzeption die Schätzresultate selbst dann beeinflussen kann, wenn man sich nur mit dem Mengen-Preis-Effekt beschäftigt und sonstige Nachfrageeinflüsse (wie z.B. Einkommen) von vornherein ausblendet. Während bei Kokain die mengenspezifischen Unterschiede recht gering sind und daneben die einschlägigen Befunde mit den US-Resultaten in etwa übereinstimmen, ergeben sich bei Heroin weder vollständig eindeutige noch mit den US-Befunden völlig vereinbare Folgerungen. Die Abweichungen zwischen den Mengenszenarien (a) und (b) bei Heroin werden noch deutlicher, wenn man bei der Nachfrageschätzung weitere Einflussgrössen berücksichtigt (siehe Kapitel 6).

Aufgrund solcher Differenzen erscheint eine genauere Betrachtung der Heroinnachfrage zweckmässig – die restlichen Ausführungen in diesem Kapitel konzentrieren sich deshalb auf diese Substanz. Eine genauere Betrachtung der einschlägigen Schätzresultate weist zunächst einmal auf zwei wichtige Aspekte hin:

- Betrachtet man die logarithmische Spezifikation (also das Szenario mit preisunabhängiger Elastizität), dann ergeben sich in den Fällen (a) und (b) die Schätzwerte $-1{,}10$ und $-1{,}72$ für die Elastizitäten am Preismittelwert. Demnach liegt offenbar eine preiselastische Heroinnachfrage in Basel, Bern und Zürich vor. Dies scheint unabhängig davon zu gelten, ob man das derzeitige Konsumverhalten oder das übliche monatliche Kaufverhalten analysiert.

- Interessanterweise ergeben sich andere Folgerungen, wenn man das Szenario mit (betraglich) fallender Elastizität (log-reziproke Schätzform) unterstellt. Im Konsumfall (a) erhält man den Elastizitätswert $-0{,}85$ für die Gesamtstichprobe, wenn man am Preismittelwert bewertet. Beschränkt man sich wiederum im Szenario (b) auf die übliche Kaufmenge der Nichtverkäufer, so ergibt sich $-1{,}35$ als Schätzwert für die Elastizität am Preismittelwert.[6]

Die log-reziproke Form geht also mit betraglich kleineren Elastizitäten am Preismittelwert als die logarithmische Spezifikation einher, wenn man sich auf den Heroinkonsum konzentriert. Daneben weisen die (in TABELLE 5.4

---

[6]Falls der Preismedian (100 CHF) statt des Preismittelwerts zur Bewertung verwendet wird, erhält man als Elastizitätswerte für die log-reziproke Schätzform im Fall (a) $-0{,}90$ und im Fall (b) $-1{,}70$.

angegebenen) Schätzresultate für die Konstante α daraufhin, dass bei einem extrem erhöhten Grammpreis ($p \to \infty$) ceteris paribus der Pro-Kopf-Konsum im Monat bei geringfügig mehr als vier Gramm liegen würde, während die übliche monatliche Kaufmenge des durchschnittlichen Nachfragers auf etwas mehr als ein Gramm sinken dürfte. Danach bestehen selbst dann geringe Aussichten für eine heroinfreie Gesellschaft, wenn eine drastisch preissteigernde Verstärkung der Repressionsbemühungen bei sonst gleichen Bedingungen möglich wäre und auch erfolgen würde. Diese Aussage ist allerdings auf die log-reziproke Spezifikation beschränkt.

Aufgrund der abweichenden Resultate wäre eine wohlbegründete Entscheidung zwischen den verschiedenen Formen des Mengen-Preis-Zusammenhangs bei Heroin wünschenswert. Aus statistischer Sicht kann eine solche Entscheidung jedoch kaum getroffen werden (siehe TABELLE 5.3). Ist die Wahl der funktionalen Form aber beliebig, so kann man unterschiedliche Schlussfolgerungen aus den Schätzresultaten gewinnen, die wiederum mit verschiedenen Umsetzungsstrategien der Drogenpolitik einhergehen können.

Ein Beispiel hierfür betrifft Aussagen zur Monopolisierung des Heroineinzelhandels auf der Grundlage der Elastizitätsberechnungen: Verwendet man die logarithmische Spezifikation und bedenkt den absoluten Wert der konstanten Preiselastizität, so kann man einen monopolisierten Markt keineswegs ausschliessen; unterstellt man dagegen die log-reziproke Schätzform und konzeptualisiert die Heroinnachfrage im Sinne des Konsums dieser Substanz, dann kann (gleichfalls wegen des Betrags der Preiselastizität) kein monopolisierter Heroinmarkt in der Deutschschweiz vorliegen. Während man im ersten Fall eine einzige Vertriebsorganisation (oder zumindest regional getrennt operierende Grosshändler) mit Preissetzungsgewalt im Heroineinzelhandel vermuten kann und daher entsprechende Ermittlungen angebracht sind, besteht im zweiten Fall sicher keine Monopolstellung einer einzigen Organisation (oder einzelner regionaler Grosshändler) und daher dürften einschlägige Ermittlungsbemühungen wenig sinnvoll sein.

Die statistische Unbestimmtheit der funktionalen Mengen-Preis-Beziehung bei Heroin verhindert daneben eindeutige Aussagen über die Nachfragereaktion bei fiktiven Preisänderungen, die z.B. mit einer Drogenfreigabe einhergehen könnten. Ausgehend von der jetzigen Situation (Median-

TABELLE 5.6: POTENZIELLE MENGENEFFEKTE VON PREISÄNDERUNGEN BEI VERSCHIEDENEN BEZIEHUNGEN ZWISCHEN DEM MONATLICHEN HEROINKONSUM IN GRAMM (q) UND DEM GRAMMPREIS (p)

Veränderung des Preises p von 100 CHF auf	Prozentuale Preisänderung $\Delta p\%$	$\Delta q\%$ bei log-reziproker Schätzform	$\Delta q\%$ bei logarithmischer Schätzform
10 CHF	−90	+811,8	+99,0
50 CHF	−50	+90,0	+55,0
80 CHF	−20	+22,6	+22,0
90 CHF	−10	+10,0	+11,0
110 CHF	+10	−8,2	−11,0
120 CHF	+20	−15,0	−22,0
150 CHF	+50	−30,0	−48,9
200 CHF	+100	−45,0	−110,0
500 CHF	+400	−72,1	−440,0
900 CHF	+800	−80,1	−880,0

Bemerkungen: Aufgrund der diskutierten Schätzergebnisse zur Konsum-Preis-Beziehung (siehe TABELLE 5.4) lauten die Elastizitätsfunktionen: $\varepsilon(p) = -90{,}16/p$ (log-reziproke Schätzform) und $\varepsilon = -1{,}10$ (logarithmische Schätzform). Die Prozentreaktionen der Konsummenge resultieren aus $\Delta q\% = \varepsilon(p_n)\,\Delta p\%$, wobei p_n den "neuen" Preis bezeichnet. Zur Bestimmung jedes prozentualen Mengeneffektes wird also der (mit p_n korrespondierende) Elastizitätswert mit der prozentualen Preisänderung kombiniert, die sich aus dem Vergleich von p_n mit dem Basiswert $p_m = 100$ CHF (Preismedian der Gesamtstichprobe) ergibt.

preis von 100 CHF) informiert TABELLE 5.6 über die prozentualen Reaktionen des Heroinkonsums für die verschiedenen Spezikationen, sofern sich der Grammpreis auf die dort angegebenen Werte verändern würde. Auffällig ist hier insbesondere die Heterogenität der jeweiligen Mengeneffekte bei drastischen Preisänderungen (d.h. um mehr als 50%).[7] Solange man nicht zwischen den Schätzformen diskriminiert, werden deswegen Nachfrageprognosen ausgeschlossen, die über den gesamten Preisbereich eine brauchbare Grundlage für die drogenpolitische Diskussion bereitstellen. Aus dieser Perspektive sind nach den Ergebnissen aus TABELLE 5.6 weitgehend modellunabhängige Aussagen nur dann möglich, wenn man sich auf geringere Variationen um den derzeitigen Drogenpreis (z.B. Veränderungen um 10 bis 20%) beschränkt.

Aufgrund der angegebenen Befunde könnte man dennoch argumentieren, dass sich der Heroinverbrauch durch preissteigernde staatliche Massnahmen insgesamt vermindern würde und deswegen eine rigorosere Repressionspolitik gerechtfertigt wäre. Zu betonen ist allerdings, dass eine solche Argumentation wesentlich auf der Annahme eines stabilen Nachfragemusters beruht. Eine derartige Invarianz der Mengen-Preis-Beziehung (und damit der Vorhersagegehalt der Schätzresultate) lässt sich jedoch bezweifeln.

5.3.2 Schätzergebnisse und Vorhersagegehalt

Um die Probleme bei der Vorhersage von Mengenreaktionen im Drogenmarkt zu verdeutlichen, ist zunächst eine Entscheidung zwischen den Mengen-Preis-Beziehungen bei Heroin erforderlich. Angesichts der statistischen Unbestimmtheit des "besten" Schätzmodells kann man nur eine inhaltlich begründete Wahl zwischen den funktionalen Formen versuchen. Hierfür kann man fragen, welche Spezifikation plausiblere empirische Befunde mit sich bringt, falls ein stabiles Mengen-Preis-Muster unterstellt wird. Zur Beantwortung werden Resultate aus TABELLE 5.6 mit externen Informationen kombiniert: Nach den Ergebnissen für die logarithmische Schätzform müsste z.B. bei einer Erhöhung des Preises pro Gramm Heroin von 100 auf

---

[7]Ein ähnlicher Befund ergibt sich übrigens auch dann, wenn man die Schätzmodelle durch zusätzliche Variablen (z.B. Einkommen) erweitert.

200 CHF eine Konsumreduktion um 120% und damit Abstinenz des durchschnittlichen Benutzers resultieren; trotz entsprechend hoher Preise in der Vergangenheit (siehe z.B. Farell, Mansur und Tullis 1996 für die 80er Jahre) gab es damals aber durchaus Heroinkonsumenten in der Schweiz. Im Gegensatz zur log-reziproken Schätzform erklärt die Spezifikation mit konstanter Elastizität daher die damalige Heroinnachfrage nicht. Somit beschreibt die logarithmische Schätzform kein stabiles Nachfragemuster.

Nimmt man also eine zeitinvariante Beziehung zwischen Menge und Preis für den Durchschnittsbenutzer an, dann scheint die log-reziproke Form aus inhaltlicher Sicht überlegen.[8] Unterstellt man deswegen ein stabiles Nachfragemuster im Sinne der log-reziproken Schätzform, dann müssten die (in TABELLE 5.6 angegebenen) prozentualen Mengeneffekte von Preisänderungen gelten. Somit würde eine Preissenkung von 100 auf 10 CHF drastische Effekte für den Heroinverbrauch des durchschnittlichen Benutzers haben – ausgehend von 10,6 Gramm Monatskonsum (oder 0,4 Gramm pro Tag) bei 100 CHF ergäbe sich allein durch die Preissenkung auf 10 CHF eine Steigerung auf 86 Gramm im Monat (oder 2,9 Gramm Tageskonsum). Schon aus physiologischen Gründen ist fraglich, ob für den durchschnittlichen Benutzer tatsächlich eine derartig starke Ausweitung des täglichen Heroinkonsums (mehr als 800%) erwartet werden kann.[9]

Aber selbst wenn man eine solche drastische Mengenreaktion nicht von vornherein ausschliesst, gibt es ein gewichtiges Argument gegen weitreichende Schlussfolgerungen auf der Basis der (in TABELLE 5.6) prognostizierten Mengeneffekte für die log-reziproke Schätzform. Eine extreme Preissenkung (z.B. von 100 auf 10 CHF) kann nämlich Neueinstiege fördern, die eventuell zu einer quantitativen und/oder qualitativen Veränderung des durchschnittlichen Nachfragemusters führen. Diese Aussage reflektiert, dass die untersuchte gegenwärtige Konsumentenpopulation durch Selbstselektion ("self selection") charakterisiert werden kann. Mithin ist keineswegs auszuschliessen,

---

[8]Dies gilt auch deshalb, weil die log-reziproke Schätzform eher mit Befunden zur Heroinpreiselastizität aus verschiedenen Zeitperioden und Ländern kompatibel scheint.

[9]Dieser Eindruck ergibt sich u.a. deshalb, weil in der gesamten Stichprobe (gültige Fälle $n = 904$) lediglich 4,5% (41 Personen) einen extrem hohen Tageskonsum von mindestens 2,9 Gramm während der letzten vier Wochen vor der Befragung angaben.

5 Nachfragemenge und Drogenpreis

dass die für sie typische Mengen-Preis-Beziehung sowohl bezüglich der nummerischen Befunde als auch bezüglich der funktionalen Form von derjenigen Beziehung abweicht, die sich nach etwaigen Neueinstiegen im Gefolge eines drastischen Preisverfalls ergeben würde.

Insgesamt ist es daher sehr zweifelhaft, ob eine (auf der Grundlage von Benutzerinformationen) geschätzte Mengen-Preis-Beziehung des Durchschnittsverbrauchers bei einer preissenkenden Drogenpolitik stabil bleiben wird. Liegt aber kein stabiles Nachfragemuster vor, dann sind die Konsequenzen einer solchen Politik erheblich schwerer zu prognostizieren. Weitgehend analoge Argumente gelten natürlich auch dann, wenn man die Konsequenzen einer preistreibenden Verbotspolitik absehen will. Mithin erlauben Schätzungen der Mengen-Preis-Beziehung aufgrund von einschlägigen Daten über die aktuelle Benutzerpopulation kaum verlässliche Aussagen darüber, inwieweit eine rigorosere Verbotspolitik den Drogengebrauch reduzieren wird. Diese Folgerung gilt im übrigen auch deshalb, weil zusätzliche Konsumdeterminanten (z.B. Einkommen) zur Gewährleistung von Vergleichen mit den US-Befunden bisher ausgeklammert blieben. Weil die Nachfrage nach harten Drogen aber kaum nur eine Funktion des jeweiligen Preises ist, empfiehlt sich die Berücksichtigung weiterer Einflussgrössen im Rahmen von multivariaten Analysen.

Kapitel 6

Sozioökonomische Nachfrageeinflüsse

Norman Braun, Roger Berger und Claudia Zahner

Man kann wohl davon ausgehen, dass selbst die Drogennachfrage von langjährigen Benutzern mit einer ganzen Reihe von Variablen variiert. Aufgrund der Mängel des bisher vorliegenden Datenmaterials beziehen sich jedoch auch neuere empirische Nachfragestudien überwiegend nur auf den Zusammenhang zwischen Menge und Preis (siehe Kapitel 5). Es ist daher weitgehend unklar, welche anderen Variablen überhaupt wesentlich mit der Nachfragemenge des typischen Benutzers zusammenhängen und wie stark ihre Beziehungen mit dessen Nachfrage nach Heroin und Kokain sind.

Das vorliegende Kapitel beschäftigt sich mit diesen Fragen. Dafür werden zunächst einige theoretische Überlegungen zu potenziellen Einflussgrössen angestellt und empirisch testbare Hypothesen formuliert. Anhand der im Sommer 1997 in Basel, Bern und Zürich erhobenen Daten erfolgt (nach einer entsprechenden Operationalisierung der Variablen) eine empirische Prüfung der Hypothesen im Rahmen von multivariaten Regressionsanalysen zur Nachfrage nach harten Drogen. Abschliessend werden die Resultate zur Kokain- und Heroinnachfrage kontrastiert und diskutiert.

6.1 Hypothesen und Operationalisierung

Die Frage "Mit welchen wesentlichen Variablen verändert sich die Nachfrage des typischen Verbrauchers harter Drogen?" ist zunächst zu beantworten. Für die Formulierung von testbaren Hypothesen empfiehlt sich deswegen ein Blick auf einschlägige theoretische Ansätze. Um die empirischen Nachfrageschätzungen mit Hilfe der 97er Befragungsdaten vorzubereiten, wird danach die Operationalisierung der Variablen besprochen.

6.1.1 Theoretische Grundlagen

Aus interdisziplinärer Sicht (Kriminologie, Ökonomik, Psychologie, Soziologie) besteht kein Mangel an theoretischen Antworten auf die Frage nach den Einflüssen auf die Nachfrage nach harten Drogen, wobei die jeweiligen Überlegungen mehr oder weniger präzise ausformuliert sind. Eine integrative Klammer für die einschlägigen Theorien ergibt sich, wenn man in Übereinstimmung mit der Verbotspolitik anreizgeleitetes individuelles Verhalten postuliert (vgl. hierzu und weiterführend Braun 1998). Es lassen sich dann insbesondere die folgenden Ansätze unterscheiden (siehe auch Kapitel 4 und 5):

- Preis- und Kriminalitätstheorien: Annahmegemäss existieren Opportunitätsbeschränkungen und Bestrafungsrisiken für den typischen Benutzer illegaler Drogen. Aus ökonomischer Sicht dürften daher (zusätzlich zum Drogenpreis) das individuelle Einkommen und die erfahrene polizeiliche Umsetzung der Verbotspolitik wesentliche Determinanten seiner Drogennachfrage sein.

- Gewohnheits- und Suchttheorien: Annahmegemäss beeinflusst die individuelle Konsumgeschichte einer Droge die gegenwärtigen und zukünftigen Präferenzen für ihren Verbrauch. Als Folge hängen die Nachfrageentscheidungen des typischen Drogenbenutzers (neben dem Preis der Droge) vom Ausmass der dadurch bedingten Gewohnheit oder Sucht ab.

- Kooperations- und Netzwerktheorien: Annahmegemäss sind Transaktionen in einem Schwarzmarkt mit grösseren Unsicherheiten behafte

6 Sozioökonomische Nachfrageeinflüsse

(z.B. kein externer "Erzwingungsstab", polizeiliche Aktivitäten, variierende Stoffqualität), was die Bedeutung der Vernetzung für Marktteilnehmer erhöht. Allein aufgrund der verbotsbedingten Unwägbarkeiten dürfte die Drogennachfrage eines repräsentativen Konsumenten daher mit der Intensität seiner Beziehungen zu Händlern und den sich dadurch ergebenden Möglichkeiten (z.b. "Naturaltausch" bei Vermittlungstätigkeiten) zusammenhängen.

- Assoziations- und Integrationstheorien: Annahmegemäss beeinflusst der jeweilige Umgang ("differentielle Assoziation") die Entscheidungen über "abweichendes" Verhalten und die jeweiligen Marktmöglichkeiten. Als Konsequenz wird eine stärkere Szenepräsenz z.B. im Zuge von Kaufhandlungen mit verstärktem Substanzgebrauch einhergehen. Gleichzeitig wird eine bessere Integration in die "normale" Gesellschaft mit einer verminderten Drogennachfrage korrespondieren.

Ausgehend von diesen Grundüberlegungen kann man einige plausible und empirisch prüfbare Zusammenhangshypothesen formulieren:

Einkommensthese: Die Nachfragemenge eines Benutzers harter Drogen variiert positiv mit seinem verfügbaren Einkommen.

Preisthese: Die Nachfragemenge eines Drogenverbrauchers variiert negativ mit dem jeweiligen Preis pro Einheit der Substanz.

Repressionsthese: Die Nachfragemenge eines Konsumenten von Heroin und/oder Kokain variiert negativ mit der erfahrenen behördlichen Aktivität zur Verbotsumsetzung.

Suchtthese: Die Nachfragemenge eines Verbrauchers harter Drogen variiert positiv mit seiner Konsumgeschichte bezüglich dieser Substanzen.

Stammhändlerthese: Die Nachfragemenge eines Drogenbenutzers variiert positiv mit dem Zugriff auf zumindest einen Stammhändler.

Szenetätigkeitsthese: Die Nachfragemenge eines Drogenverbrauchers variiert positiv mit einer Tätigkeit (z.B. Vermitteln) für Händler.

Szenekaufthese: Die Nachfragemenge eines Benutzers von Heroin und/oder Kokain variiert positiv mit seinen Szeneauftritten bei Kaufhandlungen.

Integrationsthese: Die Nachfragemenge eines Konsumenten harter Drogen variiert negativ mit seiner Integration in die "normale" Gesellschaft.

Diese Hypothesen beschreiben keine Kausalbeziehungen. Zudem beziehen sich einige dieser Zusammenhangsaussagen auf schwer fassbare Variablen. Beispielsweise ist es zunächst einmal unklar, wie man die Konsumgeschichte einer Person oder ihre soziale Integration messen kann. Die Operationalisierung der Variablen für die empirische Analyse ist daher genauer zu besprechen.

6.1.2 Messung der Variablen

Die angemessene Konzeptualisierung der Drogennachfrage ist in Schwarzmarktstudien mit Individualdaten bekanntlich keineswegs klar (siehe Kapitel 5). Für Heroin und Kokain werden daher im Folgenden jeweils zwei verschiedene Nachfragekonzepte verwendet: Unterschieden wird nämlich zwischen (a) der (auf den Monat hochgerechneten) "täglichen Konsummenge" aller Befragten und (b) der berichteten "üblichen Kaufmenge" pro Monat sämtlicher Nichtverkäufer. Neben diesen Nachfragegrössen weisen auch einige andere Variablen metrisches Skalenniveau auf:

- üblicherweise bezahlter Grammpreis von Kokain oder Heroin in CHF,
- derzeit verfügbares Monatseinkommen in CHF,
- Zahl der im letzten Monat erhaltenen Anzeigen wegen Verstössen gegen das Betäubungsmittelgesetz.

Die letztgenannte Variable dient als Indikator für die Intensität der persönlich erfahrenen Repression. Die Messung der übrigen theoretischen Konstrukte erfolgt dagegen mit binären Variablen, wobei die Kodierung jeweils angegeben ist:

- Sucht (täglicher Konsum von Heroin und/oder Kokain und/oder deren Kombination = 1 als "Proxy" für eine exzessivere Konsumgeschichte und damit eine bestehende Abhängigkeit von harten Drogen),

- Stammhändler (Zugriff auf mindestens einen Stammhändler = 1),

- Szenetätigkeit (Tätigkeiten für zumindest einen Dealer und/oder Stoffbezahlung durch Tätigkeiten = 1),

- Szenekauf (Drogenbeschaffung mehrmals pro Woche ausserhalb von privaten Räumen = 1),

- Legale Einkünfte (Erzielung eines Lohneinkommens bei gleichzeitigem Ausschluss illegaler Einkünfte = 1 als "Proxy" für einen ersten Teilaspekt von sozialer Integration),

- Abstinente Freunde (Zumindest die Mehrheit des eigenen Freundeskreis konsumiert keine harten Drogen = 1 als "Proxy" für einen zweiten Teilaspekt von sozialer Integration),

- Fester Wohnsitz (Vorhandensein eines festen Wohnsitzes = 1 als "Proxy" für einen dritten Teilaspekt von sozialer Integration).

Während die Variablen "Stammhändler", "Szenetätigkeit" und "Szenekauf" kaum strittig erscheinen, lässt sich dies für die Operationalisierung der übrigen binären Variablen weniger sagen. Die Variable "Sucht" reflektiert letztlich nur die Überlegung, dass der tägliche Gebrauch von harten Drogen als das Ausleben eines besonders starken Bedürfnisses nach diesen Substanzen interpretiert werden kann. Nun gibt es gerade für den Suchtbegriff eine Vielzahl von komplexen Deutungen und Definitionen (siehe die Diskussion in Braun 1998). Letzteres weist darauf hin, dass sich der Suchtbegriff hartnäckig einer relativ einfachen und hinreichend präzisen Umschreibung entzieht. Es ist klar, dass seine angeführte Operationalisierung daher leicht angegriffen werden kann.

Kritisch kann man auch die gewählten Indikatoren für die bestehende Einbettung in die "normale" Gesellschaft sehen. Zu bedenken ist hierbei allerdings, dass die Variablen "Legale Einkünfte", "Abstinente Freunde" und

"Fester Wohnsitz" zweifellos wichtige Dimensionen des Integrationsbegriffs abdecken. Zudem existiert (nach unserem Wissen) bisher keine allgemein akzeptierte Konvention zu seiner empirischen Erfassung. Es ist daher sinnvoll, die Nachfrageschätzungen mit diesen Variablen durchzuführen.

6.2 Multivariate Nachfrageschätzungen

Auf der Grundlage des 97er Datensatzes und der Operationalisierung von Variablen lassen sich die beschriebenen Überlegungen im Rahmen von multivariaten Regressionanalysen prüfen. Ausgehend von den Ergebnissen zur funktionalen Form der Mengen-Preis-Beziehung (siehe Kapitel 5) und unter Verwendung unterschiedlicher Mengenkonzepte (Konsummenge in der Gesamtstichprobe oder übliche Kaufmenge in der Teilstichprobe der Nichtverkäufer) werden hierfür jeweils separate Nachfragefunktionen für Kokain und Heroin geschätzt.

6.2.1 Nachfrage nach Kokain

Der systematische Vergleich verschiedener Spezifikationen des Mengen-Preis-Zusammenhangs anhand der 97er Befragungsdaten hat gezeigt, dass die logarithmischen und log-linearen Schätzformen (siehe TABELLE 5.1 bis TABELLE 5.3) besonders gute Beschreibungen dieses Zusammenhangs bei Kokain erlauben. Verwendet man also Konsummenge und Kaufmenge jeweils als Konzeption der Kokainnachfrage, so erscheint die Verwendung dieser Formen für die Abbildung der Mengen-Preis-Beziehung auch bei der Einbeziehung zusätzlicher Variablen sinnvoll.

Ausgehend von diesen Überlegungen wurden der monatliche Kokainkonsum und die übliche Kokainkaufmenge im Rahmen von multivariaten Regressionsanalysen zur Prüfung der obigen Hypothesen mit sämtlichen erwähnten Variablen verknüpft, wobei jeweils die Methode der kleinsten Quadrate ("Ordinary Least Squares", OLS) zur Parameterschätzung verwendet wurde. Dabei zeigte sich zum einen, dass keineswegs alle Variablen mit der Kokainnachfrage variieren und zum anderen, dass nicht alle theoretisch erwartbaren Zusammenhänge gelten.

6 Sozioökonomische Nachfrageeinflüsse

Zur Verdeutlichung dieser Aussagen empfiehlt sich ein Blick auf TABELLE 6.1 und TABELLE 6.2. Sie berichten die Resultate der multivariaten OLS-Regressionen der monatlichen Konsummenge und üblichen Kaufmenge von Kokain für die unterschiedlichen Formen des Mengen-Preis-Zusammenhangs, wenn man aussschliesslich statistisch signifikante Variablen berücksichtigt. Sie erlauben insbesondere folgende Schlüsse:

- Unabhängig von der jeweiligen Nachfragekonzeption variieren die Variablen "Einkommen", "Preis", "Sucht", "Szenekauf" und die Indikatoren der sozialen Integration ("Legale Einkünfte", "Abstinente Freunde", "Fester Wohnsitz") signifikant mit der Kokainmenge. Im Gegensatz zu den theoretischen Erwartungen gilt dies für die Variablen "Stammhändler" und "Szenetätigkeit" nicht – sie spielen keine zentrale Rolle für die Kokainnachfrage.

- Ein ähnlicher Befund ergibt sich, wenn man nach dem Zusammenhang der Variable "Repression" mit der Kaufmenge an Kokain fragt. Danach variiert die übliche Kaufmenge des typischen Kokainkonsumenten nicht signifikant mit der persönlich erfahrenen Repression (Anzeigen pro Monat wegen Verstössen gegen das Betäubungsmittelgesetz).

- Noch bemerkenswerter ist die Beziehung zwischen "Repression" und der Konsummenge an Kokain bei der multivariaten Schätzung. Obwohl sich hier ein signifikanter Zusammenhang nachweisen lässt, entspricht die Beziehung keineswegs den theoretischen Erwartungen. Trotz der statistischen Kontrolle für etwaige Szeneauftritte ("Szenekauf") verändert sich der Kokainkonsum vielmehr positiv mit der persönlich erfahrenen Repression. Zwar handelt es sich hierbei um einen sehr schwachen Effekt (siehe Abschnitt 6.3). Aber selbst wenn man von einem Nulleffekt ausgeht, kann die theoretische Repressionsthese für Kokain zurückgewiesen werden.

Die Widerlegung der Repressionsthese legt natürlich Zweifel an der Effektivität der polizeilichen Verbotsumsetzung gegenüber den regelmässigen Benutzern von Kokain nahe. Es stellt sich daher u.a. die Frage, ob sich ein

TABELLE 6.1: MULTIVARIATE OLS-REGRESSIONEN DER MONATLICHEN
KONSUM- UND KAUFMENGEN VON KOKAIN BEI LOGARITHMISCHER
SCHÄTZFORM DER MENGEN-PREIS-BEZIEHUNG

Konstante u. Variablen	Konsummenge ($n = 685$) Schätzwert	t-Wert	Kaufmenge ($n = 489$) Schätzwert	t-Wert
Konstante α	233,039	8,317	4401,031	12,914
Preis p	$-1,148$	$-12,246$	$-1,757$	$-20,353$
Einkommen y	0,333	6,185	0,274	4,316
Sucht b_S	0,644	6,462	0,324	3,632
Szenekauf b_K	0,262	2,660	0,654	7,090
Legale Einkünfte b_L	$-0,322$	$-3,080$	$-0,300$	$-3,320$
Abstinente Freunde b_F	$-0,400$	$-3,880$	$-0,284$	$-3,072$
Fester Wohnsitz b_W	$-0,473$	$-3,955$	$-0,358$	$-2,795$
Repression r	0,109	3,536	$-,-$	$-,-$
Anpassungsgüte R^2	0,408		0,535	

Bemerkungen: Der Konsummengenfall bezieht sich auf die gültigen Fälle der Gesamtstichprobe, während sich das Kaufmengenszenario auf die gültigen Fälle aus der Teilstichprobe der Nichtverkäufer beschränkt. Das Schätzmodell ist jeweils $\ln q = a + \beta \ln p + \gamma \ln y + \sum_i \delta_{b_i} b_i + \rho r$, wobei $a = \ln \alpha$ und b_i die i-te binäre Variable (b_F, b_K, b_L, b_S, b_W) bezeichnet. Angegeben sind die Schätzwerte der mit griechischen Buchstaben bezeichneten Parameter der korrespondierenden Nachfragefunktion $q = \alpha p^\beta \exp(\sum_i \delta_{b_i} b_i + \rho r) y^\gamma$ mit $\exp(1) = e = 2{,}718...$ Für die metrischen Variablen ergeben sich somit die Elastizitätsfunktionen $\varepsilon(p) = \beta$, $\varepsilon(r) = \rho r$ und $\varepsilon(y) = \gamma$, die nach einer Bewertung (z.B. am Mittelwert) prozentuale Mengenreaktionen auf einprozentige Variationen der jeweiligen unabhängigen Variablen festlegen. Gleichfalls nach der Wahl eines Referenzfalls (z.B. Durchschnittsverbrauch an der Stelle $b_i = 0$) kann man den Effekt der i-ten binären Variablen b_i durch den Faktor $\exp(\delta_{b_i})$ oder den Prozentsatz $(\exp(\delta_{b_i}) - 1) \times 100$ ausdrücken.

TABELLE 6.2: MULTIVARIATE OLS-REGRESSIONEN DER MONATLICHEN KONSUM- UND KAUFMENGEN VON KOKAIN BEI LOG-LINEARER SCHÄTZFORM DER MENGEN-PREIS-BEZIEHUNG

Konstante u. Variablen	Konsummenge ($n = 685$) Schätzwert	t-Wert	Kaufmenge ($n = 489$) Schätzwert	t-Wert
Konstante α	0,477	1,089	0,695	1,361
Preis p	−0,005	−12,237	−0,007	−19,172
Einkommen y	0,342	6,367	0,277	4,250
Sucht b_S	0,668	6,698	0,340	3,717
Szenekauf b_K	0,231	2,355	0,611	6,463
Legale Einkünfte b_L	−0,339	−3,247	−0,299	−3,221
Abstinente Freunde b_F	−0,388	−3,766	−0,312	−3,284
Fester Wohnsitz b_W	−0,467	−3,899	−0,367	−2,794
Repression r	0,110	3,566	−,−	−,−
Anpassungsgüte R^2	0,407		0,510	

Bemerkungen: Der Konsummengenfall bezieht sich auf die gültigen Fälle der Gesamtstichprobe, während sich das Kaufmengenszenario auf die gültigen Fälle aus der Teilstichprobe der Nichtverkäufer beschränkt. Das Schätzmodell ist jeweils $\ln q = \alpha + \beta p + \gamma \ln y + \sum_i \delta_{b_i} b_i + \rho r$, wobei b_i die i-te binäre Variable (b_F, b_K, b_L, b_S, b_W) bezeichnet. Angegeben sind die Schätzwerte der mit griechischen Buchstaben bezeichneten Parameter der korrespondierenden Nachfragefunktion $q = \exp(\alpha + \beta p + \sum_i \delta_{b_i} b_i + \rho r) y^\gamma$ mit $\exp(1) = e = 2{,}718\ldots$ Für die metrischen Variablen ergeben sich somit die Elastizitätsfunktionen $\varepsilon(p) = \beta p$, $\varepsilon(r) = \rho r$ und $\varepsilon(y) = \gamma$, die bei Berücksichtigung der Schätzresultate nach einer Bewertung (z.B. am Mittelwert) prozentuale Mengenreaktionen auf einprozentige Variationen der jeweiligen unabhängigen Variablen festlegen. Gleichfalls nach der Wahl eines Referenzfalles (z.B. Durchschnittsverbrauch an der Stelle $b_i = 0$) kann man den Effekt der i-ten binären Variablen b_i durch den Faktor $\exp(\delta_{b_i})$ oder den Prozentsatz $(\exp(\delta_{b_i}) - 1) \times 100$ ausdrücken.

ähnlicher Befund auch bei der multivariaten Analyse der Heroinnachfrage ergibt.

6.2.2 Nachfrage nach Heroin

Bekanntlich hat der systematische Vergleich verschiedener Spezifikationen des Mengen-Preis-Zusammenhangs anhand der 97er Befragungsdaten gezeigt, dass die log-reziproken und logarithmischen Schätzformen (siehe TABELLE 5.1 bis TABELLE 5.3) besonders gute Beschreibungen dieses Zusammenhangs bei Heroin gewährleisten. Verwendet man also Konsummenge und Kaufmenge jeweils als Konzeption der Heroinnachfrage, dann erscheint die Verwendung dieser Formen für die Deskription der Mengen-Preis-Beziehung auch bei der Einbeziehung zusätzlicher Variablen angebracht.

Diese Überlegungen bildeten die Grundlage für multivariate OLS-Regressionen des monatlichen Heroinkonsums und der üblichen Heroinkaufmenge auf sämtliche Variablen zur Prüfung der obigen Hypothesen. Interessanterweise zeigte sich auch bei der Untersuchung der Heroinnachfrage, dass keineswegs allen Variablen eine wesentliche Rolle zukommt und dass nicht alle theoretisch erwartbaren Zusammenhänge gelten.

Diese Aussagen werden durch TABELLE 6.3 und TABELLE 6.4 belegt. Sie berichten Resultate der multivariaten OLS-Regressionen der monatlichen Konsummenge und üblichen Kaufmenge von Heroin für die beiden Formen des Mengen-Preis-Zusammenhangs, wenn man aussschliesslich statistisch signifikante Variablen berücksichtigt. Die Schätzergebnisse erlauben insbesondere die folgenden Schlüsse:

- Unabhängig von der jeweiligen Nachfragekonzeption verändern sich die Variablen "Einkommen", "Preis", "Sucht", und "Szenekauf" signifikant mit der Heroinmenge. Entgegen den theoretischen Erwartungen (und den Befunden für Kokain) gilt dies für die Indikatoren der sozialen Integration ("Legale Einkünfte", "Abstinente Freunde", "Fester Wohnsitz") nicht.

- Die Variablen "Stammhändler" und "Szenetätigkeit" haben nicht bei jeder multivariaten Schätzung der Heroinnachfrage signifikante Effekte. Plausiblerweise spielt die Präsenz eines Stammhändlers eher eine

TABELLE 6.3: MULTIVARIATE OLS-REGRESSIONEN DER MONATLICHEN KONSUM- UND KAUFMENGEN VON HEROIN BEI LOGARITHMISCHER SCHÄTZFORM DER MENGEN-PREIS-BEZIEHUNG

Konstante u. Variablen	Konsummenge ($n = 799$) Schätzwert	t-Wert	Kaufmenge ($n = 490$) Schätzwert	t-Wert
Konstante α	19,259	6,644	398,617	10,918
Preis p	−0,648	−10,898	−1,557	−21,314
Einkommen y	0,177	4,545	0,284	4,968
Sucht b_S	1,043	15,082	0,761	10,073
Szenekauf b_K	0,316	4,739	0,785	10,140
Stammhändler b_H	0,234	3,389	0,378	5,140
Szenetätigkeit b_T	0,203	3,186	−,−	−,−
Repression r	0,094	4,266	−,−	−,−
Anpassungsgüte R^2	0,519		0,655	

Bemerkungen: Der Konsummengenfall bezieht sich auf die gültigen Fälle der Gesamtstichprobe, während sich das Kaufmengenszenario auf die gültigen Fälle aus der Teilstichprobe der Nichtverkäufer beschränkt. Das Schätzmodell ist jeweils $\ln q = a + \beta \ln p + \gamma \ln y + \sum_i \delta_{b_i} b_i + \rho r$, wobei $a = \ln \alpha$ und b_i die i-te binäre Variable (b_H, b_K, b_S, b_T) bezeichnet. Angegeben sind die Schätzwerte der mit griechischen Buchstaben bezeichneten Parameter der korrespondierenden Nachfragefunktion $q = \alpha p^\beta \exp(\sum_i \delta_{b_i} b_i + \rho r) y^\gamma$ mit $\exp(1) = e = 2,718...$ Für die metrischen Variablen ergeben sich somit die Elastizitätsfunktionen $\varepsilon(p) = \beta$, $\varepsilon(r) = \rho r$ und $\varepsilon(y) = \gamma$, die nach einer Bewertung (z.B. am Mittelwert) prozentuale Mengenreaktionen auf einprozentige Variationen der jeweiligen unabhängigen Variablen festlegen. Gleichfalls nach der Wahl eines Referenzfalls z.B. Durchschnittsverbrauch an der Stelle $b_i = 0$) kann man den Effekt der i-ten binären Variablen b_i durch den Faktor $\exp(\delta_{b_i})$ oder den Prozentsatz $(\exp(\delta_{b_i}) - 1) \times 100$ ausdrücken.

TABELLE 6.4: MULTIVARIATE OLS-REGRESSIONEN DER MONATLICHEN KONSUM- UND KAUFMENGEN VON HEROIN BEI LOG-REZIPROKER SCHÄTZFORM DER MENGEN-PREIS-BEZIEHUNG

Konstante u. Variablen	Konsummenge ($n = 817$)		Kaufmenge ($n = 490$)	
	Schätzwert	t-Wert	Schätzwert	t-Wert
Konstante α	0,542	2,013	0,054	6,774
Preis p	57,238	11,574	157,569	23,103
Einkommen y	0,183	4,692	0,277	5,048
Sucht b_S	1,100	16,156	0,747	10,291
Szenekauf b_K	0,295	4,425	0,821	11,023
Stammhändler b_H	–,–	–,–	0,385	5,468
Szenetätigkeit b_T	0,217	3,438	–,–	–,–
Repression r	0,096	4,373	–,–	–,–
Anpassungsgüte R^2	0,505		0,682	

Bemerkungen: Der Konsummengenfall bezieht sich auf die gültigen Fälle der Gesamtstichprobe, während sich das Kaufmengenszenario auf die gültigen Fälle aus der Teilstichprobe der Nichtverkäufer beschränkt. Das Schätzmodell ist jeweils $\ln q = a + \beta(1/p) + \gamma \ln y + \sum_i \delta_{b_i} b_i + \rho r$, wobei $a = \ln \alpha$ und b_i die i-te binäre Variable (b_H, b_K, b_S, b_T) bezeichnet. Angegeben sind die Schätzwerte der mit griechischen Buchstaben bezeichneten Parameter der korrespondierenden Nachfragefunktion $q = \alpha \exp((\beta/p) + \sum_i \delta_{b_i} b_i + \rho r) y^\gamma$ mit $\exp(1) = e = 2{,}718...$ Für die metrischen Variablen ergeben sich somit die Elastizitätsfunktionen $\varepsilon(p) = -\beta/p$, $\varepsilon(r) = \rho r$ und $\varepsilon(y) = \gamma$, die nach einer Bewertung (z.B. am Mittelwert) prozentuale Mengenreaktionen auf einprozentige Variationen der jeweiligen unabhängigen Variablen festlegen. Gleichfalls nach der Wahl eines Referenzfalls (z.B. Durchschnittsverbrauch an der Stelle $b_i = 0$) kann man den Effekt der i-ten binären Variablen b_i durch den Faktor $\exp(\delta_{b_i})$ oder den Prozentsatz $(\exp(\delta_{b_i}) - 1) \times 100$ ausdrücken.

zentrale Rolle für die übliche Kaufmenge von Heroin, während etwaige Tätigkeiten für Verkäufer nur mit dem Heroinkonsum wesentlich variieren.

- Ein gleichfalls von der Mengenkonzeption abhängiger Befund ergibt sich, wenn man nach den Zusammenhängen der Variable "Repression" mit der Konsum- und Kaufmenge an Heroin fragt. In Übereinstimmung mit den Befunden bei Kokain verändert sich die übliche Kaufmenge des typischen Heroinbenutzers nicht signifikant mit der persönlich erfahrenen Repression (Anzeigen pro Monat wegen Verstössen gegen das Betäubungsmittelgesetz).

- Bei der Beziehung zwischen der Konsummenge und der erfahrenen Repression zeigt sich allerdings wiederum ein unerwarteter Effekt. Obwohl sich (wie bei Kokain) ein signifikanter Zusammenhang ergibt, widerspricht die Beziehung den theoretischen Erwartungen. Trotz der statistischen Kontrolle für etwaige Szeneauftritte ("Szenekauf") verändert sich auch der Heroinkonsum positiv mit der persönlich erfahrenen Repression. Zwar handelt es sich wiederum um einen recht schwachen Effekt (siehe Abschnitt 6.3). Dennoch kann die theoretische Repressionsthese auch für Heroin zurückgewiesen werden.

Diese Aussagen beziehen sich auf die Signifikanz und die Richtung der Zusammenhänge. Sie weisen auf Parallelen und Unterschiede zwischen Heroin und Kokain hin. Zudem erlauben sie Rückschlüsse auf die Gültigkeit der theoretischen Vorhersagen für die einzelnen Substanzen. Daneben können die zugrundeliegenden Schätzresultate zur Bestimmung der Grösseneffekte verwendet werden, um substanzspezifische Vergleiche anzustellen.

6.3 Effektstärken bei Kokain und Heroin

Ausgehend von den präsentierten Schätzergebnissen kann die Frage "Wie variiert die Drogennachfrage des Durchschnittsbenutzers von Heroin und Kokain mit den verschiedenen Variablen?" beantwortet werden. Dabei erweist sich die Unterscheidung zwischen binären und metrischen Variablen als zweckmässig. Zunächst werden daher die gemittelten Zusammenhänge zwischen der Nachfrage nach Heroin oder Kokain und den binären Variablen präsentiert. Abschliessend stehen die Elastizitäten der Nachfrage (d.h. die prozentualen Nachfragereaktionen auf einprozentige Variationen der einzelnen metrischen Variablen) im Mittelpunkt.

6.3.1 Gemittelte Zusammenhänge

Beschränkt man sich auf die binären Variablen, so hängt die Nachfrage nach sowohl Kokain als auch Heroin erwartungsgemäss positiv mit der Sucht und den Szeneauftritten bei Kaufhandlungen zusammen. Die Kokainnachfrage des typischen Benutzers ist zudem dadurch gekennzeichnet, dass sie systematisch mit Aspekten seiner sozialen Integration abnimmt. Dagegen erhöht sich die Heroinnachfrage mit etwaigen Kontakten zu Stammhändlern und Tätigkeiten für Drogenverkäufer.

Aufgrund dieser substanzspezifischen Unterschiede ist es sinnvoll, die Mengeneffekte der signifikanten binären Variablen für Kokain und Heroin separat auszuweisen. Daneben wurden bekanntlich verschiedene Spezifikationen des Mengen-Preis-Zusammenhangs bei den multivariaten Analysen verwendet. Für möglichst robuste quantitative Aussagen empfiehlt sich deswegen eine Durchschnittsbildung über die jeweiligen modellspezifischen Resultate zu jeder Einflussgrösse.

TABELLE 6.5 informiert über die gemittelten Nachfrageeffekte bei Kokain. Die dort angegebenen Veränderungen der Konsum- und Kaufmenge sind Prozenteffekte, die sich jeweils auf die durchschnittliche Nachfragemenge vor dem "Sprung" der betrachteten binären Grösse (von 0 auf 1) beziehen. Beispielsweise geht danach mit dem Einstieg in den täglichen Konsum harter Drogen (d.h. "Sucht" im Sinne der obigen Definition) eine mittlere Erhöhung des Kokainkonsums um 92,72% einher, wobei sich die Prozentuierung auf den Kokainverbrauch eines nichtsüchtigen Durchschnittsbenutzers bezieht. Ohne nun die einzelnen Effekte aus TABELLE 6.5 nochmals aufzulisten, ergeben sich zumindest zwei generelle Folgerungen zur Kokainnachfrage:

TABELLE 6.5: MITTLERE PROZENTUALE EFFEKTE VERSCHIEDENER BINÄRER VARIABLEN AUF DIE MONATLICH KONSUMIERTE ODER ÜBLICHERWEISE GEKAUFTE MENGE AN KOKAIN

Binäre Variable Nachfragekonzeption	Durchschnitt der (modellspezifischen) prozentualen Effekte
Sucht b_S	
Konsummenge	92,72
Kaufmenge	39,38
Szenekauf b_K	
Konsummenge	27,97
Kaufmenge	88,28
Legale Einkünfte b_L	
Konsummenge	−28,14
Kaufmenge	−25,88
Abstinente Freunde b_F	
Konsummenge	−32,57
Kaufmenge	−25,76
Fester Wohnsitz b_W	
Konsummenge	−37,50
Kaufmenge	−30,37

Bemerkungen: TABELLE 6.1 und TABELLE 6.2 informieren über die grundlegenden Grössen und die Berechnung der Mengeneffekte der i-ten binären Variable b_i, wobei sich die Prozentuierung jeweils auf die Konsum- oder Kaufmenge des typischen Kokainbenutzers für das Szenario $b_i = 0$ bezieht. Die angegebenen Werte ergeben sich jeweils als Durchschnitte der modellspezifischen prozentualen Mengeneffekte.

TABELLE 6.6: MITTLERE PROZENTUALE EFFEKTE VERSCHIEDENER BINÄRER VARIABLEN AUF DIE MONATLICH KONSUMIERTE ODER ÜBLICHERWEISE GEKAUFTE MENGE AN HEROIN

Binäre Variable Konzeption der Nachfragemenge	Durchschnitt der (modellspezifischen) prozentualen Effekte
Sucht b_S	
Konsummenge	192,09
Kaufmenge	112,56
Szenekauf b_K	
Konsummenge	35,74
Kaufmenge	123,26
Stammdealer b_H	
Konsummenge	36,15
Kaufmenge	46,45
Szenetätigkeit b_T	
Konsummenge	23,57

Bemerkungen: TABELLE 6.3 und TABELLE 6.4 informieren über die grundlegenden Grössen und die Berechnung der Mengeneffekte der i-ten binären Variable b_i, wobei sich die Prozentuierung jeweils auf die Konsum- oder Kaufmenge des typischen Heroinbenutzers für das Szenario $b_i = 0$ bezieht. Die angegebenen Werte ergeben sich jeweils als Durchschnitte der modellspezifischen prozentualen Mengeneffekte.

- Unabhängig von der unterstellten Nachfragekonzeption haben die Indikatoren der sozialen Integration in etwa dieselben relativen Mengenminderungen zur Folge.

- Dies gilt weit weniger für die beiden anderen binären Variablen ("Sucht" und "Szenekauf"). Während die Aufnahme des täglichen Gebrauchs harter Drogen nahezu eine Verdopplung der Konsummenge mit sich bringt, korrespondiert damit nur eine Steigerung der üblichen Kaufmenge um etwas mehr als 39%. Die verstärkte Szenepräsenz für Kaufhandlungen geht dagegen mit einer über 88% erhöhten Kaufmenge einher, verändert aber die Konsummenge lediglich um etwa 30%.

Interessanterweise ergeben sich gleichfalls Unterschiede zwischen den mittleren Effekten von "Sucht" und "Szenekauf" bei Heroin, wenn man zwischen Konsum- und Kaufmenge differenziert. Dies wird deutlich in TABELLE 6.6. Vergleicht man zudem die prozentualen Mengeneffekte dieser Variablen bei Kokain und Heroin, so dominieren die Grösseneffekte von Heroin. Letzteres dürfte das bekanntlich höhere Suchtpotenzial von Heroin reflektieren (siehe Kapitel 5). Es stellt sich die Frage, ob sich eine analoge Aussage auch aufgrund der Elastizitäten der Nachfrage nach Kokain und Heroin ergibt.

6.3.2 Mittlere Elastizitätswerte

Bekanntlich gibt die Preiselastizität der Nachfrage (eventuell nach einer Bewertung z.B. am Durchschnittspreis) an, um wie viel Prozent sich die Nachfragemenge bei einer einprozentigen Variation des Preises ändert (siehe Kapitel 5). Das Elastizitätskonzept ist aber keineswegs auf den Preis beschränkt. Vielmehr lässt sich ein Elastizitätswert prinzipiell für jede metrisch gemessene Einflussgrösse bestimmen.

Bevor jedoch die Einkommens- und Repressionselastizitäten der Nachfrage nach Heroin und Kokain betrachtet werden, empfiehlt sich ein Vergleich der Preiselastizitäten der beiden Drogen. Ausgangspunkt hierfür sind die Preiselastizitätswerte, die sich bei multivariater Schätzung und einer eventuellen Bewertung an der Stelle des Preisdurchschnitts ergeben. TABELLE 6.7 stellt diese Werte den Elastizitäten gegenüber, die sich bei der

TABELLE 6.7: ELASTIZITÄTSSCHÄTZWERTE AM PREISMITTELWERT BEI BIVARIATER UND MULTIVARIATER NACHFRAGESCHÄTZUNG FÜR VERSCHIEDENE BEZIEHUNGEN ZWISCHEN DER MONATLICH KONSUMIERTEN ODER ÜBLICHERWEISE GEKAUFTEN MENGE AN KOKAIN UND HEROIN UND DEM JEWEILIGEN PREIS

Substanz Nachfragekonzept und Schätzform	Geschätzte Elastizität am Preismittelwert $\bar{p}$ (bivariate Analyse)	Geschätzte Elastizität am Preismittelwert $\bar{p}$ (multivariate Analyse)
Kokain		
Konsum, logarithmisch	−1,36	1,15
Konsum, log-linear	−1,15	−0,97
Kauf, logarithmisch	−1,76	−1,76
Kauf, log-linear	−1,49	−1,49
Heroin		
Konsum, logarithmisch	−1,10	−0,65
Konsum, log-reziprok	−0,85	−0,54
Kauf, logarithmisch	−1,72	−1,56
Kauf, log-reziprok	−1,35	−1,25

Bemerkungen: Im Gegensatz zu den logarithmischen Schätzmodellen hängt die Preiselastizität bei den anderen Formen von der Preishöhe ab (siehe TABELLE 5.3). Die bivariaten Analyseresultate sind aus TABELLE 5.5 übernommen. Die Elastizitätsschätzwerte aus der multivariaten Analyse beruhen auf TABELLE 6.1 bis TABELLE 6.4. Neben den einschlägigen Elastizitätsfunktionen finden sich dort die Parameterwerte für die Berechnung der modellspezifischen Elastizitäten an den jeweiligen Mittelwerten. Letztere unterscheiden sich nach der verwendeten Nachfragekonzeption. Wie in TABELLE 5.5 bezieht sich der Konsummengenfall auf die jeweils gültigen Fälle in der Gesamtstichprobe (Heroin: Preismittelwert $\bar{p}$ = 106 CHF, Kokain: Preismittelwert $\bar{p}$ = 194 CHF), während sich das Kaufmengenszenario jeweils auf die Teilstichprobe der Nicht-Verkäufer (Heroin: Preismittelwert $\bar{p}$ = 126 CHF, Kokain: Preismittelwert $\bar{p}$ = 213 CHF) beschränkt.

einfachen (bivariaten) Analyse der Mengen-Preis-Beziehung (siehe TABELLE 5.5) ergeben haben. Der Vergleich bringt zumindest drei Folgerungen:

- Falls die multivariaten Elastizitätswerte von den bivariaten Schätzwerten abweichen, so unterschreiten sie letztere betraglich. Mithin reduziert die Berücksichtigung von zusätzlichen Variablen die Stärke des Preiseffektes.

- Unabhängig von der Substanz, der Spezifikation der Mengen-Preis-Beziehung und der Analyseart (bivariat oder multivariat) ergeben sich im Konsummengenfall jeweils betraglich kleinere Elastizitätswerte am Preismittelwert als im Kaufmengenszenario. Die abweichenden Befunde für Konsum- und Kaufmenge zeigen, dass die Nachfragekonzeption die Preiselastizität selbst dann beeinflusst, wenn man weitere Nachfrageeinflüsse bei der Schätzung nicht von vornherein ausblendet.

- Weitgehend unabhängig von der verwendeten Mengenkonzeption und der jeweiligen Form der Mengen-Preis-Beziehung scheint allerdings zu gelten, dass die Heroinnachfrage auch bei multivariater Schätzung weniger preiselastisch reagiert als die Kokainnachfrage.

Letzteres wird deutlicher, wenn man auf der Grundlage von TABELLE 6.7 die mittleren Preiselastizitäten der Nachfrage durch Durchschnittsbildung über die modellspezifischen Schätzwerte berechnet. Die einschlägigen Werte sind u.a. in TABELLE 6.8 aufgelistet. Konzentriert man sich auf den Heroinkonsum (Heroinkauf), so ist eine im Durchschnitt preisunelastische (preiselastische) Nachfrage des repräsentativen Verbrauchers zu konstatieren. Betrachtet man dagegen Kokain, so liegt stets eine zumindest schwach preiselastische Nachfrage des typischen Benutzers vor. Wiederum weisen die Befunde damit darauf hin, dass Kokain ein geringeres Suchtpotenzial als Heroin hat.

Ein weiteres Indiz für diese Interpretation ergibt sich auch aufgrund der mittleren Einkommenselastizitäten für beide Drogen, die gleichfalls in TABELLE 6.8 angegeben sind. Ein vergleichender Blick auf diese prozentualen Änderungen der Nachfrage auf eine einprozentige Einkommensvariation

TABELLE 6.8: MITTLERE PREIS-, EINKOMMENS- UND REPRESSIONSELAS-
TIZITÄTEN DER MONATLICH KONSUMIERTEN ODER ÜBLICHERWEISE GE-
KAUFTEN MENGE AN HEROIN UND KOKAIN IN GRAMM BEI DER MULTI-
VARIATEN SCHÄTZUNG

Art der Elastizität Nachfrage-konzeption	Durchschnitt der (am Mittelwert bestimmten) Elastizitäten für Heroin	Durchschnitt der (am Mittelwert bestimmten) Elastizitäten für Kokain
Preiselastizität		
Konsummenge	−0,59	−1,06
Kaufmenge	−1,41	−1,63
Einkommenselastizität		
Konsummenge	0,18	0,33
Kaufmenge	0,28	0,27
Repressionselastizität		
Konsummenge	0,07	0,08

Bemerkungen: In TABELLE 6.1 bis TABELLE 6.4 finden sich die einschlägigen Elastizitätsfunktionen und die grundlegenden Parameterwerte für die Berechnung der modellspezifischen Elastizitäten an den jeweiligen Mittelwerten (siehe TABELLE 6.7 für die Preiselastizitäten der Nachfrage am Durchschnittspreis). Der Konsummengenfall bezieht sich auf die Gesamtstichprobe mit Repressionsmittelwert $\bar{r} = 0{,}6391$ (Anzeigen pro Monat) und substanzspezifischen Durchschnittspreisen (Heroin: Preismittelwert $\bar{p} = 106$ CHF, Kokain: Preismittelwert $\bar{p} = 194$ CHF). Das Kaufmengenszenario beschränkt sich jeweils auf die Teilstichprobe der Nicht-Verkäufer (Heroin: Preismittelwert $\bar{p} = 126$ CHF, Kokain: Preismittelwert $\bar{p} = 213$ CHF). Die angegebenen Werte sind jeweils die Durchschnitte der modellspezifischen Elastizitäten.

zeigt, dass der Heroinkonsum im Mittel etwas weniger einkommenselastisch als der Heroinkauf reagiert. Bei Kokain ist es dagegen umgekehrt. Dennoch bestehen nicht immer Unterschiede zwischen Heroin und Kokain. Dies wird deutlich, wenn man sich mit den mittleren Repressionselastizitäten der Nachfrage nach Heroin und Kokain beschäftigt. Die in TABELLE 6.8 angegebenen Schätzwerte für die jeweils durchschnittliche prozentuale Nachfragereaktion auf eine einprozentige Veränderung der persönlich erhaltenen Anzeigen wegen Verstössen gegen das Betäubungsmittelgesetz sind nahezu identisch. Die beiden Repressionselastizitäten sind entgegen der intendierten Wirkung der Verbotsdurchsetzung überdies schwach positiv. Schon deshalb scheint eine genauere Analyse von Wirkungen der Repression angebracht.

Kapitel 7

Drogenmarkt und Verbotsdurchsetzung

Norman Braun und Roger Berger

Eine wesentliche Voraussetzung jeder effektiven Abschreckung ist die glaubwürdige Sanktionsdrohung bei nichtkonformem Handeln. Übersetzt auf die Drogenthematik bedeutet dies, dass die Verbotsgesetze umzusetzen und anzuwenden sind. Aus dieser Perspektive müsste die Repression durch Polizei und Justiz helfen, Entscheidungen zugunsten von Neu- und Wiedereinstiegen zu verhindern oder gar Entschlüsse für Ausstiege zu erleichtern. Dies ist jedoch nur eine Seite der Medaille – die Repression kann zumindest langfristig auch dazu führen, dass die Marktteilnehmer zunehmend effektivere Massnahmen zur Strafvermeidung ergreifen. Im Extremfall können die jeweiligen Anpassungsleistungen letztlich dazu führen, dass die Bemühungen der Ermittlungsbehörden immer mehr ins Leere laufen und die gewünschten Effekte einer rigoroseren Verbotsumsetzung (höherer Drogenpreis, geringerer Drogengebrauch) nicht eintreten.

Dieses Kapitel beschäftigt sich deswegen genauer mit potenziellen und tatsächlichen Wirkungen der Verbotsdurchsetzung auf das Marktgeschehen. Hierfür werden wesentliche Effekte der Prohibitionspolitik und ihrer Umsetzung zunächst aus theoretischer Sicht genauer diskutiert. Eine vergleichende Analyse der 1997er und 1998er Befragungsdaten aus Bern und Zürich dient dann der Prüfung ausgesuchter Hypothesen zu den Konsequenzen einer verschärften Handelsrepression für den Drogenmarkt. Hintergrund der empirischen Analyse ist dabei, dass in der Stadt Bern (im Gegensatz zu Zürich) ab dem Januar 1998 das polizeiliche Vorgehen gegen den Zwischen-und Grosshandel von Drogen verschärft wurde (Aktion "Citro"). Diese verstärkte Berner Handelsrepression war nach Ansicht der Polizei erfolgreich.[1] Falls diese Einschätzung korrekt ist, so dürfte sich die Verschärfung der angebotsorientierten Repression in Bern aufgrund der Marktinterdependenzen auch auf der Ebene des Drogeneinzelhandels ausgewirkt haben. Bei einer hinreichend effektiven Aktion "Citro" müssten sich die seit 1997 eingetretenen Veränderungen zentraler Variablen in Bern mithin von denen unterscheiden, die sich in der "Kontrollstadt" Zürich zwischen 1997 und 1998 ergeben haben. Bevor entsprechende empirische Untersuchungen durchgeführt werden, empfiehlt sich jedoch ein genauerer Blick auf theoretische Überlegungen zur Verbotspolitik und ihrer Durchsetzung.

7.1 Wirkungen der Repressionspolitik

Für eine Besprechung möglicher Effekte des Drogenverbots ist es zweckmässig, von der fiktiven Situation eines freien Drogenmarktes auszugehen. Zu identifizieren sind Konsequenzen eines gleichzeitigen Verbotes von Drogenkonsum (Nachfrageverbot) und Drogenproduktion (Angebotsverbot) sowie einige Auswirkungen bei seiner verschärften Umsetzung. Obwohl auch die Wohlfahrtseffekte der Verbotspolitik kurz angesprochen werden, stehen Strategien der Marktteilnehmer zur Abmilderung von Repressionsfolgen im Mittelpunkt. Zuvor werden einige Konsequenzen der Prohibition für die Funktionsweise des Marktes und die Gewaltbereitschaft von Marktteilnehmern erörtert. Die Ausführungen lehnen sich an die ausführlichere Diskussion in Braun (1998) an.

---

[1]Die positive Einschätzung von "Citro" durch die Behörden ergibt sich z.B. bei der Lektüre der 15 Pressemitteilungen der Stadtpolizei Bern (Task-Force Drogenpolitik) vom 14.01.98 bis 09.09.98.

7 Drogenmarkt und Verbotsdurchsetzung

7.1.1 Markt- und Gewalttendenzen

Ein simultanes Verbot von Gebrauch, Produktion und Handel reduziert zunächst einmal die Verfügbarkeit von Informationen im Drogenmarkt, weil es keine Werbung und Markennamen mehr gibt. Fehlende Markttransparenz und mangelnde Verbraucherinformation erhöhen tendenziell den Preis der Waren für den Konsumenten. Darüber hinaus vergrössert sich die Variation der Drogenqualität auf der Endstufe der Verteilungskette im Schwarzmarkt. Aus der Sicht der Konsumenten ist die Homogenität der gehandelten Güter damit nicht länger gewährleistet. Weil Transaktionen in einem illegalen Markt stets in der Abwesenheit einklagbarer Eigentumsrechte erfolgen, liegen insbesondere für Kleinhändler starke Anreize für opportunistisches Verhalten vor – die Wahrscheinlichkeit erfolgreicher Täuschungsversuche müsste sich erhöhen (siehe Kapitel 4). Durch Beimischungen anderer Substanzen dürfte sich bei verstärkten Repressionsbemühungen deswegen die durchschnittliche Qualität der Drogen auf der Endstufe der Verteilungskette im Markt vermindern.

Daneben entstehen grössere Transaktionskosten (d.h. Aufwendungen bei der Aushandlung und Erfüllung von Vereinbarungen) als bei legalen Tauschhandlungen. Aus theoretischer Sicht schaffen staatliche Verbote und deren Umsetzung somit einen unvollkommeneren Markt. Nach Miron und Zwiebel (1995: 178) erhöht die Prohibition daher die Bereitschaft zur Gewaltausübung. Nach ihren Überlegungen hat die (durch die Prohibition bewirkte) Marktunvollkommenheit nämlich zur Folge, dass die Grenzkosten der Gewalttätigkeit sinken, während der Grenznutzen von Gewalthandlungen steigt.

Diese Vermutung einer verstärkten Gewaltbereitschaft unter Verbotsbedingungen steht übrigens im Gegensatz zu der üblichen These, wonach der Gebrauch bestimmter Substanzen aggressionsfördernd wirkt und daher mitverantwortlich für Gewalttätigkeiten sein kann. Nach Julien (1997: 146) können insbesondere höhere Kokaindosen die Realitätswahrnehmung so stark verändern, dass sich ausgeprägte Aggressionsneigungen und sogar

Tötungsabsichten entwickeln ("toxische paranoide Psychose").[2] Für andere verbotene Drogen wie z.b. Heroin und Cannabisprodukte scheinen solche Effekte dagegen nicht systematisch aufzutreten. Wäre also Miron und Zwiebels (1995) These zur prohibitionsbedingten Gewalt richtig, dann müsste sie sich insbesondere bei Opiatbenutzern (im Vergleich zur Normalbevölkerung) nachweisen lassen.

Verfolgt man den Gedankengang zur politikinduzierten Gewalttendenz etwas weiter, so ergeben sich einige zusätzliche Folgerungen. Aufgrund der fehlenden Rechtssicherheit und der stärkeren Betrugsanreize insbesondere auf der Endstufe der Verteilungskette im illegalen Markt dürften z.b. Beziehungen zwischen Verkäufern und Konsumenten eher durch Gewaltdrohungen und Gewalthandlungen gekennzeichnet sein als Beziehungen zwischen dealenden Personen. Begründet werden kann dies auch durch die vergleichsweise grössere Zahl von Transaktionen zwischen Kleinhändlern und Verbrauchern.

Gewaltanwendung dürfte u.a. dem Aufbau und der Pflege der eigenen Reputation im Schwarzmarkt dienen. Gewalthandlungen müssten daher so ausgeführt werden, dass sie anderen potenziellen "Defekteuren" die eigene Gewaltbereitschaft signalisieren (z.B. anhand des Erscheinungsbildes des Opfers). Seitens der Verkäufer kann dann "Wohlverhalten" von Käufern (z.B. Einhaltung "impliziter Kaufverträge", Unterdrückung von "Drogendiebstahl" durch Konsumenten, Stillschweigen von Käufern bei Polizeikontakten) sogar bereits durch entsprechende Drohungen sichergestellt werden.

Betrachtet man schliesslich die Beziehungen zwischen konkurrierenden Anbietern bezüglich etwaiger Gewalttendenzen, so dürften Gewalthandlungen hauptsächlich zur Absicherung und Ausweitung des eigenen Marktanteils erfolgen. Die Zahl gewalttätiger Auseinandersetzungen zwischen Verkäufern müsste daher mit der Zahl konkurrierender Anbieter bzw. Anbietergruppen in einem Absatzgebiet ansteigen. Gewaltdrohungen und Gewalthandlungen dürften daneben eingesetzt werden, um potenzielle Anbieter

---

[2]Bemerkenswert ist auch der Zusammenhang zwischen Alkoholgenuss und Aggression. So ereignen sich rund 30% der erfassten jährlichen Gewaltverbrechen in Deutschland unter Alkoholeinfluss, wobei die Quote mit etwa 50% bei bestimmten Delikten (z.B. Totschlag, Sexualmord) sogar noch deutlich höher liegt (Julien 1997: 116).

vom Markteintritt abzuschrecken oder zumindest deren "Eintrittskosten" zu erhöhen.

Diese Überlegungen zu Gewalttendenzen im Drogenmarkt deuten bereits darauf hin, dass zielgerichtet handelnde Marktteilnehmer die Verbotspolitik nicht einfach nur hinnehmen werden. Neben den besprochenen Massnahmen werden sie weitere Strategien einsetzen, die u.a. der Reduktion des Bestrafungsrisikos sowie der Sicherstellung der eigenen Konsummöglichkeiten dienen. Vor einer kurzen Diskussion der Wohlfahrtseffekte der Repressionspolitik empfiehlt sich daher eine eingehendere Behandlung von möglichen Anbieter- und Nachfragerreaktionen.

7.1.2 Anpassungen der Anbieter

Staatliche Massnahmen gegen die Angebotsseite des Drogenmarktes gehen häufig mit höheren Strafandrohungen einher als solche gegen die Nachfrageseite. Akteure haben unterschiedliche Grade der Risikoaversion und Erfahrungen mit dem Umgang mit solchen Risiken (organisierte Verbrecher oder ehrbare Geschäftsleute). Bei hohen Strafandrohungen und erhöhten Bestrafungsrisiken wird daher nur ein Teil der ursprünglichen Grossanbieter im Markt verbleiben. Gleichzeitig werden insbesondere solche Anbieter angelockt, die Humankapital für den Umgang mit Bestrafungsrisiken besitzen und über mehr oder weniger gute Verbindungen zu Verbrecherorganisationen verfügen. Die Einführung von staatlichen Angebotsverboten und ihre rigorose Durchsetzung wird den Markteintritt von ohnehin kriminellen Grossanbietern fördern und dadurch eventuell die Machtstruktur des Drogenmarktes zugunsten des organisierten Verbrechens verändern.[3]

Jedenfalls ist zu erwarten, dass Grossanbieter zunehmend professionellere Strategien zur Risikominderung anwenden werden. So werden sie ver-

---

[3]Pommerehne und Hartmann (1980) betonen in diesem Zusammenhang, dass ein einstmals freier Wettbewerbsmarkt durch die angebotsorientierte Prohibition sogar zu einem Markt werden kann, in dem Grossanbieter mit kriminellem Hintergrund jeweils lokale Monopolmacht und daher Preissetzungsgewalt besitzen. Zumindest für eine bestimmte Zeit kann eine lokale Monopolisierung etwa durch Absprachen zwischen Grossanbietern bezüglich der Marktaufteilung herbeigeführt werden (z.B. kolumbianische Kokainkartelle).

suchen, langfristige Tauschbeziehungen mit wenigen zuverlässigen Partnern einzugehen und mithilfe glaubwürdiger Drohungen von Defektionen (z.B. Kooperation mit den Ermittlungsbehörden) abzuschrecken. Sie werden lediglich überschaubare Vertriebsorganisationen aufbauen (z.b. Reuter 1983), um sowohl deren Kontrollierbarkeit als auch deren Flexibilität sicherzustellen. Daneben werden sie sich um die soziale Einbindung etwaiger "Angestellter" bemühen, um deren Anreize für unkooperatives Verhalten möglichst gering zu halten. Eine restriktive Politik kann damit eine "soziale Schliessung" der Händlerseite des Drogenmarktes bewirken, d.h. nahezu abgeschottete soziale Netzwerke (wie z.B. jeweils ethnisch homogene Anbietergruppen) können wichtige Segmente des Drogenmarktes kontrollieren, was die Arbeit der Ermittlungsbehörden zusätzlich erschweren dürfte. Ist letztere dennoch erfolgreich, so können Bestechungen korrupter Beamter und die Anstellung spezialisierter Anwälte die Bestrafung von Grosshändlern zumindest abmildern.

Natürlich verursachen Strategien zur Reduktion des Bestrafungsrisikos zusätzliche Kosten. Daher werden professionelle Grossanbieter bei einer verschärften staatlichen Drogenpolitik versuchen, eine grössere Risikoprämie zu erwirtschaften. Falls jeder einzelne Grosshändler jeweils nur an einen ausgesuchten Abnehmerkreis verkauft, so wird sich sein Einfluss auf die Preisbildung vergrössern und eine verschärfte angebotsorientierte Prohibition kann damit die Einkaufspreise der Zwischen- und Kleinhändler erhöhen.

Zwischen- und Kleinhändler werden ebenfalls geeignete Strategien zur Reduktion ihrer Bestrafungsrisiken wählen. Plausiblerweise werden sie langfristige Einkaufsbeziehungen unterhalten, Geschäfte mit unbekannten Abnehmern weitgehend vermeiden, Stammkundenpflege betreiben und Mengenrabatte gewähren. Sofern sie drogenabhängige Vermittler und Verteiler beschäftigen, werden sie diese "Agenten" mit Stoff entlohnen, um dadurch auch deren künftiges Wohlverhalten sicherzustellen. Finanziert werden diese Massnahmen durch weitere Preisaufschläge, die letztlich von den Endverbrauchern getragen werden müssen.

Obwohl das Verbot des Drogenverkaufs vermutlich bewirkt, dass das Drogenangebot im Schwarzmarkt geringer ist als in einem freien Markt, erscheint die Angebotswirkung einer weiteren Verschärfung der restrikti ven Drogenpolitik weit weniger klar. Sind die Abwehrreaktionen der Händler nämlich hinreichend effektiv, so kann nicht ausgeschlossen werden, dass selbst dann eine Ausweitung des Drogenangebotes erfolgen kann, wenn die Verbotspolitik und ihre Umsetzung rigoroser geworden sind.[4] Daneben kann die Repressionspolitik auch die Entwicklung und Anwendung von Strategien der Nachfrager fördern, deren Wirkungen den Politikintentionen zuwider laufen.

7.1.3 Anpassungen der Nachfrager

Normalerweise ist auf Schwarzmärkten zu erwarten, dass das Verbot von Produktion und Konsum die insgesamt nachgefragte Menge verringert, da der Preis höher ist als auf freien Märkten und der Konsum mit Risiken der Bestrafung behaftet ist. Aufgrund der zumeist geringeren Strafen für den Drogengebrauch und der Gewöhnung der Nachfrager an die Substanz muss die Konsumentenreaktion auf Repressionsverschärfungen aber keineswegs stark sein. Insbesondere wenn man die multivariaten Schätzresultate zur Preiselastizität der Heroinnachfrage (siehe Kapitel 6) bedenkt, werden regelmässige Gebraucher zumindest kurzfristig ihren Heroinkonsum selbst dann nicht einstellen, wenn sich der Heroinpreis extrem erhöhen würde. Die Nachfragereduktion durch ein staatliches Konsumverbot dürfte natürlich steigen, wenn die Gewohnheitseffekte des Konsums tendenziell geringer

---

[4]Nach Hartwig und Pies (1995) korrespondiert dieses Szenario mit der jüngeren Entwicklung der Drogenproblematik in der Bundesrepublik Deutschland. Trotz verstärkter Bemühungen zur Prohibitionsdurchsetzung hat sich dort offenbar die Zahl der Konsumenten erhöht, während die Drogenpreise ständig gefallen sind. Bei Voraussetzung monotoner Angebots- und Nachfragefunktionen im Sinne der ökonomischen Marktanalyse bleibt damit nur die Schlussfolgerung, dass die Nachfrageausdehnung mit einer noch stärkeren Angebotserhöhung einhergegangen sein muss. Zu betonen ist jedoch, dass für diese Konstellation auch andere Einflüsse als effektivere Anpassungsleistungen der Marktteilnehmer verantwortlich sein können. Die beobachtete Entwicklung (mehr Konsumenten, geringere Preise) lässt sich nämlich z.B. auch durch die Annahme einer staatlichen Ressourcenbeschränkung bei unveränderten Strafvermeidungsstrategien der Marktteilnehmer begründen, die sich in einem Zielkonflikt zwischen Nachfrager- und Anbieterrepression niederschlägt (siehe Braun 1998 für eine formale Modellierung).

sind (wie z.B. bei Cannabisprodukten) und massive Strafandrohungen gegen Konsumenten existieren (wie z.B. in Malaysia).

Weiterhin sind die Effekte hoher Preise und die Möglichkeit einer Bestrafung auf potenzielle Neueinsteiger zu berücksichtigen. Hier ist es durchaus möglich, dass die Nachfragereaktion auf erhöhte Preise grösser ist als bei den bereits Konsumierenden und hohe Schwarzmarktpreise wie auch die Strafandrohungen eine gewisse Präventionswirkung erzeugen. Diesen Überlegungen zufolge würde eine restriktive Drogenpolitik die nachgefragte Menge mehr oder minder stark reduzieren. Dabei werden allerdings einige weitere Aspekte übersehen, die es insbesondere bei harten Drogen strittig erscheinen lassen, ob die erhöhten Schwarzmarktpreise und die strafrechtlichen Sanktionsandrohungen tatsächlich zu einem Nachfragerückgang führen.

Trifft nämlich die obige Argumentationslinie zu den Wirkungen der angebotsorientierten Verbotspolitik zu, so erhöhen sich damit die Einkaufspreise der Zwischen- und Kleinhändler. Zwar werden sich Grosshändler im Interesse langfristiger Tauschbeziehungen mit einer ausgewählten Zahl von bewährten Abnehmern davor hüten, die Produktqualität durch Drogenverschnitt zu senken, also den Preis verdeckt zu erhöhen. Jedoch werden ihre Kunden die Preissteigerungen möglichst auf ihre jeweiligen Tauschpartner überwälzen. Neben einer expliziten Erhöhung des Verbraucherpreises pro Dosis mit gleichem Reinheitsgrad können insbesondere Kleinhändler dies auch durch die Beimischung anderer Substanzen (Streckung der Drogenmenge) erreichen.[5]

Die realen Preissteigerungen zwingen die süchtigen Konsumenten zur Erschliessung zusätzlicher Geldquellen. Neben der Aufnahme oder Verstärkung von beschaffungskriminellen Aktivitäten und der Prostitution bestehen nun stärkere Anreize für süchtige Konsumenten mit entsprechenden Netzwerkkontakten, selbst mit dem Drogenhandel zu beginnen. Aufgrund des gestiegenen Geldbedarfs zur Suchtfinanzierung kann eine preissteigernde

---

[5]Dies bedeutet nicht, dass stets gesundheitsgefährdende Substanzen beigemischt werden. Zu erwarten ist vielmehr, dass Kleinhändler von Opiaten insbesondere Streckungen mit z.B. Milchpulver oder Zucker vornehmen, um ihren eigenen Kundenkreis und damit zukünftigen Absatz zumindest nicht extrem zu gefährden. Die dadurch schwankenden Reinheitsgrade erhöhen dennoch die Wahrscheinlichkeit unbeabsichtigter Überdosierungen.

Repressionspolitik somit zu vermehrten Transaktionen durch selbst konsumierende, jedoch nicht vertikal integrierte Kleinhändler führen. Ausgehend von wenigen Grosshändlern mit überschaubaren Vertriebswegen kann sich daher eine zunehmend differenzierte Verteilungsstruktur im Schwarzmarkt ergeben, deren Ende durch die Absatzkanäle einer Vielzahl "selbständiger" drogenabhängiger Kleinhändler bestimmt wird.

Durch neue Kleinhändler verschärft sich der Wettbewerb auf der Endstufe der Verteilungskette, so dass der Einfluss eines Kleinhändlers auf den Drogenpreis pro durchschnittlicher Dosis geringer wird. Dieser Einflussverlust wird stärker sein, wenn die Tauschhandlungen mit Verbrauchern eher zentralisiert stattfinden (d.h. geringer Preiseinfluss in einer einzigen "offenen" Szene, aber grösserer Einfluss bei verschiedenen Handelsplätzen). Aus der Sicht des Endverbrauchers müsste die Tolerierung eines zentralen Handelsplatzes (z.B. Zürcher "Letten") daher mit einer besseren Drogenqualität und einem niedrigeren Drogenpreis einhergehen als die Schaffung dezentralisierter Handelsstrukturen durch Massnahmen der Ermittlungsbehörden.

Die Preissetzungsmöglichkeiten eines Kleinhändlers steigen, wenn er eine faktische Monopolstellung gegenüber relativ zahlungskräftigen und gleichzeitig unerfahrenen Kunden besitzt. Für Kleinhändler kann es daher lohnend sein, sich ausserhalb der Drogenszene nach potenziellen Kunden umzusehen. Aufgrund der Verbotspolitik wird sich diese Suche insbesondere auf den eigenen Bekanntenkreis konzentrieren.[6] Anfängliche Preisnachlässe und Drogengeschenke sowie Zeitaufwendungen (z.B. bei gemeinsamen Drogenerlebnissen) erscheinen aus dieser Perspektive als Investitionen zum Aufbau eines Stammkundenkreises, welche sich längerfristig auszahlen können.[7] Erfolgt nämlich der Einstieg in den regelmässigen Konsum, so kann

---

[6] In der Studie zur Berner Drogenszene (Braun et al. 1995: 41) wurde den Abhängigen eine Liste von 14 möglichen Gründen für ihren Konsumbeginn vorgelegt, aus der sie bis zu drei Einstiegsmotive auswählen konnten. Trotz der Möglichkeit von Mehrfachantworten haben lediglich 5,2% der 271 Befragten (14 Personen) an, dass sie durch Drogendealer zum Einstieg verführt wurden. Gleichzeitig erfolgte der Erstkontakt mit harten Drogen fast immer über Bekannte oder Freunde. Falls also Kundenanwerbung überhaupt stattfand, wurde sie offenbar nicht von fremden Drogenhändlern durchgeführt.

[7] Diese Aussage reflektiert auch, dass Drogen für Neueinsteiger prinzipiell "Erfahrungsgüter" im Sinne Nelsons (1974) darstellen – Informationen über ihre Eigenschaften und

ein Kleinhändler seinen neuen Stammkunden durch die Abgabe von überteuerten Drogen zumindest solange ausbeuten, bis dieser über alternative Einkaufsmöglichkeiten verfügt. Hat dieser Neukonsument bis dahin bereits eine gewisse Abhängigkeit entwickelt, so besitzt er selbst Anreize zur Aufnahme des Drogenhandels und zur weiteren Ausdehnung des Nachfragerkreises. Insgesamt kann sich somit ein "Schneeballeffekt" der Verelendung und Kriminalität ergeben, der den Intentionen der Prohibitionspolitik widerspricht.

Insbesondere Hartwig und Pies (1995) betonen, dass die Repression zu derartigen Anwerbemassnahmen führt.[8] Bei restriktiverer Politik müsste sich dementsprechend ein vermehrter Einsatz des "Marketinginstrumentes" der Preisdifferenzierung ergeben. Sofern diese These korrekt wäre, würde das eventuell damit geschaffene "Franchisingsystem" (Wichmann 1993) den Kreis der Konsumenten ständig erweitern, also auch die Zahl der Erstkonsumenten erhöhen. Wäre dieser Effekt stärker als die Mengenreduktion durch Preis und Strafandrohung, dann hätte eine repressivere Drogenpolitik paradoxerweise sogar insgesamt eine Erhöhung der Drogennachfrage im Vergleich zu freien Märkten zur Folge.

Allerdings ist zweifelhaft, ob es sich bei dem "Schneeballeffekt" um einen langfristig wirksamen Mechanismus handelt, der unweigerlich zu einer ex-

---

Wirkungen lassen sich nicht durch ihre blosse Inspektion oder die Lektüre einschlägiger Testberichte beschaffen, sondern erfordern ihren Konsum. Kontakte mit bereits konsumierenden Personen können auch deshalb wichtig sein, weil die Aufbereitung von Drogen für den Gebrauch oftmals erst gelernt werden muss.

[8]Um die empirische Bedeutung solcher Anwerbestrategien zu illustrieren, verweisen Hartwig und Pies auf Arbeiten von Kreuzer, Römer-Klees und Schneider (1991) sowie Reuband (1992). In Anlehnung an diese Beiträge schreiben Hartwig und Pies (1995: 110) "Laut Umfragen haben über 95% abhängiger Drogenkonsumenten weiche Drogen erstmal nicht von einem Dealer, sondern von Bekannten oder Verwandten bekommen, und 85% geben an, die ersten Proben kostenlos erhalten zu haben. Für harte Drogen sind die Zahlen nicht viel anders. 93% geben Bekannte und Verwandte als Bezugsquellen an, und 70% haben für den Erstkonsum nichts bezahlt." Diese Befunde korrespondieren mit den erwähnten Resultaten aus der Berner Szeneuntersuchung (vgl. Fussnote 6). Allerdings weist solches Datenmaterial keineswegs zwingend strategisches Anwerbeverhalten nach. Es zeigt vielmehr nur die Bedeutung von bereits etablierten Netzwerkkontakten für den Erstkonsum.

tremen Verschlimmerung des Drogenproblems führt.[9] Sofern zunächst eine (durch die Repression induzierte) lokale Monopolisierung des Drogenmarktes besteht, werden die Preise und Profite hoch sein. Als Konsequenz erscheint der Einstieg in den Handel zur Suchtfinanzierung als besonders notwendig und attraktiv. Er bleibt jedoch nur ähnlich lohnend, solange eine lokale Monopolstellung erlangt werden kann. Die Strategie der Preisdifferenzierung zur Ausweitung des Kundenkreises kann mithin bei vollständiger Separierbarkeit der Tauschpartner funktionieren. Beginnen aber sukzessive immer mehr Personen mit dem Handel, so wird Separierbarkeit zunehmend schwieriger zu erreichen. Bei Verschwinden der lokalen Monopolmacht werden die Drogenpreise und damit auch die Profite sinken, wodurch der Einstieg in den Drogenhandel weniger notwendig und attraktiv wird. Durch die Tendenz zum Wettbewerb im Drogenmarkt dürfte es für Händler zudem schwieriger werden, durch die Anwerbungsstrategie der Preisdifferenzierung einen separaten Kundenkreis aufzubauen und beizubehalten. Aus dieser Sicht wird der "Schneeballeffekt" keine langfristige Wirkung im Sinne einer extremen Ausweitung des Drogenproblems haben.

Aber selbst wenn man diesen Gedankengang berücksichtigt und mit Pommerehne und Hart (1991) annimmt, dass eine rigorosore Verbotspolitik zu einer Preiserhöhung und einem Konsumrückgang führt, erscheinen die Effekte der Verbotspolitik nur auf den ersten Blick als sozial wünschenswert. Dies wird deutlich, wenn man sich mit den Wohlfahrtseffekten des Drogenverbots beschäftigt.

7.1.4 Wohlfahrtseffekte des Verbots

Braun und Diekmann (1993) fassen wesentliche wohlfahrtstheoretische Auswirkungen der Drogenprohibition für die drei Gruppen "Nachfrager", "Grossanbieter" und "Allgemeinheit" zusammen. Danach ergeben sich

- Wohlfahrtsverluste für die Nachfrager (z.B. durch höhere Preise, geringeres Angebot, stärkere Informationsprobleme, unterschiedliche Verkaufsbedingungen und divergierende Qualität der Produkte verschie-

---

[9] Die hierfür einschlägigen Überlegungen ergaben sich aus Diskussionen mit Jonathan Caulkins, Gustav Feichtinger und Gernot Tragler.

dener Anbieter, geringere durchschnittliche Qualität der Drogen und damit eine grössere Gesundheitsgefährdung der Verbraucher sowie ggf. eine durch die Verbote induzierte soziale Stigmatisierung der Konsumenten)[10],

- Wohlfahrtsgewinne für die kriminellen Grossanbieter (z.b. durch hohe steuerfreie Gewinne) sowie

- Wohlfahrtsverluste für die Allgemeinheit (z.B. durch Steuerausfälle, eine potenziell höhere Zahl von Drogengeschädigten wegen der geringeren Stoffqualität, mehr Kriminalität und weniger Nachfrage für legale Güter aufgrund der hohen Drogenpreise, mögliche Verbrechen zur Gewinnung und Sicherstellung von Marktanteilen durch die Anbieter, relativ grosse Überwachungs- und Bestrafungskosten sowie eventuell eine Aushöhlung des Respekts vor dem Gesetz in der Population).

In der Terminologie der neoklassischen Ökonomik erzeugt die restriktive Drogenpolitik relativ zur fiktiven Situation eines freien Drogenmarktes erhebliche Effizienzverluste. Der Drogenkonsum ist überdies mit negativen externen Folgen verbunden, d.h. Kosten, die anderen Mitgliedern der Gesellschaft auferlegt werden. Negative externe Effekte dürften mehr oder minder sowohl bei einem freien Drogenmarkt als auch unter Schwarzmarktbedingungen existieren.

Einige der negativen externen Effekte bei restriktiver Politik wurden bereits angedeutet: Beschaffungskriminalität und Verelendung der Konsumenten ziehen finanzielle Belastungen der Allgemeinheit nach sich. Daneben ist zu erwarten, dass sich die Gesundheitsrisiken unter Schwarzmarktbedingungen wesentlich erhöhen. Der Verlust von Bindungen an die "Aussenwelt", Beschaffungsstress, die Verminderung der Chancen zu legaler Arbeit und Ausbildung, der Verlust an Lebensperspektiven und die wachsende Hoffnungslosigkeit, Obdachlosigkeit sowie insbesondere die Verschlechterung

---

[10]Was die abstrakt klingenden Begriffe "Informationsprobleme" und "divergierende Qualität der Produkte" bedeuten, verdeutlicht eine Studie des deutschen Bundesgesundheitsministeriums. Untersucht wurden die Ursachen von 545 Todesfällen in Hamburg, Berlin und Bremen. Danach gehen 70 Prozent der Todesfälle auf "unbeabsichtigte Überdosierungen" zurück (Wichmann 1993).

7 Drogenmarkt und Verbotsdurchsetzung 161

und Schwankungen in der Drogenqualität aufgrund von Beimischungen anderer Substanzen zu den Drogen – all dies dürfte die Gesundheitsgefahren für die Abhängigen anwachsen lassen. Letzteres kann man prinzipiell aus Statistiken zu Notfällen (z.B. Kreislaufkollaps) in Hospitälern, dauerhaften Gesundheitsschädigungen (z.b. Leberprobleme), ansteckenden Krankheiten (z.B. AIDS durch Nadeltausch) und der beklagenswert hohen Zahl von Todesfällen unter den Konsumenten ablesen. Auch die Gesundheitsprobleme erzeugen Kosten, die von der Allgemeinheit mitgetragen werden müssen.[11]

Weitere externe Effekte sind die bitteren Folgen des Konsums für Eltern, Freunde, Kinder oder Ehepartner. Letztere dürften z.b. Auswirkungen des Eigenverantwortlichkeitsverlustes von Abhängigen verspüren. Auch volkswirtschaftliche Produktionseinbussen durch eine Verringerung beruflicher Aktivitäten sowie Probleme und Gefährdungen im Strassenverkehr können bei regelmässigem Drogengebrauch nicht ausgeschlossen werden. Allerdings zeigt sich beispielsweise im Zusammenhang mit dem legalen Alkoholkonsum recht deutlich, dass sich solche Effekte vermutlich auch bei liberalisierten Drogenmärkten ergeben. Verminderbar erscheinen durch eine liberalere Drogenpolitik jedoch die gesellschaftlichen Kosten der Beschaffungskriminalität, der Konsumentenverelendung und der Gesundheitsschäden, die sich allesamt unter den gegenwärtigen Bedingungen beobachten lassen. Zu vermuten ist deshalb, dass die negativen externen Effekte im Falle einer restriktiven Drogenpolitik ein grösseres Ausmass annehmen als bei liberalisierten Märkten.

Allerdings ist klar, dass man die negativen externen Effekte einer repressiveren Drogenpolitik, wenn überhaupt, nur sehr schwer quantifizieren kann. Ein verwandtes Problem stellt sich überdies im Zusammenhang mit den obigen Ausführungen zu den Effekten der Repressionspolitik – ihre empirische Prüfung erfordert Datenmaterial über hinreichend vergleichbare Drogenmärkte, welche gleichzeitig aber durch eine unterschiedliche Durchsetzung der Verbotsgesetze gekennzeichnet sind. Es ist klar, dass solches

---

[11]Im Bericht der eidgenössischen Expertenkommission für die Revision des Betäubungsmittelgesetzes werden allein die drogenbedingten medizinischen Kosten auf 340 bis 460 Millionen CHF pro Jahr beziffert (Meyer 1997: 162).

Datenmaterial unter den gegebenen Bedingungen nur schwer beschaffbar ist. Dennoch gibt es in der Realität gelegentlich Situationen, in denen eine kurzfristig verschärfte Umsetzung der existierenden Verbotspolitik in einer bestimmten Region erfolgt. Unter bestimmten Bedingungen (v.a. Existenz von Vergleichs- und Kontrolldaten) bieten sich solche Situationen für die Erhebung von Daten zu den Effekten der Repression und deren Auswertung an. Die nachfolgende empirische Analyse bezieht sich auf ein solches Szenario.

7.2 Handelsrepression und Marktgeschehen

Eine intensivere Verbotsumsetzung gegenüber Zwischen- und Grosshändler kennzeichnete die Aktion "Citro", die zu Beginn des Jahres 1998 in der Stadt Bern begonnen wurde und in deren Verlauf (zu den 1997er Daten) vergleichbare Informationen über den Berner und Zürcher Drogeneinzelhandel erhoben werden konnten. Dieses Datenmaterial erlaubt zumindest einige empirische Aussagen über die tatsächlichen Wirkungen einer verschärften Handelsrepression auf der Marktebene der Endverbraucher. Dabei wird darauf verzichtet, sich mit den Repressionserfahrungen zu beschäftigen (siehe hierzu Kapitel 3). Der Schwerpunkt der Analysen liegt vielmehr auf zentralen Aspekten des Marktgeschehens (z.B. Preise, Mengen, Drogenqualität).

Diese Untersuchungen beruhen dabei auf einem einfachen Kalkül: Sie setzen jeweils voraus, dass eine "natürliche quasi-experimentelle Versuchsanordnung" vorgelegen hat. Dementsprechend werden die Berner und Zürcher Daten aus den 97er Erhebungen systematisch mit denen aus den 98er Befragungen in Bern (Aktion "Citro") und der "Kontrollstadt" Zürich (keine Aktion "Citro") verglichen. Es wird also davon ausgegangen, dass 1998 in Bern (im Gegensatz zu Zürich) eine verstärkte Handelsrepression vorgelegen hat.

Unter dieser Prämisse wird dann jeweils nach signifikanten Unterschieden bezüglich verschiedener Marktmerkmale in den Städten gefragt, die mit einer rigoroseren Handelsrepression zu tun haben könnten. Besonders wichtige Untersuchungsvariablen sind die von Endverbrauchern und Kleinhändlern gezahlten Preise, die üblichen Konsum- und Kaufmengen von Heroin oder Kokain sowie deren Qualität pro Einheit. Daneben wird gefragt, ob und inwieweit sich die Markttransparenz, die Dealeranzahl und die Gewalt in der Drogenszene mit der rigoroseren Politikumsetzung geändert haben.

7.2.1 Preise und Drogenmengen

Die Aktion "Citro" richtete sich explizit gegen nicht konsumierende Zwischen- und Grosshändler ("money dealer"). Die Gruppe der Konsumenten und konsumierenden Kleinhändler war von ihr somit nicht selbst betroffen. Tatsächlich geben die Befragten (im Vergleich zu 1997) keinen höheren Repressionsdruck an (siehe hierzu ausführlich Kapitel 3). War die verstärkte Handelsrepression aber hinreichend effektiv, so müsste sie sich dennoch auf der Einzelhandelsebene niederschlagen. Prinzipiell kann eine verstärkte Handelsrepression ja dazu führen, dass sich Zwischenhändler die nun erhöhten Risiken einer Erfassung und Bestrafung und die damit verknüpften zusätzlichen Ausgaben für die Strafvermeidung direkt über höhere Preise vergüten lassen. Falls nämlich der Konkurrenzdruck unter den Händlern durch sukzessive Festnahmen immer mehr abnimmt, müssten diese Preisforderungen für die verbliebenen Anbieter bei gegebener Nachfrage auch durchsetzbar werden. Zu erwarten ist also, dass es bei einer effektiven Verstärkung der Handelsrepression zu einer Steigerung der Einzelhandelspreise von Heroin und Kokain kommt.

Falls "Citro" in diesem Sinne hinreichend wirksam war, müsste der durchschnittliche Berner Verbraucherpreis von 1998 mithin signifikant höher sein als der von 1997. Führt man statistische Prüfungen auf Mittelwertsunterschiede (t-Tests) anhand der Befragungsdaten von 1997 und 1998 durch, so lässt sich eine derartige Preissteigerung aber nicht feststellen. Vielmehr ist der durchschnittliche Heroinpreis pro Gramm in Bern im Vergleich zum Preis vom Sommer 1997 sogar signifikant um 8,1 CHF gesunken ($t = 2,00$, $df = 443$, $p = 0,047$).[12] Der mittlere Kokainpreis hat sich um

---

[12] Beschränkt man sich überdies auf Berner Konsumenten mit Kaufmengen bis zu einem Gramm, so ist der mittlere Preis pro Gramm Heroin im Kleinsthandel von 119,82 CHF in 1997 auf 101,05 CHF in 1998 signifikant gefallen ($t = 4,36$, $df = 285$, $p < 0,001$).

einen ähnlichen Betrag (6,3 CHF) erhöht, wobei die Differenz allerdings nicht signifikant ist.

Aufgrund des allgemeinen Preistrends bei harten Drogen in den letzten 15 Jahren (z.B. Farell, Mansur und Tullis 1996) könnte nun vermutet werden, dass die Heroin- und Kokainpreise in der Schweiz seit Mitte 1997 weiter gefallen sind und dass die Aktion "Citro" diesen Trend zwar nicht umkehren, aber doch abbremsen konnte. Vergleicht man deswegen die Zürcher Durchschnittspreise von 1997 und 1998, so lässt sich diese Argumentationslinie zurückweisen: Von 1997 bis 1998 hat sich der Zürcher Heroinpreis nämlich auf fast dasselbe Niveau wie in Bern erhöht, während der Zürcher Kokainpreis leicht gesunken ist. Weil beide Effekte aber keineswegs signifikant sind, ist von praktisch konstanten Preisen im Zürcher Drogeneinzelhandel zwischen 1997 und 1998 auszugehen. Somit ergibt sich der Schluss, dass die Aktion "Citro" keine Preiswirkung auf der Verbraucherebene hatte.[13]

Eine mögliche Erklärung für diesen Befund ergibt sich nun unter der Annahme, dass die Versorgung der Drogenbenutzer im Wesentlichen durch selbst konsumierende Kleinhändler geschieht. Es könnte dann folgende Überlegung gelten: Obwohl sich die Preise auf der Zwischenhändlerebene erhöht haben, werden diese Mehrkosten von den selbst konsumierenden Kleinhändlern nicht auf ihre Kunden überwälzt, da auf dieser Marktebene der Konkurrenzdruck zu gross ist.[14]

Die Gültigkeit dieser Hypothese kann geprüft werden, wenn man die Entwicklung der Einkaufspreise der konsumierenden Kleinhändler unter-

---

[13] Diese Folgerung ergibt sich übrigens auch bei der Analyse zusätzlicher Preisdaten, die (unabhängig von den Befragungen im Sommer 1997 und 1998) von September 1996 bis Oktober 1998 mit Unterstützung von Mitarbeiterinnen des Berner CONTACT und des Vereins für kirchliche Gassenarbeit monatlich erhoben wurden. Diese (zur Validierung von Befragungsresultaten) extern beschafften Informationen zeigen einen leicht fallenden Trend des Heroinpreises und eine gering steigende Tendenz des Kokainpreises auf der Ebene des Endverbrauchers.

[14] Diese Hypothese leuchtet im Zusammenhang mit der verstärkten Berner Repression gegen den Zwischen- und Grosshandel durchaus ein: Einerseits waren konsumierende Einzelhändler von "Citro" ja nicht direkt betroffen, andererseits sind sie aufgrund ihrer Sucht auf den Kleinhandel angewiesen. Als Konsequenz müssten konsumierende Kleindealer weniger schnell aus dem Markt ausscheiden als reine "money-dealer", so dass der Konkurrenzdruck auf der Einzelhandelsebene weitgehend konstant bleibt.

7 Drogenmarkt und Verbotsdurchsetzung

sucht. Eine solche Analyse führt zu ihrer klaren Ablehnung. Auf der Marktebene der Einzelhändler zeigt sich nämlich dasselbe Muster wie bei der Untersuchung der Verbraucherpreise: Von 1997 bis 1998 sank (stieg) der durchschnittliche Einkaufspreis der Heroinkleinhändler in Bern (Zürich) leicht, während der mittlere Einkaufspreis der Kokaineinzelhändler stieg (sank). Da sich die Preisunterschiede in Bern (und in Zürich für Heroin) aber als nicht signifikant erweisen, ist zu folgern, dass die Berner Aktion "Citro" keine Wirkungen für die Einkaufpreise der Kleinhändler und daher der Endverbraucher hatte.

Aus theoretischer Sicht ist der Verbraucherpreis üblicherweise mit der umgeschlagenen Menge in einem Markt negativ verknüpft. Weil die Aktion "Citro" praktisch keine Preiswirkung hatte, müssten die abgesetzten Mengen an Heroin und Kokain in Bern zwischen 1997 und 1998 etwa gleichgeblieben sein. Vergleicht man die mittleren üblichen Konsum- und Kaufmengen, so bestätigt sich diese Erwartung sowohl für Zürich als auch (weitgehend) für Bern.[15] Insgesamt hatte die verstärkte Handelsrepression in Bern also weder Mengen- noch Preiseffekte. Zu bedenken ist jedoch, dass die hierbei zugrundeliegenden Analysen nicht für die möglicherweise variierende Drogenqualität kontrollieren.

7.2.2 Qualitätsschwankungen

Gegen den Befund der Preisinvarianz könnte man einwenden, dass der erhöhte Repressionsdruck nicht direkt durch die Preise weiter gereicht werden muss. Die Illegalität des Marktes und die dadurch fehlenden Qualitätskontrollen ermöglichen es ja, den Stoff durch Beimischungen anderer Substanzen zu strecken. Dieselbe Menge kann dann für denselben Preis verkauft werden, ohne dass für den Käufer sofort erkennbar ist, dass er effektiv weniger Heroin oder Kokain bekommt. Erst beim späteren Konsum wird die

---

[15] Lediglich die durchschnittliche tägliche Konsummenge von Kokain hat sich in Bern von 1997 auf 1998 signifikant um etwa 0,3 Gramm verringert, so dass sie nun ungefähr dem Niveau der mittleren Konsummenge in Zürich entspricht ($t = 2{,}40$, $df = 401$, $p = 0{,}017$). Diese Mengenreduktion hat wahrscheinlich wenig mit der Aktion "Citro" zu tun. Sie reflektiert vermutlich nur, dass sich der (im Sommer 1997 im städtischen Vergleich) enorm hohe Kokaingebrauch in Bern (siehe Kapitel 3) "normalisiert" hat.

verdeckte Preiserhöhung deutlich. Sofern diese Händlerstrategie tatsächlich relevant war, müsste die Berner Stoffqualität von 1997 bis 1998 abgenommen haben und die Qualitätsabsenkung in Bern müsste stärker ausgefallen sein als in Zürich.

Antworten auf die Frage nach der Veränderung der Stoffgüte seit dem letzten Sommer weisen überwiegend auf eine Veränderung der Drogenqualität hin. Im Sommer 1998 gaben in Bern 57,7% der Antwortenden an, dass sich die Heroinqualität verschlechtert hat. Dagegen sprachen 15,4% von einer Verbesserung, während die übrigen Antwortenden (26,9%) eine gleichbleibende Qualität berichteten. Die einschlägigen Zahlen bei Kokain sind der Tendenz nach ähnlich, wenn auch etwas weniger eindeutig (verschlechtert 48,0%, verbessert 17,1%, gleichgeblieben 34,9%). Allerdings findet sich in Zürich ein weitgehend analoges Muster (Heroin: verschlechtert 53%, verbessert 38,1%, gleichgeblieben 8,9%; Kokain: verschlechtert 35,5%, verbessert 45,9%, gleichgeblieben 18,6%). Man kann daher davon ausgehen, dass die Mehrheit der Konsumierenden entweder die frühere Drogenqualität nostalgisch "verklärte" oder sich sowohl in Zürich als auch in Bern für viele Marktteilnehmer tatsächlich eine Qualitätsverschlechterung ergab. In beiden Fällen hat die Drogenqualität eher wenig mit der Verbotsumsetzung zu tun.

Zusätzlich erlaubt die gleichfalls gestellte Frage nach der Stoffgüte in den letzten vier Wochen vor der jeweiligen Befragung eine genauere Prüfung des Arguments einer verdeckten Preiserhöhung durch Qualitätsmanipulationen im Gefolge von "Citro". Für den systematischen Vergleich kann man die Angaben zur Qualität von Heroin oder Kokain dichotomisieren (gute und mittlere Qualität vs. schlechte und schwankende Qualität) und jeweils nach den stadtspezifischen Erhebungen (1997 vs. 1998) unterscheiden. Entsprechende Kreuztabellenanalysen für Bern erbringen dann die Folgerung, dass sich weder für Kokain noch für Heroin ein signifikanter Zusammenhang zwischen der Qualitätseinschätzung und dem Befragungszeitpunkt nachweisen lässt. Im Gegensatz dazu ergibt sich für Zürich im Sommer 1998 eine (im Vergleich zu 1997) signifikante Verschlechterung oder Variation der Heroinqualität, während die Kokainqualität in 1997 und 1998 gleichfalls keine signifikante Änderung aufweist.

Verlässt man sich also auf die Urteile der Drogenverbraucher, so wird nur für Heroin in Zürich eine signifikante Verschlechterung der Qualität zwischen dem Sommer 1997 und dem Sommer 1998 berichtet. Dieser Befund widerspricht klar dem Argument, wonach die verstärkte Handelsrepression in Bern zu einer verdeckten Preiserhöhung im Sinne einer qualitätsmindernden Beimischung anderer Substanzen zu den Drogen geführt hat. Insgesamt kann man daher festhalten, dass es im Gefolge der Berner Aktion "Citro" weder zu offenen noch zu verdeckten Preissteigerungen gekommen ist. Es stellt sich jetzt u.a. noch die Frage, welche Effekte die rigorosere Politikumsetzung für die Durchsichtigkeit des Marktgeschehens hatte.

7.2.3 Transparenz des Marktes

Eine verschärfte Handelsrepression wird, sofern wirksam, auch den Schwarzmarkt beeinflussen. Insbesondere kann man argumentieren, dass sich im Gefolge einer effektiven Erhöhung des Repressionsdrucks ein stärker segmentierter und weniger transparenter Markt entwickeln müsste. Aufgrund der zusätzlichen behördlichen Aktivitäten werden u.a. vormals weithin akzeptierte Geschäftsorte (z.B. öffentliche Szenetreffpunkte in der Innenstadt) deutlich an Attraktivität einbüssen und durch vermeintlich besser "geeignete" Örtlichkeiten (z.B. in den städtischen Aussenbezirken) ersetzt werden. Durch den weitgehenden Ausfall zentraler Verkaufsorte werden aber die Geschäfte von Zwischen- und Einzelhändlern erschwert. Selbst wenn die Transaktionskosten der jeweiligen Geschäftspartner nicht wesentlich steigen, wird sich das Marktgeschehen nämlich auf verschiedene Orte verteilen. Letzteres wird dazu führen, dass zwischen Verkäufern (d.h. Zwischen- und Einzelhändler) weniger direkter Wettbewerb herrscht und sich insbesondere die Drogenkäufer (d.h. Einzelhändler und Konsumenten) schlechter über die Gegebenheiten im Markt informieren können. Kurz gesagt: Als Folge einer verstärkten Handelsrepression dürfte die Markttransparenz abnehmen.

Sofern diese Überlegung zutrifft, müsste die Varianz der Verbraucherpreise mit einem effektiv gestiegenen Repressionsdruck steigen. Zu ihrer Prüfung kann man die Varianzen der Grammpreise von Heroin und Kokain in den Städten Bern und Zürich für die beiden Erhebungszeitpunkte kontrastieren. Die Varianz (d.h. die quadrierte Standardabweichung) des Heroinpreises hat sich in Bern vom Sommer 97 zum Sommer 98 tatsächlich signifikant verändert (F-Test auf Varianzhomogenität: $F = 27{,}84$, $p < 0{,}001$). Entgegen der obigen Argumentationslinie hat sie allerdings abgenommen (Standardabweichung des Heroinpreises pro Gramm im Sommer 1997: 47,28 CHF; Sommer 1998: 34,06 CHF). Die Varianz des Berner Kokainpreises ist in der Zeitspanne zwar angestiegen (Standardabweichung des Kokainpreises pro Gramm im Sommer 1997: 59,92 CHF; Sommer 1998: 82,33 CHF), jedoch ist die Differenz keineswegs signifikant ($F = 0{,}323$, $p = 0{,}57$).

Betrachtet man die Zürcher Situation, dann ergibt sich bei der Kokainpreisvarianz praktisch keine Veränderung (Standardabweichung des Kokainpreises im Sommer 1997: 53,93 CHF; Sommer 1998: 52,82 CHF; $F = 0{,}912, p = 0{,}34$). Im krassen Unterschied zu Bern zeigt sich in Zürich zwischen 1997 und 1998 jedoch eine signifikante Steigerung der Heroinpreisvarianz (Standardabweichung des Heroinpreises im Sommer 1997: 32,88 CHF; Sommer 1998: 45,36 CHF; $F = 13{,}536$, $p < 0{,}001$).

Anscheinend hat sich also die Transparenz des Kokainmarktes weder in Bern noch in Zürich wesentlich verändert. Bei Kokain hatte die verschärfte Berner Handelsrepression offenbar keinen Effekt für den Informationsfluss im Markt. Bezüglich der Markttransparenz im Kokainmarkt scheint die Aktion "Citro" mithin ineffektiv gewesen zu sein. Betrachtet man die Befunde für den Heroinmarkt, dann ist die Schlussfolgerung aus behördlicher Sicht noch unerfreulicher: Trotz der Aktion "Citro" hat sich die Transparenz des Berner Heroinmarktes (im Gegensatz zu der in Zürich) eher verbessert. Anders gesagt: Die Verschärfung der Handelsrepression hat den Informationsfluss im Berner Heroinmarkt nicht reduziert. Sie ging vielmehr mit einer (relativ zu 1997 und Zürich) verbesserten Markttransparenz einher.

Sofern die rigorosere Verbotsumsetzung also die Gegebenheiten überhaupt verändert hat, scheinen sich die Berner Marktteilnehmer an die neuen Bedingungen gut angepasst zu haben. Auch um die Relevanz dieses Eindrucks abzuschätzen, empfiehlt sich abschliessend ein Blick auf die Händlerzahl und die Gewalt im Drogenmilieu zu den beiden Erhebungszeitpunkten.

7.2.4 Dealerzahl und Gewalt

In den Berner und Zürcher Befragungen von 1997 und 1998 wurden die Konsumenten u.a. nach der Anzahl ihrer Dealer in den letzten vier Wochen vor der Erhebung gefragt. Vergleicht man die entsprechenden Angaben für 1997, so übersteigt der Berner Mittelwert von 8,3 signifikant den Zürcher Durchschnitt von 6,0 ($t = 3{,}78$, $df = 602$, $p < 0{,}001$). Falls die Aktion "Citro" hinreichend effektiv gewesen wäre und zumindest die befragten Kleinhändler von Zwischenhändlern gekauft hätten, müsste die mittlere Zahl der Dealer im Jahr 1998 in Bern abgenommen haben. Tatsächlich ist die durchschnittlich berichtete Dealerzahl in Bern mit 7,6 aber (relativ zu 1997) nur insignifikant zurückgegangen. Daneben hat sich in der 1998er Befragung in Zürich gleichfalls eine insignifikante Reduktion der mittleren berichteten Dealerzahl auf 5,7 ergeben.

Somit scheint sich die verschärfte Berner Handelsrepression praktisch nicht auf die Zahl derjenigen Verkäufer ausgewirkt zu haben, welche für die Versorgung der Einzelhandelsebene wesentlich sind. Diese Folgerung bestätigt sich übrigens auch, wenn man eine analoge Analyse bezüglich der wahrgenommenen Anzahl der in Banden organisierten Dealer durchführt. Zudem spielt es dabei keine Rolle, ob man sich auf schweizerische oder ausländische Banden bezieht. Insgesamt ist daher davon auszugehen, dass die Aktion "Citro" für die Dealerzahl kaum eine Wirkung hatte.

Diese Folgerung ist besonders wichtig, wenn man sich an die obigen theoretischen Vermutungen zur Gewalttätigkeit unter den Bedingungen der Verbotspolitik erinnert. Gemäss dieser Überlegungen müsste die Prohibition v.a. wegen der fehlenden Rechtssicherheit gewalttätige Handlungen induzieren, so dass insbesondere Gewalthandlungen zwischen Transaktionspartnern häufiger vorkommen müssten als Gewalthandlungen zwischen Verkäufern. Die Relevanz dieses Gedankengangs lässt sich anhand der 1997er Gesamtdaten nachweisen: Danach kommen Handgemenge zwischen Dealern im Durchschnitt signifikant seltener vor als zwischen Händlern und Kunden ($t = -9{,}41$, $df = 953$, $p < 0{,}001$).

Aufgrund der auch 1998 höheren Händlerzahl in Bern ist es deshalb wenig verwunderlich, dass sich dort nach wie vor ein höheres Durchschnittsniveau der Gewalttätigkeit findet als in Zürich. Dies gilt, obwohl die "Gewaltverwicklungen" (d.h. Angaben zu Gewaltdelikten, von denen man in den letzten zwölf Monaten entweder als Täter oder als Opfer betroffen war) in der Berner Drogenszene im Vergleich zu 1997 und im Gegensatz zu Zürich wesentlich zurückgegangen sind. Insgesamt scheint "Citro" also die Zahl gewalttätiger Konflikte in Bern (relativ zu 1997) vermindert zu haben.

Berücksichtigt man daneben die diskutierten Resultate zur Entwicklung von Preis, Menge, Stoffqualität und Markttransparenz, dann bleibt nur die Folgerung, dass die "Aktion Citro" entweder keine oder lediglich unerhoffte Effekte auf zentrale Marktvariablen hatte. Man könnte nun zurecht einwenden, dass bei der hierfür grundlegenden Untersuchungsstrategie keine Zufallsaufteilung der Befragten auf "Experimental-" und "Kontrollstadt" erfolgte und deswegen etwaige Drittvariableneffekte nicht völlig ausgeschlossen werden können.

Interessanterweise führt die Analyse aber weitgehend zu demselben Fazit, das Weatherburn und Lind (1997) nach einer zweijährigen Studie für einen Heroinmarkt in Australien ziehen. Ausgehend von prozessproduzierten Daten fanden sie praktisch keine Effekte von Beschlagnahmungen auf den Preis, die Qualität und die Verfügbarkeit von Heroin auf der Ebene des Endverbrauchers. Die Ergebnisse zu den Markteffekten der verschärften Handelsrepression im Gefolge von "Citro" sind somit nicht völlig überraschend. Insgesamt lassen sie bezweifeln, ob eine kostenintensive zusätzliche Verschärfung der Repression für das Einzelhandelsgeschehen in bestehenden illegalen Drogenmärkten von Bedeutung ist. Diese Zweifel verstärken sich, wenn man die zentralen Befunde der vorliegenden Studie kombiniert.

Kapitel 8

Rückschau und Ergebnisüberblick

Norman Braun und Claudia Zahner

Im Mittelpunkt der vorliegenden Studie stand die allgemeine Fragestellung, ob und inwieweit theoretische Überlegungen zum Suchtverhalten und Drogenmarktgeschehen empirische Relevanz besitzen. Die vorangegangenen Kapitel befassten sich mit einschlägigen Antworten. Ihre Inhalte und Einsichten werden nun zusammengeführt, wobei Details zur Gewährleistung der Übersichtlichkeit weitgehend ausgeblendet bleiben. Die selektive Zusammenfassung orientiert sich am Aufbau der Arbeit.

8.1 Erhebungen und Befragtenmerkmale

Zur Erfassung des Suchtverhaltens und Marktgeschehens wurde im Sommer 1997 eine koordinierte standardisierte Befragung von möglichst vielen Angehörigen der "sichtbaren Drogenszenen" in den Städten Basel, Bern und Zürich durchgeführt. Zur "sichtbaren Drogenszene" zählten dabei alle Konsumenten harter Drogen (Heroin und/oder Kokain), welche Einrichtungen der Drogenhilfe aufsuchen und/oder sich an öffentlichen Szenetreffpunkten aufhalten. Nicht erfasst wurden dagegen Personen, die harte Drogen nur im privaten Rahmen gebrauchten und Einrichtungen der Drogenhilfe nicht in Anspruch nahmen. Ebenfalls weitgehend unerfasst blieben Grossanbieter und Zwischenhändler, so dass sich die empirischen Resultate zumeist auf den Drogeneinzelhandel beziehen.

Diese Beschränkungen galten auch für die Wiederholungsbefragung, die (wiederum zeitgleich) im Sommer 1998 in Bern und Zürich stattfand. Zum einen war dadurch eine Robustheitsprüfung der schon beschafften Informationen sowie deren Fortschreibung möglich. Zum anderen erwies sich die Zweitbefragung deshalb als sinnvoll, weil im Januar 1998 mit der sogenannten Aktion "Citro" eine aufsehenerregende Änderung der polizeilichen Umsetzung der Berner Drogenpolitik begann. Zielsetzung dieser Aktion war insbesondere die rigorosere Verfolgung des Zwischen- und Grosshandels mit harten Drogen. Aus der Sicht der Drogenforschung erwies sich die (im Vergleich zum Vorjahr) verstärkte polizeiliche Repressionstätigkeit gegenüber den Anbietern von illegalen Substanzen in Bern als eine günstige Gelegenheit zur vergleichenden Analyse von Marktwirkungen der Repression. Voraussetzung für den Vergleich waren allerdings brauchbare Bezugsdaten – als Referenzfall erwies sich Zürich als besonders geeignet, weil dort 1997 bereits erhoben wurde und zwischenzeitlich keine dramatische Änderung der polizeilichen Repression erfolgte.

In den Befragungen standen v.a. der Kauf, Konsum und Verkauf von Heroin und Kokain (z.B. Mengen, Preise) im Vordergrund. Daneben interessierten Aspekte von Drogengeschäften (z.B. Art, Ablauf, Ort), die Verflechtungen der Marktteilnehmer (z.B. Kauf bei Stammhändler, Verkauf an Bekannte) sowie die Repressionserfahrungen (z.B. Zahl der Kontrollen, Anzeigen) und Gewalthandlungen (z.B. Schlägereien) von Szeneangehörigen. Zudem wurden soziodemographische Merkmale (z.B. Alter, Geschlecht) und die aktuellen Lebensumstände (z.B. Wohnsituation, Einnahmequellen, soziale Beziehungen) erhoben. Durchschnittlich nahm das Ausfüllen des Fragebogens im Beisein und mit Unterstützung eines Interviewers etwa 40 Minuten in Anspruch.

In der Untersuchung von 1997 wurden insgesamt 1047 Befragungen durchgeführt, von denen nach einer kritischen Qualitätsprüfung letztlich

972 (in Basel 348, in Bern 288 und in Zürich 336 Fälle) ausgewertet werden konnten. Die Befragungen im Jahr 1998 erbrachten gültige Antworten von 419 Personen, wovon 198 Fälle in Bern und 221 Fälle in Zürich erhoben wurden. Generell gelang die Erfassung der Zielpopulation: Nahezu alle Befragten sind im Vormonat als Nachfrager von Heroin und/oder Kokain im Markt aufgetreten.

Insgesamt scheinen die Befragungsdaten weitgehend zuverlässig und gültig zu sein – dies zeigten mehrfache Konsistenzprüfungen bezüglich der Angaben zu einzelnen Fragen, aber auch systematische Vergleiche zwischen den Befragten oder den Befragungsstädten sowie Abgleiche mit den deskriptiven Ergebnissen anderer Studien für die jeweiligen Städte (v.a. Braun et al. 1995; Meier Kressig, Nydegger Lory und Schumacher 1996; Ronco et al. 1994). In Übereinstimmung mit anderen Erhebungen in Basel, Bern und Zürich beträgt beispielsweise der Frauenenanteil jeweils etwa ein Viertel der befragten Personen und weibliche Konsumierende illegaler Drogen sind durchschnittlich etwas jünger als die männlichen Konsumenten.

Das Durchschnittsalter beträgt gut 30 Jahre mit in allen drei Erhebungsstädten ähnlichen Verteilungen. Im Vergleich mit früheren stadtspezifischen Studien ist demnach das Durchschnittsalter in den sichtbaren Drogenszenen über die Jahre gestiegen. Diese Entwicklung deutet auf eine erfreulicherweise verminderte Mortalität bei Konsumierenden harter Drogen hin.

Bei der weiteren Betrachtung der Befragtenmerkmale ergaben sich insbesondere die folgenden Befunde:

- Zumindest für Basel, Bern und Zürich kann nicht von einem nennenswerten Drogentourismus gesprochen werden: Die überwiegende Mehrheit der Befragten wohnt schon seit geraumer Zeit am jeweiligen Befragungsort oder im dazugehörigen Kanton.

- Insgesamt knapp ein Fünftel lebt in Institutionen (Heim, Therapie, Entzug) oder hat keinen festen Wohnsitz. Dabei findet sich der höchste Obdachlosenanteil in der Berner Szene.

- Drei von zehn Befragten finanzieren ihren Lebensunterhalt unter anderem durch Drogenverkauf, Raub/Diebstahl oder Prostitution.

Hauptsächliche Einkommensquellen der übrigen Personen sind legale Erwerbstätigkeit und/oder öffentliche sowie private Unterstützungen. Die Angaben zur Erwerbstätigkeit reflektieren, dass mehr als die Hälfte keine Arbeits- oder Ausbildungsstelle besitzt. Drogenkonsumierende Frauen sind von Erwerbslosigkeit stärker betroffen.

- Für den grösseren Teil der Befragten und insbesondere für Personen ohne regelmässige Erwerbstätigkeit besteht das soziale Umfeld mehrheitlich aus Personen, die ebenfalls illegale Drogen konsumieren. Etwas mehr als ein Drittel der Befragten unterhält eine feste Beziehung, wobei Frauen eher in einer festen Partnerschaft sind als Männer.

Insgesamt zeigten die Analysen, dass in keiner Stadt eine homogene Verbraucherpopulation existiert. Auch deshalb empfahl sich ein Blick auf die Konsummuster und die Repressionserfahrung der Befragten.

8.2 Konsummuster und Repressionserfahrung

Gewohnheit und Sucht sind Begriffe, die sich bei der Beschäftigung mit dem Drogenkonsum unweigerlich ergeben. Beide Begriffe beziehen sich auf die Evolution eines Verhaltensmusters über einen gewissen Zeithorizont (für eine formale Modellierung siehe z.B. Braun und Vanini 1998). Es erschien deshalb sinnvoll, die Konsumdauer der Befragten zumindest approximativ zu erfassen.

Dokumentiert wurden hierfür zunächst die durchschnittlichen Einstiegsalter in den regelmässigen Konsum verschiedener illegaler Drogen. In Übereinstimmung mit einer Vielzahl anderer Studien zeigte sich dabei, dass der Einstieg in den regelmässigen Konsum verschiedener Substanzen sequentiell erfolgte: Im Durchschnitt begannen die Befragten im 21. Lebensjahr (Median 19) mit dem regelmässigen Heroinkonsum, im 22. Lebensjahr (Median 20) mit demjenigen von Kokain und mit 23 Jahren (Median 22) mit dem regelmässigen kombinierten Gebrauch von Heroin und Kokain ("Cocktail"). Diese spezifische Reihenfolge bedeutet aber keineswegs, dass nach dem Beginn mit Heroin zwangsläufig der Einstieg in den Kokainkonsum folgt oder dass jeder Konsument von Heroin unweigerlich Cocktail benutzen wird – es gibt vielmehr Konsumierende, die sich nur auf eine der Substanzen beschränken oder ihren regelmässigen Gebrauch in einer anderen Reihenfolge aufnehmen.

Unter Berücksichtigung dieser Tatsache konnte danach – ausgehend von den Angaben zum jeweiligen Einstiegsalter in den Gebrauch der verschiedenen Drogen und dem Alter zum Befragungszeitpunkt – die Länge der Konsumgeschichte näherungsweise bestimmt werden: Die Konsumdauer harter Drogen (d.h. Heroin und/oder Kokain) betrug durchschnittlich 10 Jahre (Median 9 Jahre). Zwar handelt es sich hierbei um eine recht grobe Approximation, weil die Berechnung ungeachtet der jeweiligen Konsumform und etwaiger Abstinenzphasen erfolgte. Dennoch weist die Näherung darauf hin, dass überwiegend abhängige Konsumenten befragt wurden.

Die Befunde zum aktuellen Konsumverhalten rechtfertigen diese Interpretation: Die beiden Drogen Heroin und Kokain werden sowohl einzeln als auch in der kombinierten Form des Cocktails von der überwiegenden Mehrheit der Befragten täglich konsumiert, was eine exzessivere Konsumgeschichte anzeigt. Ein weiteres Viertel nimmt mehrmals pro Woche Heroin, Kokain oder Cocktail zu sich. Annähernd ein Drittel bevorzugt keine bestimmte Droge, sondern konsumiert Heroin, Kokain oder Cocktail etwa gleich oft. Dabei gibt es Unterschiede zwischen den Städten: Die befragte Population in Bern konsumiert hauptsächlich mehrere der drei Drogen, in Basel ist Heroin und in Zürich Cocktail die Hauptdroge.

Interessant sind daneben die Relationen der Konsumhäufigkeiten zwischen einzelnen Drogen. Sie geben Hinweise darauf, ob sich zwei Substanzen in ihrem Gebrauch eher wechselseitig substituieren oder aber zueinander komplementär sind. Korrelationsanalysen erbrachten folgende Befunde: Beurteilt nach der Häufigkeit des Gebrauchs der Substanzen ist Kokain für Heroinbenutzer offenbar eher ein Komplement, während Methadon für Heroin erwartungsgemäss ein Substitut darstellt. Nach demselben Kriterium sind Methadon und Cannabis dagegen schwach komplementär im Gebrauch, während der Konsum von Heroin und/oder Kokain mit dem von Cannabis anscheinend in einer schwach substitutiven Beziehung steht.

Da harte Drogen auf unterschiedliche Weise konsumiert werden können, wurde zudem nach der jeweils dominanten Applikationsform gefragt. Insgesamt ein Fünftel raucht oder inhaliert Heroin, ein Sechstel präferiert diese Konsumarten bei Kokain. Acht von zehn Personen geben an, dass sie Heroin, Kokain oder Cocktail hauptsächlich injizieren. Dabei verabreicht sich der Mediankonsument aus der gesamten Stichprobe drei Injektionen pro Tag. Ebenfalls den Medianwerten zufolge spritzen sich die intravenös konsumierenden Befragten in Basel zwei-, in Zürich drei- und in Bern viermal am Tag ihre Drogen.

Sowohl bei Heroin als auch bei Kokain beträgt die monatliche Verbrauchsmenge des Mediankonsumenten 15 Gramm. Bei einem städtischen Szenevergleich zeigte sich u.a. dass in Bern zwar die höchsten mittleren Mengen von Heroin und Kokain konsumiert werden, aber auch die grösste Varianz des Verbrauchs vorliegt. Aggregiert man die Angaben über die 904 antwortenden Personen mit Heroinkonsum, so ergibt sich ein gesamter Tagesverbrauch von 739 Gramm Heroin. Für die 783 Kokainkonsumierenden resultiert ein insgesamter täglicher Verbrauch von 591 Gramm Kokain.

Angesichts dieser hohen Konsummengen illegaler Substanzen stellte sich insbesondere die Frage, ob lokale Variationen der behördlichen Repression gegenüber Drogenkonsumenten bestehen. Zu ihrer Beantwortung erfolgte ein systematischer Vergleich der Repressionserfahrungen (Polizeikontrollen, Anzeigen, Verurteilungen), die in den Berner und Zürcher Erhebungen von 1997 und 1998 berichtet wurden. Hintergrund war hierbei, dass in der Stadt Bern (im Gegensatz zu Zürich) im Jahr 1998 explizit das Vorgehen gegen den Drogenhandel verschärft wurde (Aktion "Citro"). Die Auswertung der Angaben zur persönlichen Repressionserfahrung erbrachte folgende Befunde:

- Bezüglich der Anteile der Befragten, die innerhalb der letzten zwölf Monate verurteilt worden sind, bestanden kaum Unterschiede zwischen der Berner und der Zürcher Drogenszene.

- Ein anderes Bild zeigte der Städtevergleich bezüglich der Kontrollen und Anzeigen: Der erfahrene Repressionsdruck war in Zürich durch gehend etwas weniger hoch als in Bern, wobei dies für beide Erhebungsjahre gilt.

- Zwischen der Erst- und der Zweitbefragung ergab sich in beiden Erhebungsorten eher eine Abnahme der Repressionsintensität. Insbesondere wiesen die Ergebnisse der Folgeerhebungen von 1998 sowohl in Bern als auch in Zürich eine niedrigere Zahl der Polizeikontrollen aus.

Dabei schlug sich die Aktion "Citro" in Bern 1998 allein in einer deutlich geringeren Kontrolltätigkeit bei den Personen nieder, die ausschliesslich Drogen verbrauchen (also nicht damit handeln). Dagegen war die Repressionserfahrung bezüglich Kontrollen und Anzeigen unter den befragten Drogenverkäufern im Jahresvergleich nahezu konstant geblieben. Dies kann reflektieren, dass sich die Aktion "Citro" gleichfalls nicht gegen die befragten Drogenverkäufer richtete (sondern z.B. gegen untererfasste tatsächliche oder vermutete ausländische Händler). Es kann aber auch bedeuten, dass sich die Teilnehmer am illegalen Marktgeschehen v.a. durch die Nutzung ihrer Netzwerkbeziehungen effektiv gegenüber erfolgreichen Repressionsbemühungen schützten. Eine genauere Analyse der Beziehungen zwischen Anbietern und Nachfragern bei Drogengeschäften erschien deshalb angebracht.

8.3 Drogengeschäfte und Netzwerkeinbindung

Eine wesentliche Anpassungsstrategie von Drogenanbietern und Drogennachfragern an die Verbotspolitik dürfte darin bestehen, eine sorgsame Auswahl ihrer jeweiligen Transaktionspartner zu treffen. Unter anderem zur Reduktion von Straf- und Betrugsrisiken müssten die bereits etablierten Netzwerkbeziehungen der Akteure daher eine grössere Rolle als in einem legalen Markt spielen. Hintergrund dieser Aussage sind zentrale Merkmale illegaler Drogengeschäfte:

- Tauschvorgänge in einem Schwarzmarkt erfolgen in der Abwesenheit einklagbarer Eigentumsrechte, so dass Transaktionskosten (v.a. die Kosten der Aushandlung, Überwachung und Durchsetzung "impliziter" Verträge) nicht unbedingt vernachlässigbar sind.

- Insbesondere wegen der Drogenabhängigkeit vieler Marktteilnehmer ist es oftmals unsicher, ob eine Leistung vereinbarungsgemäss erwidert wird – selbst wenn der Austausch (Geld gegen Ware) simultan erfolgt, besteht prinzipiell Unklarheit über die Drogenqualität, weil es z.B. keine Werbung oder Markennamen gibt.

Sowohl Drogenanbieter als auch Drogennachfrager können somit individuelle Anreize für opportunistisches Verhalten besitzen, deren Befolgung ein gegenseitig nutzenstiftendes Geschäft verhindert. Berücksichtigt man nun verschiedene spieltheoretische Arbeiten (u.a. Dasgupta 1988; Kreps 1990; Snijders 1996; Voss 1996; Raub 1992; Raub und Weesie 1990; Weesie und Raub 1996), so ergibt sich eine theoretische Erklärung für Drogentransaktionen zwischen eigeninteressierten Akteuren, wenn eine der folgenden Bedingungen erfüllt ist (Braun 1998):

- Es besteht gemeinsames Wissen über die Zuverlässigkeit des Tauschpartners, wobei dieser Schätzwert der Vertrauenswürdigkeit zudem hinreichend hoch sein muss.

- Der Zeithorizont von Beziehungen zwischen möglichen Geschäftspartnern erscheint als unbegrenzt und die gemeinsame Interaktionszukunft ist überdies hinreichend wichtig.

- Es erfolgt eine glaubwürdige Verpflichtung auf kooperatives Verhalten durch die Hinterlegung eines hinreichend wertvollen Pfandes.

Während die ersten beiden Mechanismen auf die Bedeutung von bestehenden Netzwerkbeziehungen hinweisen, gilt dies für den letztgenannten Kooperationsmechanismus weit weniger. Die Pfandlösung ist ja kein Nebenprodukt der gemeinsamen Geschichte und potenziellen Zukunft – aufgrund der Aushandlung, Erfüllung und Überwachung eines Pfandvertrages ergeben sich vielmehr Transaktionskosten, die bei den anderen Mechanismen nicht anfallen. Geht man also von zielgerichtet handelnden potenziellen Geschäftspartnern aus, so müssten Pfandvergaben in einem besser vernetzten System eher selten auftreten.

8 Rückschau und Ergebnisüberblick

Insgesamt deuten diese theoretischen Überlegungen relevante Einflussgrössen für das Zustandekommen von Drogengeschäften an. Aus theoretischer Sicht dürften danach die geschätzte Vertrauenswürdigkeit von Transaktionspartnern, die zeitliche Unbegrenztheit der Geschäftsbeziehungen und/oder glaubwürdige Verpflichtungen durch Pfandvergabe im Drogenmarkt eine mehr oder weniger gewichtige Rolle spielen.

Zur Prüfung dieser Vermutungen wurde der im Sommer 1997 erhobene Datensatz zum Drogeneinzelhandel in Basel, Bern und Zürich verwendet. Er enthält Informationen über Kennzeichen typischer Transaktionen (z.B. simultaner oder zeitlich asymmetrischer Tausch, bekannter oder fremder Tauschpartner) und erlaubt daher eine genauere Charakterisierung tatsächlicher Geschäfte mit Heroin und Kokain. Die getrennte Auswertung des Gesamtdatensatzes und der stadtspezifischen Datensätze brachte weitgehend übereinstimmende Resultate. Besonders wichtige Befunde waren:

- Im Einzelhandel von Heroin und Kokain in Basel, Bern und Zürich wird überwiegend von Bekannten gekauft und mehrheitlich an bekannte Personen verkauft. Käufer mit "Sozialkapital" (d.h. zeitlich unbegrenzten Netzwerkbeziehungen zu potenziellen Transaktionspartnern, deren Einschätzung der eigenen Vertrauenswürdigkeit man zumindest annähernd kennt) kaufen signifikant weniger häufig von fremden Verkäufern, wenn man das Sozialkapital durch die Kenntnis der Adresse und/oder Rufnummer von zumindest einem Dealer operationalisiert. Dennoch besteht keine vollständige Vernetzung der Drogenmarktteilnehmer: Zumindest gelegentlich finden Drogenkäufe von anonymen Händlern sowie Drogenverkäufe an bisher unbekannte Kunden statt.

- Simultane Tauschbeziehungen (Warenabgabe gegen sofortige Barzahlung) dominieren das Schwarzmarktgeschehen nahezu vollständig. Geschäfte mit einer zeitlichen Asymmetrie zwischen Angebots- und Nachfrageleistung erfolgen insbesondere dann, wenn der Nachfrager Hilfsdienste für den Anbieter (z.B. Schmierestehen, Vermitteln) erbringt und von diesem offenbar als vertrauenswürdig eingeschätzt wird (Kenntnis der Rufnummer des Anbieters). Dies gilt sowohl für Heroin als auch für Kokain.

- Sofortiger Austausch charakterisiert überwiegend auch diejenigen Transaktionen, die nicht in der Öffentlichkeit, sondern in privaten Räumen stattfinden. Ein "Privateinkauf" erfolgt eher, wenn der Nachfrager Stammkunde ist, eine längere Konsumdauer aufweist, die Rufnummer des Anbieters kennt und für letzteren Hilfsdienste erledigt. Die Wahrscheinlichkeit des Einkaufs in Privaträumen steigt daneben, wenn mehrere Nachfrager gemeinsam eine grössere Menge erwerben. "Privatverkäufe" werden dagegen überwiegend von solchen Anbietern abgewickelt, welche selbst die Rufnummer ihrer eigenen Lieferanten kennen und selbst Stammkunden bei diesen sind. Sozialkapital dürfte also auch auf der Ebene des Zwischenhandels eine Rolle spielen.

- Anbieter räumen Nachfragern mit Sozialkapital besondere Konditionen ein. So erhalten Nachfrager eher besondere Rabatte, wenn der Anbieter sie (nach eigener Auskunft) ziemlich gut kennt und diese Hilfsdienste für ihn erledigen. Daneben geben die Anbieter eher Stoffproben, wenn Nachfrager ihre Adresse kennen. Bei starkem Heroinkonsum von Nachfragern scheint dies gleichfalls zu gelten.

- Unter den wenigen zeitlich asymmetrischen Tauschbeziehungen finden sich kaum Kommissionsgeschäfte (Warenlieferung gegen die Angabe eines Zahlungsziels), die durch ein vorheriges Pfand des Nachfragers (z.B. persönlicher Wertgegenstand) stabilisiert werden. Eine Pfandvergabe ist eher nicht notwendig, wenn der Nachfrager die Rufnummer des Anbieters weiss und daher offenbar als vertrauenswürdig erachtet wird. Kommissionsgeschäfte gehen Anbieter anscheinend dann eher ein, wenn der Nachfrager selbst Drogen verkauft und sie ihn recht gut kennen.

Insgesamt weisen die empirischen Ergebnisse also darauf hin, dass vertrauensfördernde Vorleistungen (Pfänder) im Drogenmarkt selten erbracht werden und die Gestaltung von Drogengeschäften wesentlich mit den bereits etablierten Kontakten zu tun hat. Langfristige Geschäftsbeziehungen und hochgeschätzte Vertrauenswürdigkeiten scheinen somit relevante Mechanismen für die Erklärung der Kooperation zwischen Drogenmarktteilnehmern zu sein. Daneben geht eine bessere Netzwerkeinbindung mit faktisch günstigeren Transaktionsbedingungen einher. Vermutlich erschweren insbesondere die profitablen Netzwerkbeziehungen der Drogenmarktteilnehmer die Arbeit der Ermittlungsbehörden. Neben der Vernetzung gibt es aber noch andere Aspekte, die bei der Analyse illegaler Drogenmärkte eine Rolle spielen. Besonders wesentlich ist dabei die Beziehung zwischen der nachgefragten Drogenmenge und dem Preis der illegalen Substanzen.

8.4 Nachfragemenge und Drogenpreis

Die Prohibition und ihre Umsetzung zielt darauf ab, die Preise der illegalen Substanzen zu erhöhen und deren Gebrauch möglichst stark zu vermindern. Zweifellos werden Drogen durch die Repressionspolitik für den Endverbraucher (im Vergleich zu einem legalen Markt) stark verteuert. Aufgrund des (aus theoretischer Sicht) negativen Zusammenhangs zwischen Drogenpreis und Drogenverbrauch verwundert es nicht, dass die Prävalenzrate des regelmässigen Konsums von Heroin und Kokain niedriger liegt als die Prävalenzrate des dauerhaften Gebrauchs legaler Vergleichsprodukte (z.B. Alkohol, Tabak).

Um Verbrauchsveränderungen bei variierendem Preis abschätzen zu können, muss man allerdings die Preiselastizität der Nachfrage (d.h. die prozentuale Nachfragereaktion auf eine einprozentige Preisänderung) und deren Abhängigkeit vom Preis zumindest annähernd kennen. Hierzu existieren bemerkenswert wenige empirische Arbeiten, die sich überdies nur auf den amerikanischen Sprachraum beziehen (v.a. Brown und Silverman 1974; Caulkins 1995; Silverman und Spruill 1977). Zudem beruht die verfügbare Evidenz häufig auf einer sehr beschränkten und unsicheren Datenbasis (z.B. Informationen über selbsterinnerte Mengen-Preis-Kombinationen durch Häftlinge, Beschlagnahmungen verbotener Substanzen und polizeiliche Daten über Drogenpreise, Resultate von Drogentests festgenommener Personen).

Die im Sommer 1997 erhobenen Individualdaten zum Drogeneinzelhandel in der Deutschschweiz erlaubten eine empirische Beschreibung der Nachfrageseite des Drogenmarktes. Neben einem Vergleich mit den amerikanischen Befunden wurde damit eine Prüfung von Implikationen der vorliegenden Gewohnheits- oder Suchttheorien (z.b. Becker und Murphy 1988; Braun und Vanini 1998; Orphanides und Zervos 1995, 1998) möglich. Letztere besagen u.a. dass die dauerhafte Drogenverbrauchsmenge eines repräsentativen Akteurs in einer bestimmten Weise vom vorgegebenen Drogenpreis abhängt. Fasst man dementsprechend die nachgefragte Drogenmenge als Funktion des exogenen Preises auf, dann lässt sich z.b. die Heroinnachfrage eines durchschnittlichen Verbrauchers auf der Grundlage von berichteten Mengen-Preis-Kombinationen schätzen.

Für die empirische Analyse musste allerdings zunächst der Nachfragebegriff konkretisiert werden – differenziert wurde zwischen (a) der (auf den Monat hochgerechneten) "täglichen Konsummenge" aller Befragten sowie (b) der erfragten "üblichen Kaufmenge" pro Monat sämtlicher Nichtverkäufer. Die getrennte Betrachtung von Konsum- und Kaufmengen war deshalb sinnvoll, weil manche Drogenkonsumenten überhaupt nicht als Käufer auftraten, sondern von anderen Szeneangehörigen mit Drogen versorgt und/oder für Tätigkeiten (z.B. Vermittlung) in Naturalien entlohnt wurden.

Unabhängig von der Konzeptualisierung des Nachfragebegriffs (Konsummenge oder Kaufmenge) ergab die Datenauswertung, dass in Übereinstimmung mit sämtlichen anderen Studien und den theoretischen Erwartungen eine negative Beziehung zwischen der nachgefragten Menge und dem bezahlten Preis bei Heroin und Kokain besteht. Allerdings unterscheiden sich die Drogen bezüglich der funktionalen Form der Mengen-Preis-Beziehung. Zur Identifikation der "besten" Beziehungen wurden nämlich verschiedene funktionale Spezifikationen verglichen, wonach die Preiselastizität der Nachfrage positiv, negativ oder nicht von der Preishöhe abhängt. Folgerungen zum Nachfragemuster eines typischen Heroinbenutzers bzw. Kokainkonsumenten ergaben sich dann durch den systematischen Vergleich ihrer statistischen Anpassungsgüte bei der Analyse der Mengen-Preis-Daten aus den zeitgleichen Erhebungen in Basel, Bern und Zürich. Besonders wesentlich waren dabei folgende regressionsanalytischen Befunde:

- Die lineare Spezifikation des Mengen-Preis-Zusammenhangs bei Heroin und Kokain erlaubt sowohl im Konsummengenfall als auch im

8 Rückschau und Ergebnisüberblick

Kaufmengenszenario nur eine relativ schlechte Beschreibung der Daten. Anders gesagt: Die durch die lineare Mengen-Preis-Beziehung implizierte Annahme, dass der absolute Betrag der Preiselastizität der Nachfrage bei steigendem Preis stets mit zunehmender Rate wächst, wird durch die vorliegenden Daten nicht gestützt. Dieses Ergebnis ist aus theoretischer Sicht interessant – im Gegensatz zu Alternativmodellen (z.B. Braun und Vanini 1998) implizieren bestimmte ökonomische Suchttheorien (Becker und Murphy 1988; Orphanides und Zervos 1995) eine lineare Mengen-Preis-Beziehung für das dauerhafte Nachfragemuster eines repräsentativen Verbrauchers.

- Der systematische Vergleich unterschiedlicher Formen der Mengen-Preis-Beziehung bezüglich ihrer jeweiligen statistischen Anpassungsgüte zeigt, dass es keine eindeutig beste Spezifikation der funktionalen Form geben muss. Eine statistisch begründete Wahl zwischen funktionalen Formen kann unmöglich sein.

- Nach den Resultaten der statistischen Untersuchung der Befragungsdaten ist der Mengen-Preis-Zusammenhang bei Heroin so beschaffen, dass der absolute Betrag der Preiselastizität der Heroinnachfrage eines typischen Benutzers bei höherem Heroinpreis nicht steigt. Vielmehr bleibt die Preiselastizität betraglich entweder konstant oder sinkt hyperbelartig bei höherem Preis. Unter sonst gleichbleibenden Bedingungen müsste eine permanent preistreibende Repressionspolitik bezüglich Heroin, falls überhaupt realisierbar, demnach entweder von einer gleichbleibenden prozentualen Mengenreduktion oder von einer stetigen Verminderung der prozentualen Nachfragereaktion des typischen derzeitigen Heroinkonsumenten begleitet werden.

- Entsprechend den regressionsanalytischen Befunden ist der Preis-Mengen-Zusammenhang bei Kokain dadurch gekennzeichnet, dass der absolute Betrag der Preiselastizität der Kokainnachfrage eines typischen Verbrauchers bei steigendem Kokainpreis nicht abnimmt. Vielmehr bleibt er entweder betraglich konstant oder steigt linear bei höherem Preis. Unter sonst gleichen Bedingungen dürfte eine fortwährend preistreibende Verbotspolitik bezüglich Kokain, sofern überhaupt möglich, daher entweder immer zu derselben prozentualen Abnahme des Kokaingebrauchs eines typischen derzeitigen Konsumenten führen oder gar eine leichte Verstärkung der prozentualen Verminderung seiner Kokainnachfrage auslösen.

Der systematische Vergleich verschiedener Mengen-Preis-Beziehungen wies somit auf substanzspezifische Differenzen bezüglich der Abhängigkeit der Preiselastizität der Nachfrage von der Preishöhe hin, die das unterschiedliche Suchtpotenzial von Heroin und Kokain reflektieren (z.B. Braun 1998).

Betont wurde überdies, dass die skizzierten Befunde lediglich die Mengen-Preis-Beziehung bei aktuellen Dauerbenutzern von Heroin und Kokain beschreiben. Sie erlauben jedoch keine weitreichenden Folgerungen über die Entwicklung der Drogennachfrage bei extremen Preisveränderungen, die sich etwa bei einer drastisch veränderten Drogenpolitik ergeben könnten. Eine immense Preissenkung kann ja Neueinstiege fördern, die zu einer Veränderung des durchschnittlichen Nachfragemusters führen. Diese Aussage reflektiert, dass die untersuchte Konsumentenpopulation durch Selbstselektion charakterisiert ist. Mithin lässt sich nicht ausschliessen, dass die für sie typische Mengen-Preis-Beziehung sowohl bezüglich der nummerischen Befunde als auch bezüglich der funktionalen Form von derjenigen Beziehung abweicht, die sich nach etwaigen Neueinstiegen im Gefolge einer starken Preisreduktion ergeben würde.

Aber selbst wenn man diese Überlegung ernst nimmt, sind völlig eindeutige Folgerungen nicht immer möglich. Dies zeigte sich bei der Bestimmung von nummerischen Befunden. Nach einer Bewertung am Preismittelwert und einer Berechnung der korrespondierenden Werte der Preiselastizität der Nachfrage wurden insbesondere folgende Resultate erzielt:

- Im Konsummengenfall ergeben sich jeweils betraglich kleinere Elastizitätswerte am Preismittelwert als bei der Analyse des Kaufmengenszenarios. Dies gilt unabhängig von der Drogenart und der Spezifikation der Mengen-Preis-Beziehung.

- Konzentriert man sich auf die Mengen-Preis-Beziehung bei Kokain und bestimmt jeweils den Durchschnittswert der Schätzresultate für

8 Rückschau und Ergebnisüberblick

die Elastizitäten am Preisdurchschnitt, so ergibt sich $-1{,}25$ als mittlerer Elastizitätswert der Konsummenge und $-1{,}62$ als durchschnittlicher Elastizitätskoeffizient der Kaufmenge. Im Durchschnitt führt eine einprozentige Preissenkung demnach zu einer Erhöhung der Kokainkonsummenge um $1{,}25\%$ und zu einer Steigerung der Kokainkaufmenge um $1{,}62\%$. Unabhängig von der Mengenkonzeption kann für Kokain somit eine preiselastische Nachfrage des typischen derzeitigen Benutzers aus der Deutschschweiz diagnostiziert werden. Insbesondere wenn man sich auf die Kaufmenge von Kokain bezieht, sind die Schätzergebnisse zudem mit den US-Befunden von Caulkins (1995) weitgehend kompatibel, wonach die Preiselastizität der Kokainnachfrage zwischen $-1{,}5$ und $-2{,}0$ liegt.

- Berechnet man die mittleren Elastizitätswerte der Heroinnachfrage aufgrund der Schätzresultate für die Elastizitäten am Preismittelwert, dann erhält man $-0{,}97$ als mittlere Elastizität des Heroinkonsums, aber $-1{,}53$ als Durchschnittswert der Elastizitätskoeffizienten für die übliche Heroinkaufmenge. Somit ist die mittlere Elastizität des Heroinkaufs nahezu identisch mit dem mittleren Schätzwert von $-1{,}5$, den Caulkins (1995) für amerikanische Daten findet. Im Gegensatz zur Kaufmenge und den US-Befunden scheint die Konsummenge eines typischen derzeitigen Heroinbenutzers in der Deutschschweiz aber knapp preisunelastisch zu sein.

Unabhängig von der verwendeten Mengenkonzeption lässt sich festhalten, dass die Heroinnachfrage im Durchschnitt weniger preiselastisch reagiert als die Kokainnachfrage. Die abweichenden Befunde für Konsum- und Kaufmenge zeigten allerdings, dass die Nachfragekonzeption die Schätzresultate selbst dann beeinflussen kann, wenn man sich nur mit dem Mengen-Preis-Effekt beschäftigt und sonstige Nachfrageeinflüsse (wie z.B. Einkommen) von vornherein ausblendet. Während bei Kokain die mengenspezifischen Unterschiede recht gering waren und daneben die einschlägigen Befunde mit den aktuellen US-Resultaten in etwa übereinstimmten, resultierten bei Heroin weder vollständig eindeutige noch mit den US-Befunden völlig vereinbare Folgerungen. Die Abweichungen zwischen den substanzspezifischen

Befunden und die Differenzen zwischen den Mengenszenarien (Konsummenge oder Kaufmenge) bei Heroin wurden bei der Einbeziehung weiterer Einflussgrössen noch deutlicher.

8.5 Sozioökonomische Nachfrageeinflüsse

Man kann wohl davon ausgehen, dass die Drogennachfrage von langjährigen Benutzern nicht nur vom Preis abhängt. Weit weniger klar ist allerdings, welche anderen Variablen mit der Nachfragemenge des typischen Konsumenten zusammenhängen (theoretische Fragestellung) und wie stark ihre Beziehungen mit der Nachfrage nach Heroin und Kokain sind (empirische Fragestellung). Im Anschluss an Braun (1998) wurden zur Vorbereitung der empirischen Analyse daher zunächst einige theoretische Überlegungen zu potenziellen Einflussgrössen angestellt und testbare Hypothesen formuliert. Danach variiert die Nachfragemenge eines Konsumenten von Heroin und/oder Kokain positiv mit seinem verfügbaren Einkommen, negativ mit dem jeweiligen Preis pro Einheit der Substanz, negativ mit der erfahrenen behördlichen Aktivität zur Verbotsumsetzung, positiv mit seiner Konsumgeschichte bezüglich dieser Substanzen, positiv mit dem Zugriff auf zumindest einen Stammhändler, positiv mit einer Tätigkeit (z.B. Vermitteln) für Händler, positiv mit seinen Szeneauftritten bei Kaufhandlungen sowie negativ mit seiner Integration in die "normale" Gesellschaft.

Einige dieser Zusammenhangsaussagen beziehen sich auf empirisch schwer fassbare Variablen. Insbesondere ist unklar, wie man die Konsumgeschichte einer Person oder ihre soziale Integration messen kann. Für die empirische Prüfung der Hypothesen anhand der Befragungsdaten aus den 97er Erhebungen mussten daher mehr oder weniger plausible Operationalisierungen eingeführt werden: Der tägliche Konsum von harten Drogen wurde als Indikator für eine exzessivere Konsumgeschichte und damit "Sucht" angesehen; die (gleichfalls) binären Variablen "Legale Einkünfte", "Abstinente Freunde" und "Fester Wohnsitz" sollten verschiedene Dimensionen der sozialen Integration erfassen. Daneben wurden andere dichotome Variablen ("Szenekauf", "Szenetätigkeit", "Stammhändler") verwendet. In Übereinstimmung mit den theoretischen Hypothesen wurden zudem metrische Variablen ("Einkommen", "Preis", "Repression") berücksichtigt, wobei die Zahl der im letzten Monat erhaltenen Anzeigen wegen Verstössen gegen das Betäubungsmittelgesetz als Indikator für die persönlich erfahrene Repression diente.

Auf dieser Grundlage und den Ergebnissen zur funktionalen Form der Mengen-Preis-Beziehung bei Heroin und Kokain erfolgte danach eine Prüfung der theoretischen Überlegungen im Rahmen von multivariaten Regressionsanalysen. Hierbei wurden wiederum unterschiedliche Mengenkonzepte (Nachfragekonzept (a): Konsummenge in der Gesamtstichprobe, Nachfragekonzept (b): übliche Kaufmenge in der Teilstichprobe der Nichtverkäufer) zugrundegelegt und die Schätzungen getrennt nach den Substanzen durchgeführt.

Für Kokain zeigte sich, dass nicht alle Variablen signifikante Effekte hatten und keineswegs nur die postulierten Zusammenhänge galten. Insbesondere ergaben sich folgende Befunde:

- Unabhängig von der jeweiligen Nachfragekonzeption variieren die Variablen "Einkommen", "Preis", "Sucht", "Szenekauf" und die Indikatoren der sozialen Integration ("Legale Einkünfte", "Abstinente Freunde", "Fester Wohnsitz") signifikant in der theoretisch erwarteten Richtung mit der Kokainmenge. Im Gegensatz zu den theoretischen Erwartungen gilt dies für die binären Variablen "Stammhändler" und "Szenetätigkeit" nicht – sie spielen keine zentrale Rolle für die Kokainnachfrage.

- Ein ähnlicher Befund ergibt sich, wenn man nach dem Zusammenhang der Variable "Repression" mit der Kokainkaufmenge fragt. Danach variiert die übliche Kaufmenge des typischen Kokainkonsumenten nicht signifikant mit den erhaltenen Anzeigen pro Monat wegen Verstössen gegen das Betäubungsmittelgesetz.

- Noch bemerkenswerter ist die Beziehung zwischen der Variable "Repression" und der Konsummenge von Kokain. Obwohl sich hier ein signifikanter Zusammenhang nachweisen lässt, entspricht die Beziehung keineswegs den theoretischen Erwartungen. Trotz der statistischen Kontrolle für etwaige Szeneauftritte ("Szenekauf") verändert sich der Kokainkonsum, wenn überhaupt, nämlich leicht positiv mit der persönlich erfahrenen Repression.

Allein wegen der Widerlegung der Repressionsthese bei regelmässigen Benutzern von Kokain stellte sich die Frage, ob sich ein ähnlicher Befund auch bei der multivariaten Analyse der Heroinnachfrage ergibt. Die Schätzergebnisse für Heroin erbrachten folgende Schlüsse:

- Unabhängig von der jeweiligen Nachfragekonzeption verändern sich die Variablen "Einkommen", "Preis", "Sucht", und "Szenekauf" signifikant und in der theoretisch erwarteten Richtung mit der Heroinmenge. Entgegen den theoretischen Erwartungen (und den Befunden für Kokain) gilt dies für die Indikatoren der sozialen Integration ("Legale Einkünfte", "Abstinente Freunde", "Fester Wohnsitz") nicht.

- Die Variablen "Stammhändler" und "Szenetätigkeit" haben nicht bei jeder multivariaten Schätzung der Heroinnachfrage signifikante Effekte. Plausiblerweise spielt die Präsenz eines Stammhändlers eher eine zentrale Rolle für die übliche Kaufmenge von Heroin, während etwaige Tätigkeiten für Verkäufer nur mit dem Heroinkonsum wesentlich variieren.

- Ein gleichfalls von der Mengenkonzeption abhängiger Befund ergibt sich, wenn man nach den Zusammenhängen der Variable "Repression" mit der Konsum- und Kaufmenge von Heroin fragt. In Übereinstimmung mit den Befunden bei Kokain verändert sich die übliche Kaufmenge des typischen Heroinbenutzers nicht signifikant mit den erhaltenen Anzeigen pro Monat wegen Verstössen gegen das Betäubungsmittelgesetz.

- Bei der Beziehung zwischen der Konsummenge und der erfahrenen Repression zeigt sich allerdings wiederum ein unerwarteter Effekt. Obwohl sich (wie bei Kokain) ein signifikanter Zusammenhang ergibt, widerspricht die Beziehung den theoretischen Erwartungen. Trotz der statistischen Kontrolle für etwaige Szeneauftritte ("Szenekauf") verändert sich auch der Heroinkonsum, wenn überhaupt, schwach positiv mit der persönlich erfahrenen Repression. Wie bei Kokain kann die theoretische Repressionsthese also auch für Heroin zurückgewiesen werden.

Dennoch zeigten diese Resultate insgesamt, dass selbst dann substanzspezifische Unterschiede bestehen können, wenn man sich auf Aussagen über die Signifikanz und die Richtung der Zusammenhänge beschränkt. Substanzspezifische Befunde ergaben sich aber auch beim Vergleich der Mengeneffekte der einzelnen Variablen. Für die Kokainnachfrage lauteten die Folgerungen:

- Unabhängig von der unterstellten Nachfragekonzeption haben die Indikatoren der sozialen Integration jeweils in etwa dieselben relativen Mengenminderungen (um ungefähr 30%) zur Folge.

- Dies gilt weit weniger für die beiden anderen binären Variablen ("Sucht" und "Szenekauf"). Während die Aufnahme des täglichen Gebrauchs harter Drogen nahezu eine Verdopplung der Konsummenge mit sich bringt, korrespondiert damit nur eine Steigerung der üblichen Kaufmenge um etwas mehr als 39%. Die verstärkte Szenepräsenz für Kaufhandlungen geht dagegen mit einer über 88% erhöhten Kaufmenge einher, verändert aber die Konsummenge lediglich um etwa 30%.

Interessanterweise ergaben sich gleichfalls Unterschiede zwischen den mittleren Effekten von "Sucht" und "Szenekauf" bei Heroin, wenn man zwischen Konsum- und Kaufmenge unterscheidet. Der Vergleich der prozentualen Mengeneffekte dieser Variablen bei Kokain und Heroin wies überdies nach, dass die Grösseneffekte von Heroin klar dominieren. Hierbei hat sich vermutlich wieder das höhere Suchtpotenzial von Heroin niedergeschlagen.

Eine analoge Folgerung erbrachten auch die mittleren Elastizitätswerte der Nachfrage nach Kokain und Heroin (d.h. der prozentualen Nachfragereaktion auf eine einprozentige Änderung der jeweils betrachteten metrischen Variable) und ihre systematischen Vergleiche. Beschränkt man sich zunächst auf die Preiselastizitätswerte, so resultierten folgende Befunde:

- Falls die multivariaten Elastizitätswerte von den bivariaten Schätzwerten abweichen, so unterschreiten sie letztere beträglich. Mithin reduziert die Berücksichtigung von zusätzlichen Variablen die Stärke des

Preiseffektes. Auf der Grundlage von bivariaten Analysen des Mengen-Preis-Zusammenhangs sollten daher keine weitreichenden Schlussfolgerungen gezogen werden.

- Betrachtet man die multivariaten Schätzergebnisse für die Heroinkonsummenge (Heroinkaufmenge), so ist eine im Durchschnitt preisunelastische (preiselastische) Nachfrage des repräsentativen Verbrauchers zu konstatieren. Der Durchschnitt der am Mittelwert bestimmten Preiselastizitäten aus der multivariaten Nachfrageschätzung beträgt −0,59 beim Heroinkonsum, aber −1,41 beim Heroinkauf.

- Werden die multivariaten Schätzergebnisse für Kokain gemittelt, so liegt stets eine zumindest schwach preiselastische Nachfrage des typischen Benutzers dieser Substanz vor (mittlere Preiselastizität des Kokainkonsums: −1,06; mittlere Preiselastizität des Kokainkaufs: −1,63).

Die abweichenden Befunde für Konsum- und Kaufmenge zeigen, dass die Nachfragekonzeption die Höhe der Preiselastizität auch dann beeinflusst, wenn man weitere Nachfrageeinflüsse bei der Schätzung nicht von vornherein ausblendet. Weitgehend unabhängig von der verwendeten Mengenkonzeption und der jeweiligen Form der Mengen-Preis-Beziehung reagiert die Heroinnachfrage allerdings auch bei multivariater Schätzung weniger preiselastisch als die Kokainnachfrage.

Dies kann man als ein weiteres Indiz für das geringere Suchtpotenzial von Kokain werten. Eine analoge Interpretation ergab sich auch aufgrund der mittleren Einkommenselastizitäten der Nachfrage nach Heroin und Kokain: Die Konsummenge von Heroin reagiert im Mittel etwas weniger einkommenselastisch als die Kaufmenge an Heroin, während es bei Kokain umgekehrt ist.

Dennoch bestehen nicht immer Unterschiede zwischen Heroin und Kokain. Dies wurde bei der Analyse der mittleren Repressionselastizitäten der Nachfrage nach Heroin und Kokain deutlich – die jeweils durchschnittliche prozentuale Nachfragereaktion auf eine einprozentige Veränderung der persönlich erhaltenen Anzeigen wegen Verstössen gegen das Betäubungsmittelgesetz war nahezu identisch. Die beiden Repressionselastizitäten waren entgegen der intendierten Wirkung der Verbotsdurchsetzung überdies schwach positiv. Allein deshalb schien eine genauere Analyse von Wirkungen der Repression angebracht.

8.6 Drogenmarkt und Verbotsdurchsetzung

Die Ausgestaltung und Durchsetzung der Verbotsgesetze soll Entscheidungen zugunsten von Neu- und Wiedereinstiegen in den Drogengebrauch verhindern sowie Entschlüsse für Ausstiege erleichtern. Dies ist jedoch nur eine Seite der Medaille – die Repression durch Polizei und Justiz kann zumindest langfristig auch dazu führen, dass die Marktteilnehmer zunehmend effektivere Strategien zur Strafvermeidung ergreifen. Im Extremfall können die jeweiligen Anpassungsleistungen so wirksam sein, dass die Bemühungen der Ermittlungsbehörden immer mehr ins Leere laufen und die gewünschten Effekte einer rigoroseren Verbotsumsetzung (höherer Drogenpreis, geringerer Drogenverbrauch) nicht eintreten. Dieser Gedanke wurde zunächst aus theoretischer Sicht genauer erläutert. Unter der Prämisse anreizgeleiteten Handelns der Marktteilnehmer (d.h. der Hintergrundidee der Verbotspolitik) wurden insbesondere potenzielle Effekte der Prohibitionspolitik und ihrer Umsetzung auf das Marktgeschehen herausgearbeitet.

Ausgangspunkt der weiteren Ausführungen war die Erkenntnis, dass die theoretischen Konsequenzen der Repressionspolitik im allgemeinen nur schwer getestet werden können – ihre empirische Prüfung erfordert vergleichbares Datenmaterial über hinreichend ähnliche Drogenmärkte, welche gleichzeitig aber durch eine unterschiedliche Durchsetzung der Verbotsgesetze gekennzeichnet sind. Eine solche Konstellation konnte durch die Erhebungen von 1997 und 1998 in den Städten Bern und Zürich geschaffen werden. Im Gegensatz zu Zürich verschärfte die Polizei in Bern bekanntlich ab dem Januar 1998 ihr Vorgehen gegen Zwischen- und Grosshändler von Drogen (Aktion "Citro"). Die Gruppe der Konsumenten und konsumierenden Kleinhändler war von der Aktion zwar nicht selbst betroffen – im Vergleich zu 1997 geben sie keinen höheren Repressionsdruck an. War die verstärkte Handelsrepression aber hinreichend effektiv, so müsste sie sich aufgrund der bestehenden Marktinterdependenzen dennoch auf der Ebene des Einzelhandels niedergeschlagen haben.

Es wurde deshalb davon ausgegangen, dass eine vergleichende Analyse der 1997er und 1998er Befragungsdaten aus Bern und Zürich Aussagen über die tatsächlichen Wirkungen einer verschärften Handelsrepression auf der Marktebene der Endverbraucher ermöglicht. Die empirischen Untersuchungen beruhten dabei auf einem einfachen Kalkül: Sie setzten jeweils voraus, dass eine "natürliche quasi-exerimentelle Versuchsanordnung" vorlag. Dementsprechend wurden die Daten aus den Erhebungen von 1997 systematisch mit denen aus den 98er Befragungen in Bern (Aktion "Citro") und der "Kontrollstadt" Zürich (keine Aktion "Citro") verglichen. Es wurde also unterstellt, dass 1998 in Bern (im Gegensatz zu Zürich) eine verstärkte Handelsrepression stattfand.

Unter dieser Prämisse wurde dann jeweils nach signifikanten Unterschieden bezüglich verschiedener Marktmerkmale in den Städten gefragt, die mit einer rigoroseren Handelsrepression zu tun haben könnten. Besonders wichtige Untersuchungsvariablen waren dabei die von Endverbrauchern und Kleinhändlern gezahlten Preise, die üblichen Konsum- und Kaufmengen von Heroin oder Kokain sowie deren Qualität pro Einheit. Daneben wurde analysiert, ob und inwieweit sich die Markttransparenz, die Dealeranzahl und die Gewalt in der Drogenszene mit der unnachsichtigeren Politikumsetzung geändert haben. Der systematische Vergleich der Berner und Zürcher Datensätze erbrachte folgende Befunde:

- Im Gefolge der verschärften Handelsrepression haben sich weder der mittlere Drogeneinkaufspreis der Kleinhändler noch der durchschnittliche Endverbraucherpreis signifikant verändert.

- Weder die mittlere Konsummenge noch die durchschnittliche Kaufmenge von Heroin und Kokain sind durch die Aktion "Citro" signifikant beeinflusst worden.

- Die verstärkte Handelsrepression hat sich nicht in indirekten Preiserhöhungen durch Minderungen der berichteten Drogenqualität niedergeschlagen.

- Verwendet man die Varianz der Verbraucherpreise als Indikator für die Markttransparenz vor und nach der Einführung der Aktion "C:

tro", so hat sich der Informationsfluss im Kokainmarkt im Zeitablauf kaum verändert, aber die Transparenz des Heroinmarktes signifikant verbessert.

- Die intensivere Handelsrepression hat sich nicht auf die mittlere Zahl der Drogenverkäufer ausgewirkt, von denen die befragten Endverbraucher und Kleinhändler ihre Drogen erwarben.

- Nach Einführung der verstärkten Handelsrepression hat sich das Konfliktpotenzial in den Transaktionsbeziehungen und daher die Gewaltverwicklung (d.h. Gewaltdelikte, von denen man entweder als Täter oder Opfer betroffen war) deutlich reduziert.

Die Kombination dieser Resultate führte zu der Folgerung, dass "Citro" entweder keine oder unintendierte Effekte auf zentrale Variablen hatte. Zwar könnte man zurecht einwenden, dass bei der (für die Erzielung dieser Befunde) grundlegenden Untersuchungsstrategie keine Zufallsaufteilung der Befragten auf "Experimental- und Kontrollstadt" erfolgte und deswegen etwaige Drittvariableneffekte nicht völlig ausgeschlossen werden können. Bemerkenswerterweise führte die Analyse der Repressionseffekte aber weitgehend zu demselben Fazit, das Weatherburn und Lind (1997) nach einer zweijährigen Studie für einen australischen Heroinmarkt zogen. Auch sie fanden praktisch keine Effekte der behördlichen Repressionsbemühungen auf den Preis, die Qualität und die Verfügbarkeit von Heroin im Einzelhandel.

Die Ergebnisse zu den Markteffekten der verschärften Handelsrepression im Gefolge von "Citro" waren somit nicht völlig überraschend. Aus theoretischer Sicht wiesen sie darauf hin, dass effektive Anpassungen der Marktteilnehmer zusätzliche Bemühungen der Ermittlungsbehörden zunichte machen können. Für die Praxis zeigten sie, dass eine kostenintensive Verschärfung der Repression gegen die Zwischen- und Grosshändler von Drogen keineswegs die intendierten Konsequenzen haben muss.

Literatur

Aldrich, J.H. und F.D. Nelson. 1984. *Linear Probability, Logit, and Probit Models*. Beverly Hills: Sage.

Arnold, J. 1996. *Evaluation Vermittlungs- und Rückführungszentrum Zürich Kaserne VRZK*. Zürich: Institut für Suchtforschung.

Becker, G.S. 1987. Should Drug Use be Legalized? *Business Week*, August 17.

Becker, G.S. 1996. *Accounting for Tastes*. Cambridge: Harvard University Press.

Becker, G.S. und K.M. Murphy. 1988. A Theory of Rational Addiction. *Journal of Political Economy* 96: 675–700.

Becker, G.S., M. Grossman und K.M. Murphy. 1991. Rational Addiction and the Effect of Price on Consumption. *American Economic Review* 81: 237–241.

Becker, G.S., M. Grossman und K.M. Murphy. 1994. An Empirical Analysis of Cigarette Addiction. *American Economic Review* 84: 396–418.

Becker, G.S. und K.M. Murphy. 1988. A Theory of Rational Addiction. *Journal of Political Economy* 96: 675–700.

Berger, H., K.H. Reuband und U. Widlitzek. 1980. *Wege in die Heroinabhängigkeit. Zur Entwicklung abweichender Karrieren*. München: Juventa.

Bernard, G. 1983. An Economic Analysis of the Illicit Drug Market. *International Journal of Addictions* 18: 681–700.

Bernasconi, D. 1993. *Ökonomische Ansätze zur Ausgestaltung der Drogenpolitik in der Schweiz*, Dissertation der Hochschule St. Gallen. Bamberg: Difo-Druck.

Boaz, D. (Hrsg.) 1990. *The Crisis in Drug Prohibition*. Washington: Cato-Institute.

Bortz, J. 1993. *Statistik für Sozialwissenschaftler*, 4. vollständig überarbeitete Auflage. Berlin: Springer.

Bourdieu, P. und L. Wacquant. 1992. *An Invitation to Reflexive Sociology*. Chicago: University of Chicago Press.

Braun, N. 1998. Rationalität und Drogenproblematik. Habilitationsschrift. Rechts- und Wirtschaftswissenschaftliche Fakultät der Universität Bern.

Braun, N. 1999. Drug Policies, Prices, and Wealth. Erscheint in: *European Societies*.

Braun, N. und A. Diekmann. 1993. Drogenschwarzmarkt und Konsumentensituation: Einige Ergebnisse der Berner Szenebefragung. *Drogalkohol* 17: 161–182.

Braun, N., A. Diekmann, J.P. Weber und C. Zahner. 1995. *Die Berner Drogenszene*. Bern: Paul Haupt.

Braun, N. und P. Vanini. 1998. On Habits and Addictions. Mimeo, Institut für Soziologie, Universität Bern und Institut für empirische Wirtschaftsforschung, Universität Zürich.

Brown, G.F. und L.P. Silverman. 1974. The Retail Price of Heroin: Estimation and Application. *Journal of the American Statistical Association* 69: 595–606.

Bundesamt für Statistik (BFS) (Hrsg.) 1999. *Arbeitsindikatoren 1998. Erwerbstätige, Beschäftigte, Arbeitsstunden, Arbeitslosigkeit, Dynamk des Arbeitsmarktes*. Neuchâtel: BFS.

Byck, R. 1987. Cocaine, Marijuana, and the Meanings of Addiction. S. 221–245 in: R. Hamowy (Hrsg.), *Dealing with Drugs: Consequences of Government Control*, Lexington: D.C. Heath.

Caulkins, J.P. 1993. Zero-Tolerance Policies: Do They Inhibit or Stimulate Illicit Drug Consumption? *Management Science* 39: 458–476.

Caulkins, J.P. 1995. Estimating Elasticities for Cocaine and Heroin with Data from the Drug Use Forecasting System. Working Paper 95–13, H. John Heinz III School of Public Policy and Management, Carnegie Mellon University.

Caulkins, J.P. und P. Reuter. 1998. What Price Data Tell Us About Drug Markets. *Journal of Drug Issues* 28: 593–612.

Chaloupka, F. 1991. Rational Addictive Behavior and Cigarette Smoking. *Journal of Political Economy* 99: 722–742.

Clague, C. 1973. Legal Strategies for Dealing with Heroin Addiction. *American Economic Review*, Papers & Proceedings, 63: 263–269.

Coleman, J.S. 1990. *Foundations of Social Theory.* Cambridge: The Belknap Press of Harvard University Press.

Dasgupta, P. 1988. Trust as a Commodity. S. 49–72 in: D. Gambetta (Hrsg.), *Trust: Making and Breaking Cooperative Relations*, Oxford: Oxford University Press.

Dockner, E. und G. Feichtinger. 1993. Cyclical Consumption Patterns and Rational Addiction. *American Economic Review* 83: 256–263.

Durkheim, E. (1893) 1933. *The Division of Labour in Society.* New York: Free Press.

Eatherly, B.J. 1974. Drug-Law Enforcement: Should We Arrest Pushers or Users? *Journal of Political Economy* 82: 210–214.

Egli, D. 1999. The Swiss Heroin Policy. Erscheint in: *Schweizerische Zeitschrift für Volkswirtschaft und Statistik.*

Erlei, M. 1992. *Meritorische Güter: Die theoretische Konzeption und ihre Anwendung auf Rauschgifte als demeritorische Güter.* Münster und Hamburg: Lit.

Erlei, M. (Hrsg.) 1995. *Mit dem Markt gegen Drogen!? Lösungsansätze für das Drogenproblem aus ökonomischer Sicht.* Stuttgart: Schäffer–Poeschel.

Estermann, J. 1997b. Sozialepidemiologie des Drogenkonsums: Inzidenz, Prävalenz und protektive Faktoren. S. 97–103 in: M. Rihs-Middel und H. Lotti (Hrsg.), *Suchtforschung des BAG*, Bern: Bundesamt für Gesundheit (BAG).

Fahrenkrug, H., J. Rehm, R. Müller, H. Klingemann und R. Linder. 1995. *Illegale Drogen in der Schweiz.* Zürich: Seismo.

Farrell, G., K. Mansur und M. Tullis. 1996. Cocaine and Heroin in Europe 1983–93. *British Journal of Criminology* 36: 255–281.

Frey, B.S. 1997. Drugs, Economics, and Policy. *Economic Policy* 25: 389–394.

Fukujama, F. 1995. *Trust: The Social Virtues and the Creation of Prosperity.* New York: Free Press.

Gersemann, O. 1996. *Kontrollierte Heroinabgabe: Optionen einer künftigen Drogenpolitik.* Hamburg: S+W Steuer- und Wirtschaftsverlag.

Greene, W. 1993. *Econometric Analysis*, 2nd ed. Englewood Cliffs: Prentice-Hall.

Gujarati, D.N. 1995. *Basic Econometrics*, 3rd ed. New York: McGraw Hill.

Hartwig, K.-H. und I. Pies. 1995. *Rationale Drogenpolitik in der Demokratie: Wirtschaftswissenschaftliche und wirtschaftsethische Perspektiven einer Heroinvergabe.* Tübingen: Mohr.

Iannaccone, L.R. 1986. Addiction and Satiation. *Economics Letters* 21: 95–99.

Julien, R.M. 1997. *Drogen und Psychopharmaka.* Heidelberg, Berlin, Oxford: Spektrum, Akademischer Verlag.

Kleiman, M.A.R. 1989. *Marijuana: Costs of Abuse, Costs of Control.* Westport: Greenwood Press.

Kleiman, M.A.R. 1992. *Against Excess: Drug Policy for Results.* New York: Basic Books.

Knolle, H. 1997a. Incidence and Prevalence of Illegal Drug Use in Switzerland in the 1980s and Early 1990s: An Analytical Study. *Substance Use & Misuse* 32: 1349–1368.

Knolle, H. 1997b. Zunehmender Heroin- und Kokainkonsum in der Schweiz seit 1990: Anwendung eines verallgemeinerten Poisson-Ansatzes auf Anzeigedaten. *Sozial- und Präventivmedizin* 42: 105–113.

Koboldt, C. 1995. *Ökonomik der Versuchung.* Tübingen: Mohr.

Kreps, D.M. 1990. Corporate Culture and Economic Theory, S. 90–143 in J.E. Alt und K.A. Shepsle (Hrsg.), *Perspectives on Positive Political Economy*, Cambridge: Cambridge University Press.

Kreuzer, A., R. Römer-Klees und H. Schneider. 1991. Beschaffungskriminalität Drogenabhängiger, BKA-Forschungsreihe, Bd. 24, Wiesbaden.

Künzler, H. 1990. *Analyse der offenen Drogenszene 'Platzspitz' in Zürich: Sozioökonomische und medizinische Aspekte.* Zürich: Inaugural-Dissertation.

Kupfer, A. 1996. *Göttliche Gifte. Kleine Kulturgeschichte des Rausches seit dem Garten Eden.* Stuttgart und Weimar: J.B. Metzler.

Lanz, A. 1991. *Die Drogenszene in Zürich: Aktuelle Lebensumstände von DrogenkonsumentInnen. Resultate einer Befragung von 107 DrogengebraucherInnen im Rahmen eines Drogenforschungsprojekts des Sozialamts der Stadt Zürich.* Zürich: Forschung und Dokumentation, Nr. 2.

Lee, L.W. 1993. Would Harassing Drug Users Work? *Journal of Political Economy* 101: 939–959.

Mankiw, N.G. 1999. *Grundzüge der Volkswirtschaftslehre.* Stuttgart: Schäffer-Poeschel.

Manski, C.F. 1995. *Identification Problems in the Social Sciences.* Cambridge: Harvard University Press.

Manz, A. 1989. *Erhebungen zur Suchthilfe in der Region Basel und Beobachtungen zu Teilproblemen der Suchthilfe.* Basel: Die 'Kette' (Fachgruppe ambulante Drogenarbeit).

Meier Kressig, M., B. Nydegger Lory und C. Schumacher. 1996. *Nutzen niedrigschwelliger Drogenarbeit am Beispiel der Stadt Zürich.* Zürich: Institut für Suchtforschung.

Meyer, M. 1997. Soziale Kosten. S. 158–163 in: R. Müller, M. Meyer und G. Gmel (Hrsg.), *Alkohol, Tabak und illegale Drogen in der Schweiz 1994–1996,* Lausanne: Schweizerische Fachstelle für Alkohol- und andere Drogenprobleme (SFA) im Auftrag des Bundesamtes für Gesundheit.

Michaels, R.J. 1987. The Market for Heroin Before and After Legalization. S. 289–326 in: R. Hamowy (Hrsg.), *Dealing with Drugs: Consequences of Government Control,* Lexington: D.C. Heath.

Miron, J.A. und J. Zwiebel. 1995. The Economic Case Against Drug Prohibition. *Journal of Economic Perspectives* 9: 175–192.

Mishan, E.J. 1990. Narcotics: The Problem and the Solution. *The Political Quarterly* 61: 441–462.

Moore, M.H. 1973. Policies to Achieve Discrimination on the Effective Price of Heroin. *American Economic Review*, Papers & Proceedings, 63: 270–279.

Moore, M.H. 1977. *Buy and Bust: The Effective Regulation of an Illicit Market in Heroin.* Lexington: D.C. Heath.

Müller, T. und P.J. Grob. 1992. *Medizinische und soziale Aspekte der offenen Drogenszene Platzspitz in Zürich.* Zürich: ZIPP AIDS und Institut für klinische Immunologie der Universität Zürich.

Nadelmann, E.A. 1989. Drug Prohibition in the United States: Costs, Consequences, and Alternatives. *Science* 245: 939–947.

Nadelmann, E.A. 1992. Thinking Seriously about Alternatives to Drug Prohibition. *Daedalus. Journal of the American Academy of Arts and Sciences* 121: 85–132.

Nelson, P. 1974. Advertising and Information. *Journal of Political Economy* 82: 729–754.

Nett, J. 2000. *Repression und Verhaltensanpassung in lokalen Heroin- und Kokainmärkten*, Forschungsbericht zum NFP40-Projekt "Austausch und Kooperation in lokalen Drogenmärkten".

Nydegger Lory, B. 1999. *Transaktionen und Strukturen des Kleinhandels von Heroin und Kokain in Zürich.* Zürich: Institut für Suchtforschung.

Orphanides, A. und D. Zervos. 1995. Rational Addiction with Learning and Regret. *Journal of Political Economy* 103: 739–758.

Orphanides, A. und D. Zervos. 1998. Myopia and Addictive Behavior. *Economic Journal* 108: 75–92.

Ott, A.E. 1991. *Grundzüge der Preistheorie*, 2. Nachdruck der 3. überarbeiteten Auflage. Göttingen: Vandenhoeck & Ruprecht.

Petersen, T. 1985. A Comment on Presenting Results from Logit and Probit Models. *American Sociological Review* 50: 130–131.

Pommerehne, W.W. und A. Hart. 1991. Man muss den Teufel nicht mit dem Beelzebub austreiben wollen: Drogenpolitik aus ökonomischer Sicht. S. 241–270 in: W. Böker und J. Nelles (Hrsg.), *Drogenpolitik wohin?* Bern: Haupt.

Pommerehne, W.W. und H.C. Hartmann. 1980. Ein ökonomischer Ansatz zur Rauschgiftkontrolle. *Jahrbuch für Sozialwissenschaft* 31: 102–143.

Prinz, A. 1994. Rauschgift aus dem Supermarkt? *Zeitschrift für Wirtschafts- und Sozialwissenschaften* 114: 547–571.

Prinz, A. 1997. Do European Drugs Policies Matter? *Economic Policy* 25: 373–385.

Raub, W. 1992. Eine Notiz zur Stabilisierung von Vertrauen durch eine Mischung von wiederholten Interaktionen und glaubwürdigen Festlegungen. *Analyse und Kritik* 14: 187–194.

Raub, W. und J. Weesie. 1990. Reputation and Efficiency in Social Interactions: An Example of Network Effects. *American Journal of Sociology* 96: 626–654.

Ray, O. und C. Ksir. 1990. *Drugs, Society, and Human Behavior*, 5th ed. St. Louis, Toronto und Boston: Times Mirror/Mosby College Publishing.

Rehm, J. 1995. Konsumformen und Verbreitung illegaler Drogen in der Schweiz. S. 13–33 in: H. Fahrenkrug, J. Rehm, R. Müller, H. Klingemann und R. Linder (Hrsg.), *Illegale Drogen in der Schweiz 1990–1993*. Zürich: Seismo.

Reuband, K.-H. 1994. *Soziale Determinanten des Drogengebrauchs. Eine sozialwissenschaftliche Analyse des Gebrauchs weicher Drogen*. Opladen: Westdeutscher Verlag.

Reuter, P. 1983. *Disorganized Crime*. Cambridge: MIT Press.

Reuter, P. 1985. Eternal Hope: America's Quest for Narcotics Control. *The Public Interest* 64: 79–95.

Reuter, P. 1988. Quantity Illusions and Paradoxes of Drug Interdiction: Federal Interventions into Vice Policy. *Law and Contemporary Problems* 51: 231–252.

Ronco, C., G. Spuhler, P. Coda und R. Schöpfer. 1994. *Evaluation der Gassenzimmer I, II und III in Basel*. Basel: Institut für Sozial- und Präventivmedizin der Universität Basel.

Ronning, G. 1991. *Mikroökonometrie*. Berlin, Heidelberg, New York: Springer.

Rottenberg, S. 1968. The Clandestine Distribution of Heroin, Its Discovery and Supression. *Journal of Political Economy* 76: 78–90.

Saffer, H. und F. Chaloupka. 1999. State Drug Control Spending and Illicit Drug Participation. NBER Working Paper 7114. Cambridge: National Bureau of Economic Research.

Schmidtchen, D. 1994. Ökonomik des Vertrauens. S. 129–163 in: H. Hof, H. Kummer, P. Weingart und S. Maasen (Hrsg.), *Recht und Verhalten*, Baden-Baden: Nomos.

Scott, J. 1991. *Social Network Analysis: A Handbook*. London: Sage.

Silverman, L.P. und N.L. Spruill. 1977. Urban Crime and the Price of Heroin. *Journal of Urban Economics* 4: 80–103.

Snijders, C. 1996. *Trust and Commitments*. Amsterdam: Thesis Publishers.

Soref, M. 1981. The Structure of Illegal Drug Markets: An Organizational Approach. *Urban Life* 10: 329–352.

Spreen, M. und R. Zwaagstra. 1994. Personal Network Sampling, Outdegree Analysis and Multilevel Analysis: Introducing the Network Concepts in Studies of Hidden Populations. *International Sociology* 9: 475–491.

Thornton, M. 1991. *The Economics of Prohibition*. Salt Lake City: University of Utah Press.

Uchtenhagen, A., A. Dobler-Mikola und F. Gutzwiller. 1996. Medically Controlled Prescription of Narcotics: A Swiss National Project. *The International Journal of Drug Policy* 7: 28–33.

Uchtenhagen, A., A. Dobler-Mikola und F. Gutzwiller. 1997. Versuche für eine ärztliche Verschreibung von Betäubungsmitteln, Abschlussbericht der Forschungsbeauftragten. Institut für Suchtforschung und Institut für Sozial- und Präventivmedizin, Universität Zürich.

Uchtenhagen, A. und D. Zimmer-Höfler. 1986. *Heroinabhängige und ihre 'normalen' Altersgenossen*. Bern: Haupt.

Varian, H. 1992. *Microeconomic Analysis*, 3rd ed. New York: Norton.

Varian, H.R. 1996. *Intermediate Microeconomics*, 4th ed. New York: Norton.

Voss, T. 1996. Vertrauen in modernen Gesellschaften: Eine spieltheoretische Analyse. Mimeo, Institut für Soziologie, Universität Leipzig.

Votey, H.L. jr. und L. Phillips. 1976. Minimizing the Social Cost of Drug Abuse: An Economic Analysis of Alternatives for Policy. *Policy Sciences* 7: 315–336.

Wasserman, S. und K. Faust. 1994. *Social Network Analysis: Methods and Applications.* Cambridge: Cambridge University Press.

Weatherburn, D. und B. Lind. 1997. The Impact of Law Enforcement Activity on a Heroin Market. *Addiction* 92: 557–569.

Weber, M. 1976. Wirtschaft und Gesellschaft, 5. revidierte Auflage. Tübingen: Mohr.

Weesie, J. und W. Raub. 1996. Private Ordering: Comparative Institutional Analysis of Hostage Games. *Journal of Mathematical Sociology* 21: 201–240.

Weesie, J., A. Verbeek und H. Flap. 1991. An Economic Theory of Social Networks. S. 623–662 in: H. Esser und K. Troitzsch (Hrsg.), *Modellierung sozialer Prozesse: Neuere Ansätze und Überlegungen zur soziologischen Theoriebildung.* Bonn: Informationszentrum Sozialwissenschaften.

White, M.D. und W.A. Luksetich. 1983. Heroin: Price Elasticity and Enforcement Strategies. *Economic Inquiry* 21: 557–564.

Wichmann, S. 1992. *Wirtschaftsmacht Rauschgift.* Frankfurt a.M.: Fischer.

Wichmann, S. 1993. Gesetze der Ökonomie. *Wirtschaftswoche* 47, Nr. 44: 50–59.

Williamson, O.E. 1985. *The Economic Institutions of Capitalism.* New York: Free Press.

Williamson, O.E. 1994. Transaction Cost Economics and Organization Theory. S. 77–107 in N.J. Smelser und R. Swedberg (Hrsg.), *The Handbook of Economic Sociology.* Princeton, N.J.: Princeton University Press.

Zahner, C. 1995. Die Klientel der Berner Anlaufstellen. Fachprogrammarbeit, Institut für Soziologie, Universität Bern.

Zwahlen, M. und B.E. Neuenschwander. 1997. Zunehmender Heroin- und Kokainkonsum in der Schweiz seit 1990: Anwendung eines verallgemeinerten Poisson-Ansatzes auf Anzeigedaten. *Sozial- und Präventivmedizin* 42: 321–323.

Anhang A: Fragebogen 1997

Befragung zu:

Drogenmärkte
in ausgewählten Schweizer Städten

Sommer 1997

Diese Befragung wird von Sozialwissenschaftern aus Basel, Bern und Zürich durchgeführt. Sie beschäftigt sich mit den Gegebenheiten im Drogenmarkt.

Mit Ihren Kenntnissen über den Drogenmarkt sind Sie für uns die „Expertin" oder der „Experte". Um ein Gesamtbild des Marktgeschehens zu erhalten, sind Ihre Angaben für uns wichtig. Wir möchten Sie deshalb bitten, jede Frage möglichst genau zu lesen und sich beim Ausfüllen etwas Zeit zu nehmen.

Sämtliche Informationen werden streng vertraulich behandelt und die Anonymität aller Befragten ist gewährleistet.

Die Gesamtauswertung dieser Befragung wird frühestens im Jahr 2000 vorliegen.

Im voraus vielen Dank für Ihre Mitarbeit.

Kontaktadressen:

Institut für Soziologie	Institut für Suchtforschung	Nationalfondsprojekt
Universität Bern	Konradstrasse 32	"Drogenmarktanalyse
Lerchenweg 36	8005 Zürich	Basel/Olten"
3000 Bern 9		Postfach
Tel. 031 / 631 48 19	Tel. 01 / 273 50 25	4007 Basel

Fragebogen 1997

☞ Die Seiten 1-8 dieses Fragebogens werden durch die **befragende** Person ausgefüllt!

1) Wie oft haben Sie folgende Substanzen in den <u>letzten 4 Wochen</u> konsumiert?

	täglich	mehrmals pro Woche	1x/Woche oder seltener	nie
Cannabis	❑ 3	❑ 2	❑ 1	❑ 0
Cocktail (Gemisch Heroin/Kokain)	❑ 3	❑ 2	❑ 1	❑ 0
Heroin (allein)	❑ 3	❑ 2	❑ 1	❑ 0
Kokain (allein)	❑ 3	❑ 2	❑ 1	❑ 0
Rohypnol	❑ 3	❑ 2	❑ 1	❑ 0
Ecstasy	❑ 3	❑ 2	❑ 1	❑ 0

2) Wieviel Heroin oder Kokain haben Sie in den <u>letzten 4 Wochen</u> **durchschnittlich** pro Tag konsumiert?

Heroinkonsum pro Tag ⌊__⌊__,⌊__⌊__⌋ Gramm ❑ 8888 weiss nicht

Kokainkonsum pro Tag ⌊__⌊__,⌊__⌊__⌋ Gramm ❑ 8888 weiss nicht

3a) Wie haben Sie Heroin oder Kokain in den <u>letzten 4 Wochen</u> **hauptsächlich** konsumiert?
(Bitte <u>jede</u> Zeile beantworten)

	gespritzt	geraucht, inhaliert	gesnifft
Cocktail (Gemisch Heroin/Kokain)	❑ 1	❑ 2	❑ 3
Heroin (allein)	❑ 1	❑ 2	❑ 3
Kokain (allein)	❑ 1	❑ 2	❑ 3

3b) <u>Falls</u> Sie Drogen gespritzt haben, wieviele Injektionen (Schüsse) machten Sie sich in den <u>letzten 4 Wochen</u>?
Anzahl Injektionen (Durchschnitt täglicher Injektionen x 30): ⌊__⌊__⌊__⌋

4) <u>Falls</u> Sie jemals regelmässig (d.h. mind. 1x/Woche während 3 Monaten) **Heroin oder Kokain** konsumiert haben, in welchem Alter haben Sie mit dem **regelmässigen** Konsum begonnen?
(Zur Schreibweise: nie regelmässig konsumiert = 00, weiss nicht = 88, keine Antwort = 99)

Alter bei Beginn des ersten **regelmässigen Cocktailkonsums**: ⌊__⌊__⌋

Alter bei Beginn des ersten **regelmässigen Heroinkonsums**: ⌊__⌊__⌋

Alter bei Beginn des ersten **regelmässigen Kokainkonsums**: ⌊__⌊__⌋

5) In welchem Alter haben Sie mit regelmässigem Spritzen von Drogen begonnen (d.h. mind. 1x/Woche während 3 Monaten)?

Alter: ⌊__⌊__⌋ ❑ ∞ nie regelmässig gespritzt ❑ 88 weiss nicht

6) Wieviel **Bargeld** haben Sie in den letzten 4 Wochen pro Tag durchschnittlich für Drogen ausgegeben?

 (effektive Durchschnittsausgaben in bar) Fr. |__|__|__|__|__|

7) Bezahlen Sie zur Zeit Miete für Unterkunft? (Direkte Bezahlung über Drittstellen als 'nein' eintragen)

 ❑ ₀₀₀₀ nein ❑ ja (Betrag pro Monat) Fr. |__|__|__|__|__|

8) Wie hoch waren Ihre **monatlichen** Einnahmen in den letzten 3 Monaten? (Sämtliche Quellen berücksichtigen)

 (Durchschnittsbetrag pro Monat) Fr. |__|__|__|__|__|

9) Erhalten Sie zur Zeit im Rahmen eines Abgabeprogramms ... ?

Morphin	❑₁ ja	❑₀ nein
Heroin	❑₁ ja	❑₀ nein
Methadon ❑₂ ja, zum Schlucken	❑₁ ja, zum Spritzen	❑₀ nein

10) Wie oft haben Sie sich in den letzten 4 Wochen **Heroin** gekauft oder beschafft?

täglich	mehrmals pro Woche	1x pro Woche oder seltener	nie
❑₃	❑₂	❑₁	❑₀

11) Wie oft haben Sie sich in den letzten 4 Wochen **Kokain** gekauft oder beschafft?

täglich	mehrmals pro Woche	1x pro Woche oder seltener	nie
❑₃	❑₂	❑₁	❑₀

12a) Bei wem haben Sie in den letzten 4 Wochen Heroin oder Kokain gekauft oder beschafft? (Bitte jede Zeile beantworten)

Bei Personen, ...	immer	meistens	gelegentlich	nie
die ich bis dahin noch nie gesehen habe	❑₃	❑₂	❑₁	❑₀
die ich zumindest vom Sehen kenne	❑₃	❑₂	❑₁	❑₀
die ich ziemlich gut kenne	❑₃	❑₂	❑₁	❑₀

12b) Falls Sie in den letzten 4 Wochen Heroin oder Kokain bei **Ihnen ziemlich gut bekannten Personen** gekauft oder beschafft haben, was waren die wichtigsten Gründe dafür? (Bitte höchstens 3 Antworten)

 ❑₁ Gute Qualität
 ❑₁ Fairer Preis (pro Gramm)
 ❑₁ Sympathie
 ❑₁ Gute Erreichbarkeit
 ❑₁ Grosse Sicherheit beim Deal

Fragebogen 1997

13) Haben Sie sich in den <u>letzten 4 Wochen</u> Heroin oder Kokain **in privaten Räumlichkeiten/ Wohnungen** gekauft oder beschafft?

        immer   meistens   gelegentlich   nie
        ☐ 3   ☐ 2   ☐ 1   ☐ 0

14) Geben Sie bitte Ihre jeweils **häufigsten Kaufmengen** von Heroin und Kokain in den <u>letzten 4 Wochen</u> sowie die entsprechenden **Preise** an.

    Heroin: ⌊_⌊_⌊,⌊_⌊_⌋ Gramm   zum Preis von   Fr. ⌊_⌊_⌊_⌊_⌋

    Kokain: ⌊_⌊_⌊,⌊_⌊_⌋ Gramm   zum Preis von   Fr. ⌊_⌊_⌊_⌊_⌋

15a) Wo haben Sie sich in den <u>letzten 4 Wochen</u> Heroin oder Kokain gekauft oder beschafft?
(Bitte <u>alles</u> Zutreffende ankreuzen)

    ☐ 1 in der Stadt Bern
    ☐ 1 in der Stadt Zürich
    ☐ 1 in der Stadt Basel
    ☐ 1 in der Stadt Olten
    ☐ 1 in einer anderen Schweizer Stadt
    ☐ 1 in einer ländlichen Gemeinde der Schweiz
    ☐ 1 im Ausland

15b) Falls Sie in den letzten 4 Wochen Heroin oder Kokain ausserhalb dieser Stadt gekauft oder beschafft haben, was waren die wichtigsten Gründe dafür? (Bitte <u>höchsten 3</u> Antworten)

    ☐ 1 niedrigere Preise
    ☐ 1 bessere Qualität
    ☐ 1 höhere Anonymität
    ☐ 1 weniger Polizeipräsenz
    ☐ 1 weniger Gewalt in der Szene
    ☐ 1 bessere Kontakte
    ☐ 1 anderes, nämlich: _____

16) Mussten Sie in den letzten 4 Wochen bei kleinen Käufen von Heroin oder Kokain (bis zu 2 Gramm pro Deal) immer sofort bar bezahlen?

    ☐ 1 ja, immer
    ☐ 0 nein, nicht immer
    ☐ 7 nein, habe kleine Mengen in den letzten 4 Wochen nie bar bezahlt
    ☐ 7 nein, habe in den letzten 4 Wochen nie kleine Mengen gekauft

17) Wenn Sie sich beim Kauf von Heroin oder Kokain **nicht** an Vereinbarungen halten würden, wäre es für Sie dadurch schwieriger, diese Drogen weiterhin zu kaufen oder zu beschaffen?

        ☐ 1 ja   ☐ 0 nein

18a) Wie oft haben Sie in den letzten 12 Monaten folgende **Mengen** Heroin oder Kokain gekauft oder beschafft? (Bitte jede Zeile beantworten)

Heroin:	mehr als 10 x	3-10 x	1-2 x	nie
5 bis 10 Gramm pro Deal	❏ 3	❏ 2	❏ 1	❏ 0
11 bis 20 Gramm pro Deal	❏ 3	❏ 2	❏ 1	❏ 0
mehr als 20 Gramm pro Deal	❏ 3	❏ 2	❏ 1	❏ 0

Kokain:	mehr als 10 x	3-10 x	1-2 x	nie
5 bis 10 Gramm pro Deal	❏ 3	❏ 2	❏ 1	❏ 0
11 bis 20 Gramm pro Deal	❏ 3	❏ 2	❏ 1	❏ 0
mehr als 20 Gramm pro Deal	❏ 3	❏ 2	❏ 1	❏ 0

18b) Falls Sie in den letzten 12 Monaten **grössere Mengen** Heroin oder Kokain (mind. 5 Gramm pro Deal) gekauft oder beschafft haben, wie ist **das letzte Geschäft** abgelaufen?
(Bitte nur eine Antwort)

❏ 1 ich habe den Stoff gegen sofortige Bezahlung erhalten
❏ 2 ich habe zuerst bezahlt und erhielt den Stoff später
❏ 3 ich habe eine Anzahlung/Pfand gegen den Stoff gegeben und später bezahlt
❏ 4 ich habe den Stoff bekommen und später bezahlt (Kommission)

19) Haben Sie in den letzten 12 Monaten **grössere Mengen** Heroin oder Kokain (mindestens 5 Gramm pro Deal) bei Ihnen bis dahin **unbekannten Personen** gekauft oder beschafft?

	häufig	gelegentlich	einmal	nie
	❏ 3	❏ 2	❏ 1	❏ 0

20) Haben Sie in den letzten 12 Monaten mit **mindestens zwei weiteren Personen** Geld zusammengelegt, um **gemeinsam** Heroin oder Kokain zu kaufen?

❏ ja, (wie oft)? |___|___| mal   ❏ 00 nein

21) Bei wievielen Personen haben Sie in den letzten 4 Wochen Heroin oder Kokain gekauft oder beschafft?

Anzahl Personen: |___|___|

22) Welche Kenntnisse besitzen Sie über Ihre **derzeitigen** Dealer?
(Bitte jede Zeile beantworten)

Ich kenne...	von niemandem	von einer Person	von mehreren Personen
die Aufenthaltsorte/Treffpunkte	❏ 0	❏ 1	❏ 2
die genaue Adresse	❏ 0	❏ 1	❏ 2
die Telefon-/Handy-Nummer	❏ 0	❏ 1	❏ 2

Fragebogen 1997

23) Wenn Sie **nicht** bei Ihren derzeitigen Dealern Heroin oder Kokain kaufen oder beschaffen können, auf wieviele andere Dealer könnten Sie **problemlos** ausweichen?

    Aus der Drogenszene dieser Stadt   Anzahl Personen (ca.): ⟶⟶

    Von anderswo   Anzahl Personen (ca.): ⟶⟶

24a) Haben Sie in den <u>letzten 12 Monaten</u> irgendwelche Tätigkeiten für dealende Personen ausgeführt (z.B. Vermitteln, Kurierdienste)?

    ❑₁ ja   ❑₀ nein

24b) Falls ja, wie wurden Sie dafür bezahlt? (Bitte <u>jede</u> Zeile beantworten)

	immer	meistens	gelegentlich	nie
mit Geld	❑₃	❑₂	❑₁	❑₀
mit Stoff	❑₃	❑₂	❑₁	❑₀
mit Verpflegung und Unterkunft	❑₃	❑₂	❑₁	❑₀
mit persönlichem Schutz	❑₃	❑₂	❑₁	❑₀

25) Kaufen Sie Heroin oder Kokain von Personen, die diese Drogen selbst **nicht** konsumieren?

    ❑₂ häufig   ❑₁ gelegentlich   ❑₀ nie   ❑₈ weiss nicht

26a) Ist Ihnen in den <u>letzten 4 Wochen</u> Heroin oder Kokain von Personen unter 16 Jahren **angeboten** worden?

    ❑ ja, (wie oft?) ⟶⟶ mal   ❑₀₀ nein   ❑₈₈ weiss nicht

26b) <u>Falls ja</u>, hat es sich dabei **mehrheitlich** um Schweizer/Schweizerinnen gehandelt?

    ❑₁ ja   ❑₀ nein   ❑₈ weiss nicht

27a) Geben Sie bitte Ihre jeweils **grössten Kaufmengen** von Heroin und Kokain in den <u>letzten 4 Wochen</u> sowie die entsprechenden **Preise** an.

    Heroin: ⟶⟶ Gramm   zum Preis von   Fr. ⟶⟶

    Kokain: ⟶⟶ Gramm   zum Preis von   Fr. ⟶⟶

27b) Haben Sie diese Mengen **sofort** bezahlt?   **Heroin:**   **Kokain:**

    ❑₁ ja ❑₀ nein   ❑₁ ja ❑₀ nein

28) War in den <u>letzten 4 Wochen</u> bei Ihren Käufen von Heroin oder Kokain der Preis **bei gleicher Kaufmenge** stabil?

    von Heroin: ❑₁ ja   ❑₀ nein

    von Kokain: ❑₁ ja   ❑₀ nein

29a) Haben Sie in den letzten 4 Wochen bei Ihren Käufen von Heroin oder Kokain ... ?
(Bitte jede Zeile beantworten)

	immer	meistens	gelegentlich	nie
besondere **Rabatte** erhalten (nicht Mengenrabatte!)	❏ 3	❏ 2	❏ 1	❏ 0
Stoffproben („**Spitzlis**") erhalten	❏ 3	❏ 2	❏ 1	❏ 0
Stoff **auf Kommission** erhalten	❏ 3	❏ 2	❏ 1	❏ 0

29b) Falls Sie in den letzten 4 Wochen Stoff **auf Kommission** bekommen haben, mussten Sie vor Erhalt der Drogen ein **Pfand** (z.B. Uhr, persönlicher Wertgegenstand) geben?

❏ 2 häufig ❏ 1 gelegentlich ❏ 0 nie

30) Wie war in den letzten 4 Wochen die **Qualität** von Heroin oder Kokain?

	konstant gut	konstant mittel	konstant schlecht	ziemlich unterschiedlich
von Heroin:	❏ 1	❏ 2	❏ 3	❏ 4
von Kokain:	❏ 1	❏ 2	❏ 3	❏ 4

31) Haben Sie in den letzten 4 Wochen bei Ihren Käufen von Heroin oder Kokain den **Preis aushandeln** können? (Bitte beide Zeilen beantworten)

	immer	meistens	gelegentlich	nie
bei Mengen **bis zu 2 Gramm pro Deal**	❏ 3	❏ 2	❏ 1	❏ 0

❏ 7 habe solche Mengen nicht gekauft

	immer	meistens	gelegentlich	nie
bei Mengen **über 2 Gramm pro Deal**	❏ 3	❏ 2	❏ 1	❏ 0

❏ 7 habe solche Mengen nicht gekauft

32) Haben Sie in den letzten 4 Wochen folgende Substanzen **verkauft**?
(Bitte jede Zeile beantworten)

	täglich	mehrmals pro Woche	1x pro Woche oder seltener	nie
Cannabis	❏ 3	❏ 2	❏ 1	❏ 0
Heroin	❏ 3	❏ 2	❏ 1	❏ 0
Kokain	❏ 3	❏ 2	❏ 1	❏ 0
Rohypnol	❏ 3	❏ 2	❏ 1	❏ 0
Ecstasy	❏ 3	❏ 2	❏ 1	❏ 0

☞ **Falls weder Heroin noch Kokain verkauft wurde, bei Frage 38 weiterfahren**

33) Haben Sie in den letzten 4 Wochen Heroin oder Kokain **in privaten Räumlichkeiten/ Wohnungen** verkauft?

	immer	meistens	gelegentlich	nie
	❏ 3	❏ 2	❏ 1	❏ 0

34) Wo haben Sie in den <u>letzten 4 Wochen</u> Heroin oder Kokain verkauft?
(Bitte <u>alles</u> Zutreffende ankreuzen)
- ☐₁ in der Stadt Bern
- ☐₁ in der Stadt Zürich
- ☐₁ in der Stadt Basel
- ☐₁ in der Stadt Olten
- ☐₁ in einer anderen Schweizer Stadt
- ☐₁ in einer ländlichen Gemeinde der Schweiz
- ☐₁ im Ausland

35) Wieviel Heroin oder Kokain haben Sie in den <u>letzten 4 Wochen</u> **insgesamt** verkauft?
(Bitte <u>beide</u> Zeilen beantworten)

	nichts	bis 10 Gramm	11-30 Gramm	31-60 Gramm	mehr als 60 Gramm
Heroin	☐₀	☐₁	☐₂	☐₃	☐₄
Kokain	☐₀	☐₁	☐₂	☐₃	☐₄

36) Wem haben Sie in den <u>letzten 4 Wochen</u> Heroin oder Kokain verkauft?
(Bitte <u>jede</u> Zeile beantworten)

Personen, ...	immer	meistens	gelegentlich	nie
die ich bis dahin noch nie gesehen habe	☐₃	☐₂	☐₁	☐₀
die ich zumindest vom Sehen kenne	☐₃	☐₂	☐₁	☐₀
die ich ziemlich gut kenne	☐₃	☐₂	☐₁	☐₀

37) Zu welchem **durchschnittlichen Preis** haben Sie in den <u>letzten 4 Wochen</u> das Gramm Heroin oder Kokain verkauft?

1 Gramm **Heroin** verkaufte ich im Durchschnitt für: Fr. ⌊__⌋
1 Gramm **Kokain** verkaufte ich im Durchschnitt für: Fr. ⌊__⌋

38) Welche Konflikte **zwischen Dealern und Kunden** haben Sie in der Drogenszene dieser Stadt in den <u>letzten 4 Wochen</u> **beobachtet**? (Bitte <u>jede</u> Zeile beantworten)

Es gab Schlägereien   Anzahl ⌊__⌋ mal
Es gab Messerstechereien   Anzahl ⌊__⌋ mal
Es gab Schiessereien   Anzahl ⌊__⌋ mal

39) Welche Konflikte **zwischen Dealern** haben Sie in der Drogenszene dieser Stadt in den <u>letzten 4 Wochen</u> **beobachtet**? (Bitte <u>jede</u> Zeile beantworten)

Es gab Schlägereien   Anzahl ⌊__⌋ mal
Es gab Messerstechereien   Anzahl ⌊__⌋ mal
Es gab Schiessereien   Anzahl ⌊__⌋ mal

40a) Sind **Ihnen bekannte Personen** in den letzten 4 Wochen in dieser Stadt wegen Drogenvergehen in **U-Haft** genommen worden?

        ☐ ja, (wieviele Personen?) |＿|＿| ☐ ₀₀ nein

40b) Sind **Sie** in den letzten 12 Monaten in dieser Stadt wegen Drogenvergehen in **U-Haft** genommen worden?

        ☐ ja, (wie oft?) |＿|＿| mal   ☐ ₀₀ nein

41) In welchem Jahr sind Sie geboren?   19 |＿|＿|

42) Ihr Geschlecht?   ☐₁ weiblich   ☐₂ männlich

☞ Nach Abschluss des gemeinsamen Teils durch die **befragende** Person auszufüllen!

B1) Befragungsstadt:

   ☐₁ Basel   ☐₂ Olten   ☐₃ Bern   ☐₄ Zürich

B2) Befragungsdatum: Tag / Monat / Jahr |＿|＿| / |＿|＿| / |＿|＿|

B3) Wochentag: ☐₁ Mo   ☐₂ Di   ☐₃ Mi   ☐₄ Do   ☐₅ Fr   ☐₆ Sa   ☐₇ So

B4) Ort der Befragung bzw. Name der Institution: _____

B5) Unterschrift der befragenden Person: _____

B6) Dauer des mündlichen Interviews (Seite 1-8) |＿|＿| Minuten

B7) Befragungstempo |＿|＿|＿|＿|＿|
           1   2   3   4   5

B8) Bemerkungen: _____

Fragebogen 1997 215

☞ Die Seiten 9-13 dieses Fragebogens sind von der **befragten** Person selbst auszufüllen!

43a) Wo wohnen Sie zur Zeit **hauptsächlich**? (Bitte nur eine Antwort)
- ❏ 1 in dieser Stadt
- ❏ 2 in einer anderen Gemeinde dieses Kantons
- ❏ 3 in einem anderen Kanton (welchem?) _____
- ❏ 4 im Ausland (welches Land?) _____

43b) Wie lange leben Sie schon dort? ⌊⌊⌋ Jahre   ⌊⌊⌋ Monate

44) Wie haben Sie in den letzten 4 Wochen **hauptsächlich** gewohnt? (Bitte nur eine Antwort)
- ❏ 1 hatte einen festen Wohnsitz (Zimmer, Wohnung, Haus)
- ❏ 2 hatte keinen festen Wohnsitz (Notschlafstelle, obdachlos)
- ❏ 3 lebte in Institution(en) (Heim, Therapie, Entzug, städt. Wohnangebot etc.)
- ❏ 4 anderes, nämlich _____

45) Welche Einnahmequellen hatten Sie in den letzten 3 Monaten?
(Bitte alles Zutreffende ankreuzen)
- ❏ 1 Private Unterstützung (Partner/in, Familie, Freunde)
- ❏ 1 Öffentliche Unterstützung (Arbeitslosenversicherung, Sozialhilfe / Fürsorge, IV-Renten etc.)
- ❏ 1 Dealen
- ❏ 1 Einbrüche / Diebstahl / Raub
- ❏ 1 Geschäfte mit Prostitution (Strich)
- ❏ 1 Mischeln oder Betteln
- ❏ 1 Legale Erwerbsarbeit

46) Sind Sie in den letzten 4 Wochen erwerbstätig gewesen? (Bitte nur eine Antwort)
- ❏ 1 nein, bin in **Schule/Ausbildung**
- ❏ 2 nein, **bin nicht erwerbstätig** gewesen
- ❏ 3 ja, in Taglöhnerei
- ❏ 4 ja, regelmässig erwerbstätig (Voll- oder Teilzeit)
- ❏ 5 ja, anderes, nämlich:

47) Haben Sie zur Zeit eine feste Beziehung zu einer Frau / einem Mann? ❏ 1 ja ❏ 0 nein

48) Wie setzt sich zur Zeit Ihr Freundeskreis zusammen? (Bitte nur eine Antwort)
- ❏ 1 ausschliesslich aus Drogenkonsumierenden
- ❏ 2 mehrheitlich aus Drogenkonsumierenden
- ❏ 3 mehrheitlich aus Nicht-Konsumierenden
- ❏ 4 ausschliesslich aus Nicht-Konsumierenden
- ❏ 0 ich habe keine Freundinnen/Freunde

49) Haben Sie zur Zeit eine oder mehrere der folgenden Krankheiten?
   (Bitte alles Zutreffende ankreuzen)

   ❏₁ Abszesse
   ❏₁ Lungenentzündung
   ❏₁ Hauterkrankungen (z.B. Krätzmilbe)
   ❏₁ Hepatitis (Gelbsucht)
   ❏₁ Aids, HIV-Infektion
   ❏₁ Geschlechtskrankheiten (z.B. Syphillis, Tripper)

50) Welche Nationalität haben Sie?   ❏₀₁ Schweizerin/Schweizer
   ❏ andere (welche?): _____

51) Ist Ihnen von dealenden Personen nach einer längeren Cleanphase jemals Heroin oder Kokain **gratis** angeboten worden?

   ❏₂ ja, mehrmals   ❏₁ ja, einmal   ❏₀ nein, nie
   ❏₇ hatte nie eine längere Cleanphase

52) Wie haben Sie in den letzten 12 Monaten für Heroin oder Kokain bezahlt?
   (Bitte jede Zeile beantworten)

	immer	meistens	gelegentlich	nie
mit Hilfsdiensten für Dealer (z.B. Vermitteln)	❏₃	❏₂	❏₁	❏₀
mit Geld	❏₃	❏₂	❏₁	❏₀
mit Sex	❏₃	❏₂	❏₁	❏₀
mit anderen Drogen (Tausch)	❏₃	❏₂	❏₁	❏₀
mit Wertgegenständen	❏₃	❏₂	❏₁	❏₀

53) Welche Tätigkeiten haben Sie in den letzten 12 Monaten für dealende Personen ausgeführt?
   (Bitte alles Zutreffende ankreuzen)

   ❏₁ Weiterverkauf von Drogen
   ❏₁ Kurierdienste
   ❏₁ Prostitution (Strich)
   ❏₁ Diebstahl, Einbruch
   ❏₁ Ausführen von Bestrafungen
   ❏₁ Kontakte herstellen für Deals (Vermitteln)
   ❏₁ Schmierestehen beim Deal
   ❏₁ Stoff wiegen und/oder verpacken
   ❏₁ Stoff aufbewahren

Fragebogen 1997

54a) Haben Sie in den <u>letzten 4 Wochen</u> **schlechten Stoff** erhalten?

         ☐ ja, (wie oft)? |___|___| mal   ☐ 00 nein

54b) <u>Falls ja</u>, wie haben Sie reagiert? (Bitte <u>jede</u> Zeile beantworten)

	immer	meistens	gelegentlich	nie
Wechsel des Anbieters	☐ 3	☐ 2	☐ 1	☐ 0
Anwendung von Gewalt	☐ 3	☐ 2	☐ 1	☐ 0
Warnende Hinweise an Konsumierende	☐ 3	☐ 2	☐ 1	☐ 0
Belastende Aussagen über Dealer an Polizei	☐ 3	☐ 2	☐ 1	☐ 0
Deal rückgängig gemacht	☐ 3	☐ 2	☐ 1	☐ 0

55a) Haben Sie in den <u>letzten 12 Monaten</u> Heroin oder Kokain an **Neu-** oder **Wiedereinsteiger verkauft**?

     ☐ 1 ja   ☐ 0 nein   ☐ 8 weiss nicht

55b) <u>Falls ja</u>, zu welchen **Preisen** haben Sie Heroin oder Kokain **meistens** an Neu- oder Wiedereinsteiger verkauft?

	zu höheren Preisen	zu den üblichen Preisen	zu tieferen Preisen
Heroin:	☐ 3	☐ 2	☐ 1
Kokain:	☐ 3	☐ 2	☐ 1

56) Wodurch erzielen Sie <u>üblicherweise</u> **Gewinn** mit dem Verkauf von Heroin oder Kokain? (Bitte <u>alles</u> Zutreffende ankreuzen)

    ☐ 1 durch Ausnutzen regionaler Preisunterschiede (z.B. „Kaufe in Zürich, verkaufe in Biel")
    ☐ 1 durch Ausnutzen besserer Kontakte in der gleichen Stadt (z.B. „Kaufe 2 Gramm für Fr. 150.-, verkaufe diese 2 Gramm für Fr. 200.-")
    ☐ 1 durch Einkauf grösserer Mengen und Verkauf kleinerer Mengen (z.B. „Kaufe 5 Gramm, verkaufe 5 x 1 Gramm" oder "Kaufe 2 Gramm, verkaufe 3 Gassengramm")
    ☐ 1 durch Strecken des Stoffes

57a) Sind Sie in den <u>letzten 4 Wochen</u> in dieser Stadt von der Polizei **kontrolliert** worden?

         ☐ ja, (wie oft)? |___|___| mal   ☐ 00 nein

57b) <u>Falls ja</u>, wurde Ihnen dabei von der Polizei ...

Stoff abgenommen?	☐ ja, (wie oft)? |___|___| mal	☐ 00 nein
Geld abgenommen?	☐ ja, (wie oft)? |___|___| mal	☐ 00 nein

58) Sind Sie in den letzten 4 Wochen wegen Drogenvergehen in dieser Stadt von der Polizei verzeigt worden?

    ❑ ja, (wie oft)? |__|__| mal   ❑ 00 nein

59) Sind Sie in den letzten 12 Monaten wegen Drogenvergehen verurteilt worden?

    ❑ 1 ja, in dieser Stadt   ❑ 0 nein
    ❑ 2 ja, nicht in dieser Stadt

60) Wieviele organisierte Dealergruppen (Banden) gibt es nach Ihrem Wissen in dieser Stadt?

    Anzahl Dealergruppen...

    mit überwiegend Schweizer Mitgliedern   (ca.): |__|__| ❑ 88 weiss nicht

    mit überwiegend Nicht-Schweizer Mitgliedern   (ca.): |__|__| ❑ 88 weiss nicht

61) Bei wievielen Personen haben Sie in den letzten 4 Wochen Heroin oder Kokain gekauft oder beschafft, die zu einer **organisierten Gruppe** gehören?

    Anzahl Personen: |__|__| ❑ 88 weiss nicht

62a) Haben Sie zur Zeit einen "Stammdealer" (eine Person, von der Sie hauptsächlich Heroin oder Kokain kaufen oder beschaffen)?

    ❑ 1 ja, eine Frau   ❑ 2 ja, einen Mann   ❑ 0 nein

62b) Haben Sie diesen Stammdealer schon gekannt, bevor Sie mit Drogen zu tun hatten?

    ❑ 1 ja   ❑ 0 nein
    ❑ 7 habe zur Zeit keinen Stammdealer

62c) Wie lange kaufen Sie schon Heroin oder Kokain bei diesem Stammdealer?

    |__|__| Jahre |__|__| Monate
    ❑ 8888 weiss nicht
    ❑ 7777 habe zur Zeit keinen Stammdealer

62d) Bei wievielen Personen beschafft sich dieser Stammdealer Heroin oder Kokain?

    ❑ 1 bei einer Person
    ❑ 2 bei mehreren Personen
    ❑ 8 weiss nicht
    ❑ 7 habe zur Zeit keinen Stammdealer

62e) Ist Ihr Stammdealer Schweizer/Schweizerin?

    ❑ 1 ja
    ❑ 0 nein
    ❑ 8 weiss nicht
    ❑ 7 habe zur Zeit keinen Stammdealer

62f) Gehört dieser Stammdealer einer organisierten Dealergruppe an?

- ❏₁ ja, einer Schweizer Gruppe
- ❏₂ ja, einer Nicht-Schweizer Gruppe
- ❏₀ nein, keiner organisierten Gruppe
- ❏₈ weiss nicht
- ❏₇ habe zur Zeit keinen Stammdealer

63a) Sind Sie in der Drogenszene dieser Stadt während den <u>letzten 12 Monaten</u> in gewalttätige Konflikte verwickelt worden?

❏ ja, (wie oft)? |___|___| mal   ❏₀₀ nein

63b) <u>Falls ja</u>, um welche Streitpunkte hat es sich dabei gehandelt?
(Bitte <u>alles</u> Zutreffende ankreuzen)

- ❏₁ Zahlungsrückstand
- ❏₁ Schlechte Stoffqualität
- ❏₁ Lieferungsrückstand
- ❏₁ Kauf bei Konkurrenz
- ❏₁ Drogendiebstahl
- ❏₁ Belastende Aussagen bei der Polizei

64) Waren Sie in den letzten 12 Monaten von folgenden Delikten in der Drogenszene dieser Stadt betroffen? (Bitte <u>jede</u> Zeile beantworten)

	ja, als Opfer	ja, als Täter	nein
Schläge	❏₂	❏₁	❏₀
Waffengebrauch	❏₂	❏₁	❏₀
Sexuelle Nötigung, Vergewaltigung	❏₂	❏₁	❏₀
Raub (auch Drogendiebstahl)	❏₂	❏₁	❏₀
Erpressung	❏₂	❏₁	❏₀

❤-lichen Dank für Ihre Mitarbeit!

Anhang B: Fragebogen 1998

Befragung zu:

Lokale Drogenmärkte
in den Städten Bern und Zürich

Sommer 1998

Diese Befragung wird von sozialwissenschaftlichen Institutionen in Bern und Zürich durchgeführt. Sie beschäftigt sich mit den Gegebenheiten im Drogenmarkt.

Mit Ihren Kenntnissen über den Drogenmarkt sind Sie für uns die „Expertin" oder der „Experte". Um ein Gesamtbild des Marktgeschehens zu erhalten, sind Ihre Angaben für uns wichtig. Wir möchten Sie deshalb bitten, jede Frage möglichst genau zu lesen und sich beim Ausfüllen etwas Zeit zu nehmen.

Sämtliche Informationen werden streng vertraulich behandelt und die Anonymität aller Befragten ist gewährleistet.

Die Gesamtauswertung dieser Befragung wird frühestens im Jahr 2000 vorliegen.

Im voraus vielen Dank für Ihre Mitarbeit.

Kontaktadressen:

Institut für Soziologie
Universität Bern
Lerchenweg 36
3000 Bern 9

Tel. 031 / 631 48 19
031 / 631 48 14

Institut für Suchtforschung
Konradstrasse 32
8005 Zürich

Tel. 01 / 273 50 25

Fragebogen 1998

☞ Die Seiten 1 - 8 dieses Fragebogens sind durch die **befragende** Person auszufüllen!

1) Wie oft haben Sie folgende Substanzen in den letzten 4 Wochen konsumiert?

	täglich	mehrmals pro Woche	1x/Woche oder seltener	nie
Cannabis	☐ 3	☐ 2	☐ 1	☐ 0
Cocktail (Gemisch Heroin/Kokain)	☐ 3	☐ 2	☐ 1	☐ 0
Heroin (allein)	☐ 3	☐ 2	☐ 1	☐ 0
Kokain (allein)	☐ 3	☐ 2	☐ 1	☐ 0
Rohypnol	☐ 3	☐ 2	☐ 1	☐ 0
Ecstasy	☐ 3	☐ 2	☐ 1	☐ 0

2) Wieviel Heroin oder Kokain haben Sie in den letzten 4 Wochen **durchschnittlich** pro Tag konsumiert?

Heroinkonsum pro Tag ⌊⌊⌊,⌊⌊⌋ Gramm ☐ 8888 weiss nicht

Kokainkonsum pro Tag ⌊⌊⌊,⌊⌊⌋ Gramm ☐ 8888 weiss nicht

3a) Wie haben Sie Heroin oder Kokain in den letzten 4 Wochen **hauptsächlich** konsumiert?
(Bitte jede Zeile beantworten)

	gespritzt	geraucht, inhaliert	gesnifft
Cocktail (Gemisch Heroin/Kokain)	☐ 1	☐ 2	☐ 3
Heroin (allein)	☐ 1	☐ 2	☐ 3
Kokain (allein)	☐ 1	☐ 2	☐ 3

3b) Falls Sie Drogen gespritzt haben, wieviele Injektionen (Schüsse) machten Sie sich in den letzten 4 Wochen?
Anzahl Injektionen (Durchschnitt täglicher Injektionen x 30) ⌊⌊⌊⌋

4) Falls Sie jemals regelmässig (d.h. mind. 1x/Woche während 3 Monaten) **Heroin oder Kokain** konsumiert haben, in welchem Alter haben Sie mit dem **regelmässigen** Konsum begonnen?
(Zur Schreibweise: nie regelmässig konsumiert = 00, weiss nicht = 88, keine Antwort = 99)

Alter bei Beginn des ersten **regelmässigen Cocktailkonsums** ⌊⌊⌋

Alter bei Beginn des ersten **regelmässigen Heroinkonsums** ⌊⌊⌋

Alter bei Beginn des ersten **regelmässigen Kokainkonsums** ⌊⌊⌋

5) In welchem Alter haben Sie mit regelmässigem Spritzen von Drogen begonnen (d.h. mind. 1x/Woche während 3 Monaten)?

Alter ⌊⌊⌋ ☐ 00 nie regelmässig gespritzt ☐ 88 weiss nicht

6a) Wieviel **Bargeld** haben Sie in den letzten 4 Wochen für den Kauf von Heroin und Kokain ausgegeben?

(effektive Barausgaben) Fr. ⌊⌊⌊⌊⌊⌊⌋

6b) Wieviel **Bargeld** haben Sie in den letzten 4 Wochen durch den Verkauf von Heroin und Kokain eingenommen?

(effektive Bareinnahmen) Fr. |__|__|__|__|__|__|

7) Bezahlen Sie zur Zeit Miete für Unterkunft?

☐₀ nein ☐₁ ja
☐₂ ja (direkt über Drittstellen bezahlt) } (Betrag pro Monat) Fr. |__|__|__|__|

8) Wieviele Einnahmen hatten Sie in den letzten 4 Wochen aus folgenden Quellen?
(Bitte jede Zeile beantworten)

Legale Erwerbsarbeit Fr. |__|__|__|__|__|
Private Unterstützung (Partner/in, Familie, Freunde) Fr. |__|__|__|__|__|
Öffentliche Unterstützung (ALV, Sozialhilfe/Fürsorge, IV-Renten etc.) Fr. |__|__|__|__|__|

9) Erhalten Sie zur Zeit im Rahmen eines Abgabeprogramms ... ?

Morphin ☐₁ ja ☐₀ nein
Heroin ☐₁ ja ☐₀ nein
Methadon ☐₂ ja, zum Schlucken ☐₁ ja, zum Spritzen ☐₀ nein

10) Wie oft haben Sie in den letzten 4 Wochen Heroin oder Kokain gekauft oder beschafft?

Heroin |__|__|__| mal **Kokain** |__|__|__| mal

11) Geben Sie bitte Ihre jeweils **häufigsten Kaufmengen** von Heroin und Kokain in den letzten 4 Wochen sowie die entsprechenden **Preise** an.

Heroin |__|__|__|,|__|__| Gramm zum Preis von Fr. |__|__|__|__|__|
☐ ////// kein Kauf (☞ **Frage 12 auslassen!**)

Kokain |__|__|__|,|__|__| Gramm zum Preis von Fr. |__|__|__|__|__|
☐ ////// kein Kauf (☞ **Frage 13 auslassen!**)

12a) Geben Sie bitte Kaufmenge und Preis Ihres letzten Heroinkaufs an.

Heroin |__|__|__|,|__|__| Gramm zum Preis von Fr. |__|__|__|__|__|

12b) Haben Sie dabei den Preis aushandeln können? ☐₁ ja ☐₀ nein
12c) Haben Sie sofort den ganzen Betrag in bar bezahlt? ☐₁ ja ☐₀ nein
12d) Falls nein, wie erfolgt die Bezahlung?

☐₁ durch spätere Barzahlung (auch Kommissionsgeschäfte)
☐₂ durch Tätigkeiten für Verkäufer (Vermitteln etc.)
☐ anderes, nämlich: _____

12e) Bei wem haben Sie diesen letzten Heroinkauf getätigt?

☐ 1 Bei meinem Stammdealer
☐ 2 Bei einer Person, die ich ziemlich gut kenne
☐ 3 Bei einer Person, die ich lediglich vom Sehen her kenne
☐ 4 Bei einer Person, die ich bis dahin noch nie gesehen habe

12f) Wie schätzen Sie die Vertrauenswürdigkeit dieser Person ein? (Beurteilungswert einkreisen)

sehr gering   0   1   2   3   4   5   6   7   8   9   10   sehr hoch

13a) Geben Sie bitte Kaufmenge und Preis Ihres letzten Kokainkaufs an.

Kokain └─┴─┴─┴,└─┴─┘ Gramm   zum Preis von   Fr. └─┴─┴─┴─┴─┘

13b) Haben Sie dabei den Preis aushandeln können?   ☐ 1 ja   ☐ 0 nein
13c) Haben Sie sofort den ganzen Betrag in bar bezahlt?   ☐ 1 ja   ☐ 0 nein
13d) Falls nein, wie erfolgt die Bezahlung?

☐ 1 durch spätere Barzahlung (auch Kommissionsgeschäfte)
☐ 2 durch Tätigkeiten für Verkäufer (Vermitteln etc.)
☐ anderes, nämlich: _____

13e) Bei wem haben Sie diesen letzten Kokainkauf getätigt?

☐ 1 Bei meinem Stammdealer
☐ 2 Bei einer Person, die ich ziemlich gut kenne
☐ 3 Bei einer Person, die ich lediglich vom Sehen her kenne
☐ 4 Bei einer Person, die ich bis dahin noch nie gesehen habe

13f) Wie schätzen Sie die Vertrauenswürdigkeit dieser Person ein? (Beurteilungswert einkreisen)

sehr gering   0   1   2   3   4   5   6   7   8   9   10   sehr hoch

14) Haben Sie in den letzten 4 Wochen Heroin oder Kokain in **Wohnungen/privaten Räumlichkeiten** gekauft oder beschafft?

	immer	meistens	gelegentlich	nie
Heroin	☐ 3	☐ 2	☐ 1	☐ 0
Kokain	☐ 3	☐ 2	☐ 1	☐ 0

15a) Wo haben Sie in den letzten 4 Wochen Heroin oder Kokain gekauft oder beschafft?
(Bitte alles Zutreffende ankreuzen)

☐ 1 Innenstadt Bern und Nähe Hauptbahnhof
☐ 1 Aussenquartiere und Agglomeration Bern
☐ 1 Stadt Zürich
☐ anderswo, nämlich: _____

15b) Falls Sie in den letzten 4 Wochen Heroin oder Kokain ausserhalb dieser Stadt gekauft oder beschafft haben, was waren die wichtigsten Gründe dafür? (Bitte höchstens 3 Antworten)
- ☐₁ niedrigere Preise
- ☐₁ bessere Qualität
- ☐₁ höhere Anonymität
- ☐₁ weniger Polizeipräsenz
- ☐₁ weniger Gewalt in der Szene
- ☐₁ bessere Kontakte
- ☐ anderes, nämlich: _____

16a) Wie oft haben Sie in den letzten 12 Monaten folgende **Mengen** Heroin oder Kokain gekauft oder beschafft? (Bitte jede Zeile beantworten)

Heroin:		Kokain:	
5 bis 10 Gramm/Deal	⌊_⌊_⌊_⌋ mal	5 bis 10 Gramm/Deal	⌊_⌊_⌊_⌋ mal
11 bis 20 Gramm/Deal	⌊_⌊_⌊_⌋ mal	11 bis 20 Gramm/Deal	⌊_⌊_⌊_⌋ mal
mehr als 20 Gramm/Deal	⌊_⌊_⌊_⌋ mal	mehr als 20 Gramm/Deal	⌊_⌊_⌊_⌋ mal

16b) Falls Sie in den letzten 12 Monaten **grössere Mengen** Heroin oder Kokain (mind. 5 Gramm pro Deal) gekauft oder beschafft haben, wie ist **das letzte Geschäft** abgelaufen?
(Bitte pro Substanz nur eine Antwort)

	Heroin	Kokain
ich habe den Stoff gegen sofortige Bezahlung erhalten	☐₁	☐₁
ich habe zuerst bezahlt und erhielt den Stoff später	☐₂	☐₂
ich habe eine Anzahlung/Pfand gegen Stoff gegeben und später bezahlt	☐₃	☐₃
ich habe den Stoff bekommen und später bezahlt (Kommission)	☐₄	☐₄

17) Haben Sie in den letzten 12 Monaten **grössere Mengen** Heroin oder Kokain (mindestens 5 Gramm pro Deal) bei Ihnen bis dahin **unbekannten Personen** gekauft oder beschafft?

☐ ja, (wie oft)? ⌊_⌊_⌋ mal   ☐∞ nein, nie

18) Haben Sie in den letzten 12 Monaten mit **mindestens zwei weiteren Personen** Geld zusammengelegt, um **gemeinsam** Heroin oder Kokain zu kaufen?

☐ ja, (wie oft)? ⌊_⌊_⌋ mal   ☐∞ nein, nie

19) Wenn Sie sich beim Kauf von Heroin oder Kokain **nicht** an gemachte Vereinbarungen halten würden, wäre es für Sie dadurch schwieriger, diese Drogen weiterhin zu kaufen oder zu beschaffen?

☐₁ ja   ☐₀ nein

Fragebogen 1998

20) Welche Kenntnisse besitzen Sie über Ihre **derzeitigen** Dealer? (Bitte jede Zeile beantworten)

Ich kenne...	von niemandem	von einer Person	von mehreren Personen
die Aufenthaltsorte/Treffpunkte	☐₀	☐₁	☐₂
die genaue Adresse	☐₀	☐₁	☐₂
die Telefon-/Handy-Nummer	☐₀	☐₁	☐₂

21) Bei wievielen Personen haben Sie in den letzten 4 Wochen Heroin oder Kokain gekauft oder beschafft?

Anzahl Personen ⌊⌊⌊⌋

22) Wenn Sie **nicht** bei Ihren derzeitigen Dealern Heroin oder Kokain kaufen oder beschaffen können, auf wieviele andere Dealer könnten Sie **problemlos** ausweichen?

Aus der Drogenszene dieser Stadt   Anzahl Personen ⌊⌊⌊⌋

Von anderswo   Anzahl Personen ⌊⌊⌊⌋

23a) Haben Sie in den letzten 12 Monaten irgendwelche Tätigkeiten für dealende Personen ausgeführt (z.B. Vermitteln, Kurierdienste etc.)?

☐₁ ja   ☐₀ nein

23b) Falls ja, wie wurden Sie dafür bezahlt? (Bitte beide Zeile beantworten)

	immer	meistens	gelegentlich	nie
mit Geld	☐₃	☐₂	☐₁	☐₀
mit Stoff	☐₃	☐₂	☐₁	☐₀

24) Kaufen Sie Heroin oder Kokain von Personen, die diese Drogen selbst **nicht** konsumieren?

☐₂ häufig   ☐₁ gelegentlich   ☐₀ nie   ☐₈ weiss nicht

25) War in den letzten 4 Wochen bei Ihren Käufen von Heroin oder Kokain der Preis bei **gleicher Kaufmenge** stabil?

von Heroin   ☐₁ ja   ☐₀ nein   **von Kokain**   ☐₁ ja   ☐₀ nein

26a) Haben Sie in den letzten 4 Wochen bei Ihren Käufen von Heroin oder Kokain ... erhalten? (Bitte jede Zeile beantworten)

	immer	meistens	gelegentlich	nie
besondere **Rabatte** (nicht Mengenrabatte!)	☐₃	☐₂	☐₁	☐₀
Stoffproben („Spitzlis")	☐₃	☐₂	☐₁	☐₀
Stoff **auf Kommission**	☐₃	☐₂	☐₁	☐₀

26b) Falls Sie in den letzten 4 Wochen Stoff **auf Kommission** bekommen haben, mussten Sie vor Erhalt der Drogen ein **Pfand** (z.B. Uhr, persönlicher Wertgegenstand) geben?

☐₂ häufig   ☐₁ gelegentlich   ☐₀ nie

27) Wie war in den letzten 4 Wochen die **Qualität** von Heroin oder Kokain?

	konstant gut	konstant mittel	konstant schlecht	ziemlich unterschiedlich
von Heroin	☐ 4	☐ 3	☐ 2	☐ 1
von Kokain	☐ 4	☐ 3	☐ 2	☐ 1

28) Wie hat sich die durchschnittliche Qualität von Heroin und Kokain im Vergleich zum letzten Sommer verändert?

	verbessert	gleich geblieben	verschlechtert
von Heroin	☐ 2	☐ 1	☐ 0
von Kokain	☐ 2	☐ 1	☐ 0

29) Haben Sie in den letzten 4 Wochen folgende Substanzen **verkauft**?
(Bitte jede Zeile beantworten)

	täglich	mehrmals pro Woche	1x pro Woche oder seltener	nie
Cannabis	☐ 3	☐ 2	☐ 1	☐ 0
Heroin	☐ 3	☐ 2	☐ 1	☐ 0
Kokain	☐ 3	☐ 2	☐ 1	☐ 0
Rohypnol	☐ 3	☐ 2	☐ 1	☐ 0
Ecstasy	☐ 3	☐ 2	☐ 1	☐ 0

☞ **Falls weder Heroin noch Kokain verkauft wurde, bitte bei Frage 35a weiterfahren!**

30) Haben Sie in den letzten 4 Wochen Heroin oder Kokain **in privaten Räumlichkeiten/ Wohnungen** verkauft? (Bitte für jede verkaufte Substanz beantworten)

	immer	meistens	gelegentlich	nie
Heroin	☐ 3	☐ 2	☐ 1	☐ 0
Kokain	☐ 3	☐ 2	☐ 1	☐ 0

31) Wo haben Sie in den letzten 4 Wochen Heroin oder Kokain verkauft?
(Bitte alles Zutreffende ankreuzen)

☐ 1 Innenstadt Bern und Nähe Bahnhof
☐ 1 Aussenquartiere und Agglomeration Bern
☐ 1 Stadt Zürich
☐ anderswo, nämlich: _____

32) Wieviel Heroin oder Kokain haben Sie in den letzten 4 Wochen **insgesamt** verkauft?
(Bitte für jede verkaufte Substanz beantworten)

Heroin └─┴─┴─┴─┘ Gramm   Kokain └─┴─┴─┴─┘ Gramm

33) Zu welchem **durchschnittlichen Preis** haben Sie in den letzten 4 Wochen das Gramm Heroin oder Kokain verkauft? (Bitte für jede verkaufte Substanz beantworten)

1 Gramm **Heroin** verkaufte ich im Durchschnitt für   Fr. |___|___|___|
1 Gramm **Kokain** verkaufte ich im Durchschnitt für   Fr. |___|___|___|

34) Wem haben Sie bei Ihrem letzten Deal Heroin oder Kokain verkauft?
- ☐₁ Meinen Stammkunden
- ☐₂ Personen, die ich ziemlich gut kenne
- ☐₃ Personen, die ich lediglich vom Sehen her kenne
- ☐₄ Personen, die ich bis dahin noch nie gesehen habe

35a) Sind **Ihnen bekannte Personen** in den letzten 4 Wochen in dieser Stadt wegen Drogenvergehen in **Polizeigewahrsam** genommen worden?

☐ ja, (wieviele Personen?) |___|___| ☐∞ nein

35b) Sind **Sie** in den letzten 12 Monaten in dieser Stadt wegen Drogenvergehen in **Polizeigewahrsam** genommen worden?

☐ ja, (wie oft?) |___|___| mal   ☐∞ nein

36) Welche der folgenden Aussagen bezüglich Ihres Besuches von Anlaufstellen trifft für Sie zu?
- ☐₁ Ich gehe erst seit Anfang '98 in Anlaufstellen
- ☐₂ Ich bin seit Anfang '98 häufiger in Anlaufstellen als im letzten Jahr
- ☐₃ Ich bin seit Anfang '98 weniger oft in Anlaufstellen als im letzten Jahr
- ☐₄ Ich bin etwa gleich häufig in Anlaufstellen wie im letzten Jahr

37) In welchem Jahr sind Sie geboren?   19 |___|___|

38) Ihr Geschlecht?   ☐₁ weiblich   ☐₀ männlich

39) Welche **schulischen und beruflichen Ausbildungen** haben Sie angefangen oder abgeschlossen? (Bitte alles Zutreffende ankreuzen)

	angefangen	abgeschlossen
obligatorische Schule	☐₁	☐₂
Anlehre	☐₁	☐₂
Lehre, Berufsschule	☐₁	☐₂
Mittelschule (z.B. Gymnasium, Kantonsschule, Seminar, BMS)	☐₁	☐₂
Technikum, höhere Fach- oder Berufsschule	☐₁	☐₂
Universität, Hochschule	☐₁	☐₂
anderes, nämlich: _____	☐₁	☐₂

☛ Nach Abschluss des gemeinsamen Teils durch die **befragende** Person auszufüllen!

B1) Befragungsstadt ☐₃ Bern ☐₄ Zürich

B2) Befragungsdatum Tag / Monat / Jahr ⊔⊔ / ⊔⊔ / ⊔⊔

B3) Wochentag ☐₁ Mo ☐₂ Di ☐₃ Mi ☐₄ Do ☐₅ Fr ☐₆ Sa ☐₇ So

B4) Ort der Befragung bzw. Name der Institution _____

B5) Unterschrift der befragenden Person _____

B6) Dauer des mündlichen Interviews (Seite 1-7) ⊔⊔ Minuten

B7) Befragungstempo (Beurteilungswert einkreisen)   1   2   3   4   5

B8) Haben Sie im letzten Sommer bereits bei dieser Befragung teilgenommen?
☐₀ nein
☐₁ ja, in Basel
☐₂ ja, in Olten
☐₃ ja, in Bern
☐₄ ja, in Zürich

B9) Bemerkungen: _____

Fragebogen 1998

☞ Die Seiten 9 - 13 dieses Fragebogens sind von der **befragten** Person selbst auszufüllen!

40a) Wo wohnen Sie zur Zeit **hauptsächlich**? (Bitte nur eine Antwort)

☐₁ in dieser Stadt
☐₂ in einer anderen Gemeinde dieses Kantons
☐₃ in einem anderen Kanton (welchem?) _____
☐₄ im Ausland (welches Land?) _____

40b) Wie lange leben Sie schon dort?

Seit ⌐⌐⌐ Jahren ⌐⌐⌐ Monaten

41) Wie haben Sie in den letzten 4 Wochen **hauptsächlich** gewohnt? (Bitte nur eine Antwort)

☐₁ hatte einen festen Wohnsitz (Zimmer, Wohnung, Haus)
☐₂ hatte keinen festen Wohnsitz (Notschlafstelle, obdachlos)
☐₃ lebte in Institution(en) (Heim, Therapie, Entzug, städt. Wohnangebot etc.)
☐ anderes, nämlich: _____

42) Wieviele Einnahmen hatten Sie in den letzten 4 Wochen durch folgende Tätigkeiten?
(Bitte jede Zeile beantworten)

Dealen   Fr. ⌐⌐⌐⌐⌐
Einbrüche / Diebstahl / Raub   Fr. ⌐⌐⌐⌐⌐
Geschäfte mit Prostitution   Fr. ⌐⌐⌐⌐⌐
Mischeln oder Betteln   Fr. ⌐⌐⌐⌐⌐

43) Sind Sie in den letzten 4 Wochen erwerbstätig gewesen? (Bitte nur eine Antwort)

☐₁ nein, bin in **Schule/Ausbildung**
☐₂ nein, **bin nicht erwerbstätig** gewesen
☐₃ ja, in **Taglöhnerei**
☐₄ ja, **regelmässig** erwerbstätig (Voll- oder Teilzeit)
☐ ja, anderes, nämlich: _____

44) Haben Sie zur Zeit eine feste Beziehung zu einer Frau / einem Mann? ☐₁ ja ☐₀ nein

45) Wie setzt sich zur Zeit Ihr Freundeskreis zusammen? (Bitte nur eine Antwort)

☐₁ ausschliesslich aus Drogenkonsumierenden
☐₂ mehrheitlich aus Drogenkonsumierenden
☐₃ mehrheitlich aus Nicht-Konsumierenden
☐₄ ausschliesslich aus Nicht-Konsumierenden
☐₀ ich habe keine Freundinnen/Freunde

46) Haben Sie zur Zeit eine oder mehrere der folgenden Krankheiten?
(Bitte alles Zutreffende ankreuzen)

☐₁ Abszesse
☐₁ Lungenentzündung
☐₁ Hauterkrankungen (z.B. Krätzmilbe)
☐₁ Hepatitis (Gelbsucht)
☐₁ Aids, HIV-Infektion
☐₁ Geschlechtskrankheiten (z.B. Syphillis, Tripper)

47) Welche Nationalität haben Sie?   ☐₀₁ Schweizerin/Schweizer

☐ andere (welche?): _____

48) Ist Ihnen von dealenden Personen nach einer längeren Cleanphase jemals Heroin oder Kokain **gratis** angeboten worden?

☐₂ ja, mehrmals   ☐₁ ja, einmal   ☐₀ nein, nie
☐₇ hatte nie eine längere Cleanphase

49) Wie haben Sie in den letzten 12 Monaten für Heroin oder Kokain bezahlt?
(Bitte jede Zeile beantworten)

	immer	meistens	gelegentlich	nie
mit Hilfsdiensten für Dealer (z.B. Vermitteln)	☐₃	☐₂	☐₁	☐₀
mit Geld	☐₃	☐₂	☐₁	☐₀
mit Sex	☐₃	☐₂	☐₁	☐₀
mit anderen Drogen (Tausch)	☐₃	☐₂	☐₁	☐₀
mit Wertgegenständen	☐₃	☐₂	☐₁	☐₀

50) Welche Tätigkeiten haben Sie in den letzten 12 Monaten für dealende Personen ausgeführt?
(Bitte alles Zutreffende ankreuzen)

☐₁ Weiterverkauf von Drogen
☐₁ Kurierdienste
☐₁ Prostitution
☐₁ Diebstahl, Einbruch
☐₁ Ausführen von Bestrafungen
☐₁ Kontakte herstellen für Deals (Vermitteln)
☐₁ Schmierestehen beim Deal
☐₁ Stoff wiegen und/oder verpacken
☐₁ Stoff aufbewahren

51a) Haben Sie in den letzten 4 Wochen **schlechten Stoff** erhalten?

☐ ja, (wie oft?) |__|__| mal ☐∞ nein

51b) Falls ja, wie haben Sie reagiert? (Bitte jede Zeile beantworten)

	immer	meistens	gelegentlich	nie
Wechsel des Anbieters	☐3	☐2	☐1	☐0
Anwendung von Gewalt	☐3	☐2	☐1	☐0
Warnende Hinweise an Konsumierende	☐3	☐2	☐1	☐0
Belastende Aussagen über Dealer an Polizei	☐3	☐2	☐1	☐0
Deal rückgängig gemacht	☐3	☐2	☐1	☐0

52) Wodurch erzielen Sie üblicherweise **Gewinn** mit dem Verkauf von Heroin oder Kokain? (Bitte alles Zutreffende ankreuzen)

☐1 durch Ausnutzen regionaler Preisunterschiede (z.B. „Kaufe in Zürich, verkaufe in Biel")
☐1 durch Ausnutzen besserer Kontakte in der gleichen Stadt (z.B. „Kaufe 2 Gramm für Fr. 150.-, verkaufe diese 2 Gramm für Fr. 200.-")
☐1 durch Einkauf grösserer Mengen und Verkauf kleinerer Mengen (z.B. „Kaufe 5 Gramm, verkaufe 5 x 1 Gramm" oder „Kaufe 2 Gramm, verkaufe 3 Gassengramm")
☐1 durch Strecken des Stoffes

53a) Sind Sie in den letzten 4 Wochen in dieser Stadt von der Polizei **kontrolliert** worden?

☐ ja, (wie oft)? |__|__| mal ☐∞ nein

53b) Falls ja, wurde Ihnen dabei von der Polizei ...

Stoff abgenommen? ☐ ja, (wie oft)? |__|__| mal ☐∞ nein
Geld abgenommen? ☐ ja, (wie oft)? |__|__| mal ☐∞ nein

54) Sind Sie in den letzten 4 Wochen wegen Drogenvergehen in dieser Stadt von der Polizei **verzeigt** worden?

☐ ja, (wie oft)? |__|__| mal ☐∞ nein

55) Sind Sie in den letzten 12 Monaten wegen Drogenvergehen **verurteilt** worden?

☐1 ja, in dieser Stadt   ☐2 ja, nicht in dieser Stadt   ☐0 nein

56) Wieviele organisierte Dealergruppen (**Banden**) gibt es nach Ihrem Wissen in dieser Stadt?
Anzahl Dealergruppen...
mit überwiegend Schweizer Mitgliedern (ca.) |__|__| ☐88 weiss nicht
mit überwiegend Nicht-Schweizer Mitgliedern (ca.) |__|__| ☐88 weiss nicht

57) Bei wievielen Personen haben Sie in den letzten 4 Wochen Heroin oder Kokain gekauft oder beschafft, die zu einer **organisierten Gruppe** gehören?

Anzahl Personen ⌊__⌊__⌋ ☐ 88 weiss nicht

58a) Wieviele Stammdealer haben Sie zur Zeit?

Anzahl Frauen ⌊__⌋
Anzahl Männer ⌊__⌋ ☐ 77 habe zur Zeit keinen Stammdealer

☞ Falls Sie zur Zeit **mehrere Stammdealer** haben, beziehen Sie die Fragen 58b-f bitte auf den Stammdealer, bei dem Sie in den letzten 4 Wochen **am häufigsten** gekauft haben!

58b) Ist Ihnen dieser Stammdealer von anderen Personen empfohlen worden?

☐ 0 nein
☐ 1 ja, von anderen Personen, die ich damals schon gekannt habe
☐ 2 ja, von anderen Personen, die ich damals nicht gekannt habe
☐ 8 weiss nicht mehr
☐ 7 habe zur Zeit keinen Stammdealer

58c) Wie lange kaufen Sie schon Heroin oder Kokain bei diesem Stammdealer?

Jahre ⌊__⌊__⌋   Monate ⌊__⌊__⌋

☐ 8888 weiss nicht   ☐ 7777 habe zur Zeit keinen Stammdealer

58d) Wann haben Sie von diesem Stammdealer folgende Informationen erhalten?

	beim ersten Deal	nach einigen Deals	nie	habe keinen Stammdealer
Aufenthaltsort/Treffpunkt	☐ 2	☐ 1	☐ 0	☐ 7
Telefon-/Handy-Nummer	☐ 2	☐ 1	☐ 0	☐ 7
genaue Adresse	☐ 2	☐ 1	☐ 0	☐ 7

58e) Ist Ihr Stammdealer Schweizer/Schweizerin?

☐ 1 ja   ☐ 8 weiss nicht
☐ 0 nein   ☐ 7 habe zur Zeit keinen Stammdealer

58f) Gehört dieser Stammdealer einer organisierten Dealergruppe an?

☐ 1 ja, einer Schweizer Gruppe
☐ 2 ja, einer Nicht-Schweizer Gruppe
☐ 0 nein, keiner organisierten Gruppe
☐ 8 weiss nicht
☐ 7 habe zur Zeit keinen Stammdealer

59) Waren Sie in den <u>letzten 12 Monaten</u> von folgenden Delikten in der Drogenszene dieser Stadt betroffen? (Bitte <u>jede</u> Zeile beantworten)

	ja, als Opfer	ja, als Täter	nein
Schläge	☐ 2	☐ 1	☐ 0
Waffengebrauch	☐ 2	☐ 1	☐ 0
Sexuelle Nötigung, Vergewaltigung	☐ 2	☐ 1	☐ 0
Raub (auch Drogendiebstahl)	☐ 2	☐ 1	☐ 0
Erpressung	☐ 2	☐ 1	☐ 0

♥-lichen Dank für Ihre Mitarbeit!

Daniela Gloor / Hanna Meier /
Pascale Baeriswyl / Andrea Büchler

**Interventionsprojekte
gegen Gewalt in Ehe und Partnerschaft**

Grundlagen und Evaluation zum Piltoprojekt Halt – Gewalt

213 Seiten, 25 Tabellen, 3 Darstellungen
kartoniert, CHF 42.– / DEM 47.– / ATS 343.–
ISBN 3-258-06258-7

Polizei und Justiz kümmern sich um häusliche Gewalt – unaufgefordert? Dieses Buch zeigt, dass sich so die Lage der Opfer tatsächlich verbessern liesse.

Im *ersten Teil* präsentieren die Autorinnen Grundlagen zur staatlichen Intervention bei Gewalt in Ehe und Partnerschaft, wobei Polizei und Staatsanwaltschaft, Straf- und Zivilgericht im Zentrum stehen. Erstmals wird aus soziologischer und rechtlicher Sicht der Status quo auf Behördenseite analysiert, es wird gezeigt, wo Lücken bestehen und wie Verbesserungen erreichbar sind.

Im *zweiten Teil* des Buches wird das Basler Interventionsprojekt *Halt-Gewalt* vorgestellt. Was ist ein Interventionsprojekt? Wer ergreift die Initiative, welche Institutionen sind am Anti-Gewalt-Vorhaben beteiligt? Und wie sieht das praktische Vorgehen aus? Welche Hürden gilt es zu nehmen?

Die Ergebnisse der wissenschaftlichen Begleitung und Evaluation der Pilotphase von *Halt-Gewalt*, aber auch die Erfahrungen der Beteiligten machen Mut, das Modell (mit einigen Anpassungen) andernorts zu übernehmen.

Das Buch bietet Grundlagen und Handlungswissen und führt zugleich in den internationalen Stand von Forschung und Praxis ein. Es eignet sich für Fachleute von Beratungs- und Hilfsstellen, Polizei und Justiz, für Verantwortliche aus dem Sozial- und Gesundheitswesen, dem Gleichstellungsbereich sowie für Sozialwissenschaftlerinnen, Juristinnen und Politikerinnen.

Verlag Paul Haupt Bern · Stuttgart · Wien   www.haupt.ch

Monique Dupuis / Barbara Emmenegger / Priska Gisler

anmachen – platzanweisen

Soziologische Untersuchung zu sexueller Belästigung an Universitäten und Musikhochschulen

380 Seiten, 20 Tabellen
kartoniert, CHF 58.– / DEM 65.– / ATS 475.–
ISBN 3-258-06192-0

Sexuelle Belästigung am Arbeits- oder Studienplatz ist kein neues Phänomen. Und auch kein Randphänomen – Studien aus verschiedenen Ländern belegen, dass sich sehr viele Frauen am Arbeitsplatz schon sexuell belästigt fühlten. Trotzdem ist sexuelle Belästigung erst seit wenigen Jahren zum Thema öffentlicher Debatten und zum Politikum geworden.

Was aber ist unter «sexueller Belästigung» zu verstehen? Wie wird sie erlebt, wie wirkt sie sich auf die Betroffenen aus, was ist dagegen zu tun?

Im Brennpunkt dieser ersten Schweizer Studie zum Thema im Hochschulbereich steht die Frage, auf welche Weise sexuelle Belästigung an Universitäten und Musikhochschulen erfahren wird und ob es organisatorische Rahmenbedingungen gibt, die das Wohlbefinden der Studierenden eher fördern oder beeinträchtigen.

«Sexuelle Belästigung» – so *ein* Befund der Untersuchung – ist kein klar eingrenzbares Konzept, die Autorinnen haben deshalb auch keine einfachen Lösungen anzubieten. Zugleich macht ihre Studie aber überaus deutlich, wie Sexualität und Körper eingesetzt werden können, um geschlechtsspezifische und geschlechtsdifferente Abhängigkeiten zu reproduzieren und den Handlungsspielraum der Betroffenen einzuengen. Es ist den drei Soziologinnen damit ein überzeugender Beitrag zur Analyse der *domination masculine* gelungen, jener *symbolischen Geschlechterordnung,* die es nach wie vor in Frage zu stellen gilt.

Verlag Paul Haupt Bern · Stuttgart · Wien   www.haupt.ch

Miryam Eser Davolio

Fremdenfeindlichkeit, Rassismus und Gewalt
Festgefahrenes durch Projektunterricht bewegen

XI + 248 Seiten
kartoniert, CHF 42.– / DEM 47.– / ATS 343.–
ISBN 3-258-06139-4

Im Rahmen des NFP 40 (Gewalt im Alltag und organisierte Kriminalität) wurde ein Schulprojekt zur Prävention von Fremdenfeindlichkeit, Rassismus und Gewalt mit 15 Berufsschulklassen durchgeführt. Die Projektevaluation (Tri-Test, Kontrollgruppe, Interviews, Unterrichtsbeobachtung) gibt Auskunft über die erreichten Einstellungsänderungen. Dabei zeigt sich, dass Begegnungen und Kontakte mit Betroffenen am meisten bei den Jugendlichen bewirken konnten.

Verlag Paul Haupt Bern · Stuttgart · Wien   www.haupt.ch

Paula Lotmar / Edmond Tondeur

Führen in sozialen Organisationen

Ein Buch zum Nachdenken und Handeln

6. Auflage
259 Seiten, 8 Grafiken,
gebunden, CHF 58.– / DEM 65.– / ATS 475.–
ISBN 3-258-05490-8

Dass Führen auch in sozialen Organisationen unumgänglich ist, wird zwar zunehmend erkannt. Unklar und von zahlreichen Vorbehalten umstellt bleibt dennoch die Frage nach dem Wie und dem Wieviel, nach dem jeweils geeigneten Führungsstil, den jeweils tauglichen Führungsinstrumenten.

Die Autoren haben ihre langjährige Erfahrung in der Organisations- und Führungsberatung in einem Buch festgehalten, das sich in Inhalt, Aufbau und Sprache an den Erfordernissen der Praxis ausrichtet. Sie wollen denjenigen in sozialen Leitungsaufgaben Mut machen, die sich eher oft ohne grosse Begeisterung des Führens angenommen haben. Grosses Gewicht legen sie darauf, Führen nicht kurzerhand auf die Wahl der geeigneten Person einzuschränken, sondern als Prozess zu gestalten, an dem sich viele beteiligen müssen. Führen als bewusstes Handeln in vernetzten Bezügen klammert die Machtfrage nicht aus, beleuchtet sie aber in einem erweiterten Zusammenhang.

Verlag Paul Haupt Bern · Stuttgart · Wien   www.haupt.ch